세상이 변해도
배움의 즐거움은
변함없도록

시대는 빠르게 변해도
배움의 즐거움은
변함없어야 하기에

어제의 비상은
남다른 교재부터
결이 다른 콘텐츠
전에 없던 교육 플랫폼까지

변함없는 혁신으로
교육 문화 환경의 새로운 전형을
실현해왔습니다.

비상은 오늘, 다시 한번
새로운 교육 문화 환경을 실현하기 위한
또 하나의 혁신을 시작합니다.

오늘의 내가 어제의 나를 초월하고
오늘의 교육이 어제의 교육을 초월하여
배움의 즐거움을 지속하는 혁신,

바로, 메타인지 기반 완전 학습을.

상상을 실현하는 교육 문화 기업 비상

메타인지 기반 완전 학습

초월을 뜻하는 meta와 생각을 뜻하는 인지가 결합한 메타인지는
자신이 알고 모르는 것을 스스로 구분하고 학습계획을 세우도록 하는
궁극의 학습 능력입니다. 비상의 메타인지 기반 완전 학습 시스템은
잠들어 있는 메타인지를 깨워 공부를 100% 내 것으로 만들도록 합니다.

Level **10**

READER'S BANK

수능 다지기

MASTER

Plant the Seeds of Love for English!

저는 독해집의 사명이 흥미로운 지문을 통해서 독해력을 향상시키는 것이라고 생각합니다. 그리고 독해력 향상 못지않게 중요한 것이 바로 독자들의 가슴에 영어에 대한 사랑의 씨앗을 심어주는 것이라고 굳게 믿고 있습니다. 이런 이유로 저희 영어연구소에서는 독자들에게 영어에 대한 흥미와 호기심을 불어넣을 수 있는 지문을 찾기 위해 많은 노력을 했습니다.

저희들이 심은 사랑의 씨앗들이 독자들의 가슴에서 무럭무럭 자라나서 아름다운 영어 사랑의 꽃을 피우면 얼마나 좋을까요! 먼 훗날 독자들로부터 리더스뱅크 덕분에 영어를 좋아하게 되었다는 말을 들을 수 있다면 저희들은 무한히 기쁠 것입니다.

이 책을 출간하기 위해 함께 애써 주신 분들이 많습니다. 완성도 높은 지문을 만들기 위해 수많은 시간 동안 저와 머리를 맞대고 작업한 Quinn(필자의 자택에 상주하는 원어민 작가), 치밀하게 교정해주신 Richard Pak(숙명여대 교수), Robin Klinkner(서울과학기술 대학교 교수), 문항 출제 및 교정 작업에 큰 힘을 보태주신 김찬규 선생님, 그리고 오랜 세월 동안 클래스룸 테스팅에서 최종 교정까지 열정적으로 도와주신 김인수 선생님, 이 모든 분들께 깊이 감사드립니다.

리더스뱅크 저자

이 장 돌 올림

About Reader's Bank

지난 35년 동안 대한민국 1,400만 명이 넘는 학생들이 Reader's Bank 시리즈로 영어 독해를 공부하였습니다. '영어 독해서의 바이블' Reader's Bank는 학생들의 영어 학습을 효율적으로 이끌 수 있도록 끊임없이 양질의 컨텐츠를 개발할 것입니다.

1 10단계 맞춤형 독해 시스템!

Reader's Bank는 초등 수준에서 중·고등 수준까지의 다양한 독자층을 대상으로 만든 독해 시리즈입니다. Level 1~10 중에서 자신의 실력에 맞는 책을 골라 차근차근 체계적으로 단계를 밟아 올라가면 자신도 모르는 사이에 점차적으로 독해 실력이 크게 향상될 것입니다.

2 최신 경향의 수능 주제로 된 지문으로 수능 유형 연습

이 책은 수능을 미리 경험해보길 원하는 학생들을 위해 수능 경향에 잘 맞는 아카데믹한 주제와 문제 유형으로 구성하였습니다. 총 40개의 지문 중 일부는 비상 모의고사에 출제되어 이미 타당성이 검증된 것으로, 우수 문항을 엄선하여 사용했습니다. 또한 짝수 Unit의 3번째 지문들은 교육과정평가원에서 출제한 수능 기출 문제를 수록하여 수능과 자신의 실력이 어느 정도 차이가 나는지 가늠하며 실전 감각을 맛볼 수 있도록 했습니다. 일반 수능 유형서들에서 흔히 볼 수 있는 지루하고 딱딱한 지문은 최대한 지양하고, 시사적이면서도 흥미로운 소재의 지문들을 수록하였습니다.

3 어휘 및 독해력을 키워주는 연습 문제와 QR 코드

독해 지문에 나온 주요 어휘와 핵심 구문을 Workbook을 통해 복습하며 정확하고 빠른 독해력을 키울 수 있으며, 원어민이 읽어주는 지문 MP3 파일을 QR 코드 스캔 한 번으로 청취할 수 있습니다.

How to Study

흥미로운 수능 유형 영어 지문

- 상식과 사고력을 풍부하게 길러 주는 다양한 소재로 구성

- 실제 수능에 나올만한 깊이 있는 지문으로 수능 맛보기

- 전문 원어민과 오랜 경험을 가진 선생님들의 현장 검토 반영

- 난이도 별 표시 / 어휘 수 ─────
  난이도: ★★★ 상 / ★★☆ 중 / ★☆☆ 하
  어휘 수: 지문을 구성하는 단어의 개수

- QR 코드
  스마트폰으로 원어민이 읽어주는 지문 MP3 청취

수능 독해 유형 문제

- 수능과 동일하게 구성된 유형별 대표 문제

- **Did you know?**
  지문과 관련된 배경 지식, 관련 개념 및 용어 소개

- **Word Origin**
  어원을 중심으로 지문 핵심 어휘와 관련 어휘를 묶어서 정리

수능독해 유형 ● 제목 파악

1 다음 글의 제목으로 가장 적절한 것은?

0**3**

Technology
★★☆
168 words

When you purchased clothes online, you probably have experienced some frustration. You are not alone. Many people experience the same thing. When the clothes are delivered, you realize that they don't fit at all and want to return them. This can be quite a *hassle. However, a new technology might help you solve this problem.

There are some smartphone apps like Yashe AI Virtual Fitting Room in which you can (A) [physically / virtually] try on clothes. You just need to take a photo of yourself, and this app will generate an *avatar, or a virtual image of you. In some applications, you can also input your height, weight, and body type to improve sizing accuracy. Then you can try on various styles of clothes using your (B) [customized / ready-made] avatar. This way, shoppers can choose clothes that fit them perfectly. This new technology is (C) [mutually / individually] beneficial to both businesses and consumers. Companies can lower return rates and bring in more online sales while shoppers can pick out clothes that fit them best.

*hassle 귀찮은(번거로운) 상황(일) *avatar 아바타(인터넷상의 공유 공간에서 유저(user)의 확산이 되는 캐릭터)

① Retail Shops Are Really Going Virtual
② Should We Get Used to Virtual Fashion?
③ The Benefits of Virtual Fitting Room
④ Virtual Clothes—A New Type of Fashion?
⑤ How Virtual Fitting Rooms Can Increase Sales

Did You Know?

Virtual Fitting

가상 피팅(Virtual Fitting)은 이용자가 가상으로 다양한 제품을 적용해볼 수 있도록 돕는 기술로, 이것을 통해 이용자는 실제로 옷을 입지 않고도 색상, 크기, 스타일 등 요소를 따져보며 구매할 수 있다. 가상 피팅 시장은 의류 뿐만 아니라, 안경, 머리 염색, 화장품, 인테리어 가구까지 다양한 품목으로 확대되고 있다. 이케아(IKEA)는 2017년에 고객이 매장을 직접 방문하지 않고도 자사의 가구들을 고객의 집에 배치할 수 있는 앱을 출시했다. 이와 같이 가상·증강 현실 기술은 엔터테인먼트

Word Origin

influence: 고대 프랑스어에서 '사람의 운명에 영향을 끼치는 별들의 발산'을 뜻하는 점성술 용어로 사용되었다. 이후 중세 영어에서 눈에 보이지 않는 힘뿐만 아니라 '액체, 기체 등이 발산하는 효과'에도 쓰이게 되었다.

flu 흐르다 (flow)	**influence** in(into)+flu+ence(명사 접미사) → 안으로 흘러들어와 영향을 줌 n. 영향(력), 작용 v. 영향을 미치다
	influenza 중세 라틴어 influentia(flow)에서 유래 → (물) 안으로 흘러들어온 것 n. 독감(= flu), 유행성 감기

Big Issue

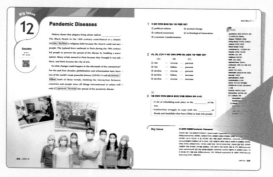

전 세계적으로 이슈가 되는 시사 주제를 다루는 지문과
독해 문제 수록

Laugh & Learn

재미있는 삽화와 함께 정리하는
주제별 수능 빈출 어휘

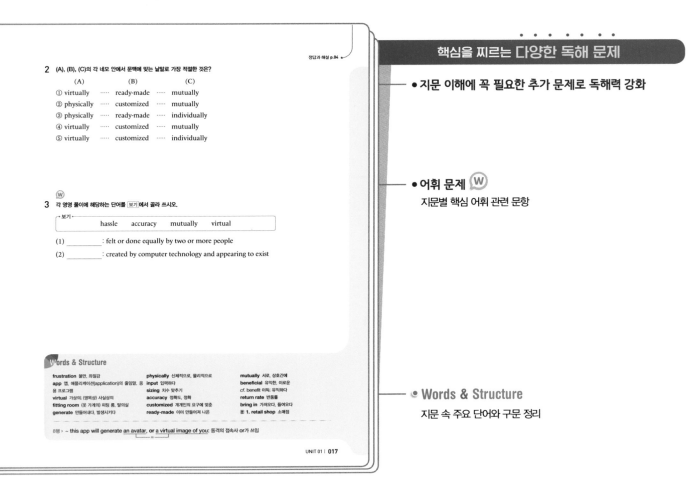

2 (A), (B), (C)의 각 네모 안에서 문맥에 맞는 낱말로 가장 적절한 것은?

	(A)		(B)		(C)
①	virtually	……	ready-made	……	mutually
②	physically	……	customized	……	mutually
③	physically	……	ready-made	……	individually
④	virtually	……	customized	……	mutually
⑤	virtually	……	customized	……	individually

3 Ⓦ 각 영영 풀이에 해당하는 단어를 보기 에서 골라 쓰시오.

┌ 보기 ────────────────────────────────┐
　　hassle　　accuracy　　mutually　　virtual
└──────────────────────────────────────┘

(1) ＿＿＿＿＿＿ : felt or done equally by two or more people

(2) ＿＿＿＿＿＿ : created by computer technology and appearing to exist

핵심을 찌르는 다양한 독해 문제

● 지문 이해에 꼭 필요한 추가 문제로 독해력 강화

● 어휘 문제 Ⓦ
　지문별 핵심 어휘 관련 문항

● Words & Structure
　지문 속 주요 단어와 구문 정리

Words & Structure

frustration 불만, 좌절감
app 앱, 애플리케이션(application)의 줄임말, 응용 프로그램
virtual 가상의 (영역상의) 사실상의
fitting room (옷 가게의) 피팅 룸, 탈의실
generate 만들어내다, 발생시키다

physically 신체적으로, 물리적으로
input 입력하다
sizing 치수 맞추기
accuracy 정확도, 정확
customized 개개인의 요구에 맞춘
ready-made 이미 만들어져 나온

mutually 서로, 상호간에
beneficial 유익한, 이로운
cf. **benefit** 이득; 유익하다
return rate 반품률
bring in 가져오다, 들여오다
※ 1. **retail shop** 소매점

8행 > ~ this app will generate an avatar, or a virtual image of you: 동격의 접속사 or가 쓰임

책 속의 책

정답과 해설

| 친절한 해설, 정확한 해석, 지문 끊어 읽기, 구문 풀이

Workbook
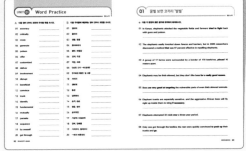

| 지문별 핵심 어휘 복습과 해석 연습

단어장

지문별 주요 단어 정리 및
우리말 발음 제시

Contents

Contents

"The greatest pleasure in life is
doing what people say you cannot do."

Walter Bagehot

삶의 가장 큰 즐거움은
사람들이 당신이 할 수 없다고 말하는 걸 하는 것이다.

월터 배젓

01

제목 파악 / 주제 파악

01

Animal

★☆☆
130 words

1 다음 글의 제목으로 가장 적절한 것은?

In Kenya, elephants attacked the vegetable fields and farmers tried ⓐ to fight back with guns and poison. The elephants easily knocked down fences and barriers, but in 2009 researchers discovered a method that was 97 percent effective in ⓑ repelling elephants. A group of 17 farms were surrounded by a border of 170 beehives, ⓒ placed 10 meters apart. Elephants may be thick-skinned, but they don't like bees for a really good reason. Bees are very good at targeting the vulnerable parts of even thick-skinned animals. Elephant trunks are especially sensitive, and the aggressive African bees will fly right up inside them to sting ⓓ if necessary. Elephants attempted 32 raids over a three-year period. Only one got through the beeline; the rest ⓔ was quickly convinced to pack up their trunks and go.

① History of Beekeeping in Kenya
② Bees Help Keep the Elephants Away
③ Aggressive Bees Threaten the Ecosystem
④ Elephants and Bees: Co-existing Partners
⑤ Efforts to Control the Elephant Population

Word Origin

convince : convince의 vin은 중세 영어에서 '승리하다, 정복하다'의 의미를 나타내는 victory의 vic(t)에서 파생되었으며, vict는 -ce앞에서 vin으로 변형된다.

vin, vic
이기다
(win, conquer)

convince	con(completely)+vin+ce(동사 접미사) ▸ 논리적으로 이기다 v. 납득시키다, 확신시키다
invincible	in(not)+vin+cible(형용사 접미사) ▸ 정복할 수 없는, 이길 수 없는 a. 천하무적의, 아무도 꺾을 수 없는
convict	con(completely)+vict ▸ 법적인 다툼에서 이기다, 죄가 있음을 깨닫게 하다 v. 유죄를 선고하다

2 이 글의 밑줄 친 ⓐ~ⓔ 중, 어법상 **틀린** 것은?

① ⓐ   ② ⓑ   ③ ⓒ   ④ ⓓ   ⑤ ⓔ

3 이 글의 내용과 일치하지 **않는** 것은?

① 케냐에서 채소밭에 오는 코끼리들을 총으로 몰아내려고 했다.

② 17개의 농장이 10미터 간격의 벌집으로 둘러싸였다.

③ 코끼리들은 피부가 두꺼워도 벌들을 좋아하지 않는다.

④ 아프리카 벌들은 코끼리의 코 안으로 들어가 쏜다.

⑤ 코끼리들 중 한 마리도 벌의 저지선을 뚫지 못했다.

Ⓦ

4 다음 문장의 빈칸에 공통으로 들어갈 단어를 본문에서 찾아 쓰시오.

> · The _____ of an elephant is so powerful, it can kill a person with one swipe.
> · She set her clothes inside her _____ and closed the door.

Words & Structure

poison 독약
fence 울타리
barrier 장벽, 장애물
repel 쫓아 버리다
border 경계, 국경
beehive 벌집
thick-skinned 피부가 두꺼운

vulnerable 취약한, 연약한
trunk (코끼리의) 코; (나무의 긴) 줄기; 트렁크(여행용 가방); 자동차 뒤의 트렁크
aggressive 공격적인
sting (벌이) 쏘다
raid 습격, 급습
get through 통과하다

beeline 벌의 저지선; 벌의 행로; 직진 코스
convince 납득시키다, 깨닫게 하다
pack up (떠나기 위해 짐을) 싸다, 챙기다; 그만두다
문 **1. beekeeping** 양봉
　　co-existing 공존하는
문 **4. swipe** 휘두르기, 후려치기

9행 > ~ African bees will fly right up inside them to sting **if (it is) necessary**.: 접속사 if와 necessary 사이에 주어와 be동사 it is가 생략 *ex.* We are likely to make mistakes when (we are) tired.

02

Education

★★☆
157 words

1 다음 글의 주제로 가장 적절한 것은?

In a study, several dozen four- and five-year-olds were (A) showing / shown patterns of colored bugs and asked to predict which would be next in the sequence. In one group, the children simply solved the puzzles quietly by themselves. In the second group, they were asked to explain into a tape recorder (B) what / how they were solving each puzzle. And in the third group, the kids had an audience: they had to explain their reasoning to their mothers, who sat near them, listening but not (C) offered / offering any help. Then each group was given patterns that were more complicated and harder to predict. The results? The children who solved the puzzles silently did the worst of all. The ones who talked into a tape recorder did better—the mere act of expressing their thinking process aloud helped them think more critically and identify the patterns more clearly. But the ones who were talking to a meaningful audience did best of all.

① limitations of learning through group work
② effects of explaining to others on performing a task
③ benefits of using technology to deliver a presentation
④ importance of understanding individual learning styles
⑤ cultural differences in parental involvement in education

Cone of Learning

- Read 10%
- Hear 20%
- Watch & View 30%
- Demonstration 50%
- Discussion Group 70%
- Practice by doing 90%

Did You Know?

Cone of Learning(학습 원추 이론)

미국의 교육학자인 Edgar Dale의 학습 원추 이론에 의하면 학습한 시점으로부터 15일이 지나면, 읽은 것은 10%만 기억하고, 들은 것은 20%, 본 것은 30%, 토론을 통해 말해보거나 스스로 써본 것은 70%를 기억한다. 그러나 학습한 것을 모방(simulating)하여 발표(presentation)하면 90% 이상을 기억한다. 즉, 단지 보고 듣거나 쓴 것보다, 모방해보고 자기방식으로 재구성하여 이야기하거나 발표하는 것이 최대의 학습 효과를 낼 수 있음을 알 수 있다.

2 (A), (B), (C)의 각 네모 안에서 어법에 맞는 것으로 가장 적절한 것은?

	(A)		(B)		(C)
①	showing	·····	what	·····	offered
②	showing	·····	how	·····	offering
③	showing	·····	what	·····	offering
④	shown	·····	how	·····	offered
⑤	shown	·····	how	·····	offering

Ⓦ

3 다음 문장의 빈칸에 공통으로 들어갈 단어를 본문에서 찾아 쓰시오.

• The interviewer should ask questions in a logical _____ .
• The computer generates a random _____ of numbers.

Words & Structure

sequence (사건 등의) 순서; (일련의) 연속적인 숫자들
by oneself 혼자서
audience 청중, 청자
reasoning 추론

offer (도움, 기회 등을) 제공하다
complicated 복잡한
mere 단순한, 단지 ~에 불과한
critically 비판적으로, 비평적으로
identify 파악하다, 밝히다

▣ **1. task** 작업, 과제
　　deliver (연설, 강연을) 하다; 배달하다
　　involvement 개입, 관여
▣ **3. logical** 논리적인
　　random 무작위의

12행 > the mere act of expressing their thinking process aloud **helped them think** more critically **and identify** the patterns more clearly: and에 의해 helped의 2개의 목적격 보어가 병렬 구조를 이룸.

Technology

★★☆
168 words

1 다음 글의 제목으로 가장 적절한 것은?

When you purchased clothes online, you probably have experienced some frustration. You are not alone. Many people experience the same thing. When the clothes are delivered, you realize that they 3 don't fit at all and want to return them. This can be quite a *hassle. However, a new technology might help you solve this problem.

There are some smartphone apps like Yashe AI Virtual Fitting 6 Room in which you can (A) physically / virtually try on clothes. You just need to take a photo of yourself, and this app will generate an *avatar, or a virtual image of you. In some applications, you can also 9 input your height, weight, and body type to improve sizing accuracy. Then you can try on various styles of clothes using your (B) customized / ready-made avatar. This way, shoppers can choose clothes that fit 12 them perfectly. This new technology is (C) mutually / individually beneficial to both businesses and consumers. Companies can lower return rates and bring in more online sales while shoppers can pick 15 out clothes that fit them best.

*hassle 귀찮은(번거로운) 상황(일)   *avatar 아바타(인터넷상의 공유 공간에서 유저(user)의 화신이 되는 캐릭터)

① Retail Shops Are Really Going Virtual

② Should We Get Used to Virtual Fashion?

③ The Benefits of Virtual Fitting Room

④ Virtual Clothes—A New Type of Fashion?

⑤ How Virtual Fitting Rooms Can Increase Sales

Did You Know?

Virtual Fitting

가상 피팅(Virtual Fitting)은 이용자가 가상으로 다양한 제품을 적용해볼 수 있도록 돕는 기술로, 이것을 통해 이용자는 실제로 옷을 입지 않고도 색상, 크기, 스타일 등 요소를 따져보며 구매할 수 있다. 가상 피팅 시장은 의류 뿐만 아니라, 안경, 머리 염색, 화장품, 인테리어 가구까지 다양한 품목으로 확대되고 있다. 이케아(IEKA)는 2017년에 고객이 매장을 직접 방문하지 않고도 자사의 가구들을 고객의 집에 배치할 수 있는 앱을 출시했다. 이와 같이 가상·증강 현실 기술은 엔터테인먼트, 교육, 의료 등 광범위하게 활용할 수 있어 앞으로 경제적, 사회적 파급효과(ripple effect)가 막대할 것으로 예상된다.

2 (A), (B), (C)의 각 네모 안에서 문맥에 맞는 낱말로 가장 적절한 것은?

	(A)		(B)		(C)
①	virtually	·····	ready-made	·····	mutually
②	physically	·····	customized	·····	mutually
③	physically	·····	ready-made	·····	individually
④	virtually	·····	customized	·····	mutually
⑤	virtually	·····	customized	·····	individually

Ⓦ

3 각 영영 풀이에 해당하는 단어를 보기 에서 골라 쓰시오.

┌ 보기 ─────────────────────────────────┐
│　　　　hassle　　accuracy　　mutually　　virtual　　　│
└──────────────────────────────────────┘

(1) _____ : felt or done equally by two or more people

(2) _____ : created by computer technology and appearing to exist

Words & Structure

frustration 불만, 좌절감
app 앱, 애플리케이션(application)의 줄임말, 응용 프로그램
virtual 가상의; (명목상) 사실상의
fitting room (옷 가게의) 피팅 룸, 탈의실
generate 만들어내다, 발생시키다

physically 신체적으로, 물리적으로
input 입력하다
sizing 치수 맞추기
accuracy 정확도, 정확
customized 개개인의 요구에 맞춘
ready-made 이미 만들어져 나온

mutually 서로, 상호간에
beneficial 유익한, 이로운
cf. benefit 이득; 유익하다
return rate 반품률
bring in 가져오다, 들여오다
문 1. retail shop 소매점

8행 > ~ this app will generate <u>an avatar</u>, **or** <u>a virtual image of you</u>: 동격의 접속사 or가 쓰임.
　　　　　　　　　　　　　　└──＝──┘

COVID-19

We humans destroy tropical forests and other wild landscapes, which are ⓐ <u>home</u> to many species of animals and plants—and within those creatures live so many unknown viruses. We cut trees, ₃ and we kill animals and then sell their meat on markets. By doing so, we ⓑ <u>disrupt</u> the ecosystems, and shake viruses loose from their natural hosts. When that happens, the homeless viruses need a new ₆ host. In this case the new host will most likely be humans since we would be the nearest to them. In fact, most pandemic diseases like Ebola, SARS, and now COVID-19 all originated from viruses in ₉ ⓒ <u>wild</u> animals.

Now the whole world is competing to develop vaccines for COVID-19. However, it's not a ⓓ <u>fundamental</u> solution. Rather, ₁₂ giving back their original habitats to plants and animals is a more effective way to prevent pandemic diseases. <u>This way</u> the viruses won't have to cross from wild animals into the human population ₁₅ to find new ⓔ <u>parasites</u>.

1 이 글의 제목으로 가장 적절한 것은?

① Wild Animals That Host Viruses

② Developing Vaccines Against COVID-19

③ Life After COVID-19: The Other Side of the Crisis

④ Want to Prevent COVID-19? Protect the Ecosystems

⑤ COVID-19: The Pandemic That Never Should Have Happened

2 이 글의 밑줄 친 ⓐ~ⓔ 중, 문맥상 낱말의 쓰임이 적절하지 <u>않은</u> 것은?

① ⓐ　　　② ⓑ　　　③ ⓒ　　　④ ⓓ　　　⑤ ⓔ

3 이 글에 관한 내용과 일치하지 <u>않는</u> 것은?

① 열대림에 사는 동식물에는 수많은 미지의 바이러스들이 살고 있다.

② 바이러스는 숙주를 바꾸어도 살 수 있다.

③ 전 세계적으로 유행하는 질병들은 대부분 야생동물에서 온 것이다.

④ 백신을 개발하면 대 유행병은 대부분 정복할 수 있을 것으로 보인다.

⑤ 야생 동물들의 서식지를 보호해주는 것이 전 세계적 유행병을 예방하는 최선책이다.

4 밑줄 친 **This way**의 구체적인 내용을 우리말로 쓰시오.

Words

tropical 열대의
landscape 풍경
creature 생물, 동물
disrupt 붕괴시키다, 방해하다
ecosystem 생태계
shake loose 흔들어 떼어내다
host 숙주; 주인; 숙주 역할을 하다
pandemic 전국[세계]적으로 유행하는; 전국[세계]적 유행병
originate from ~에서 비롯되다
fundamental 근본[본질]적인
habitat 서식지
cross (가로질러) 건너다, 횡단하다; 교차하다
parasite 기생충

Big Issue

야생에서 온 바이러스의 습격

2019년 12월 31일, 중국 당국이 WHO(세계보건기구)에 신종 코로나 바이러스의 출현을 신고했다. 이후 중국을 중심으로 한국과 일본, 이탈리아, 미국 등 전 세계가 코로나 바이러스의 공포에 빠졌다. 미국의 유명한 과학저술가 데이비드 콰먼(David Quammen)은 생태계를 파괴한 인간 활동의 결과로 바이러스의 반격이 시작된 것이라고 지적한다. 콰먼 교수는 "생태계의 파괴로 서식지(habitat)를 인간에게 빼앗긴 박쥐에게 있던 바이러스가 새로운 서식지와 숙주(host)로 인간을 택한 것이다."라고 주장한다. 인간의 과학과 문명이 자연 생태계의 질서를 파괴한 것에 대한 자연의 경고에 귀기울여야 할 시간이 온 것이다.

Laugh & Learn

Climate Change May Change Penguins' Habitat!

해석 [기후 변화가 펭귄의 서식지를 바꿀 수도 있다!] "이제 지구 온난화가 심각한 것이 틀림없어."
* 북극이 지구 온난화로 너무 더워져 펭귄이 냉장고로 찾아왔음을 암시

**Must-Know
Ecosystem
Terms**

- **ecosystem** 생태계 *cf.* ecology 생태학
- **climate change** 기후 변화
- **food chain** 먹이 사슬
- **habitat** (동·식물의) 서식지
  ex. natural habitat 자연 서식지
- **inhabit** (지역을) 서식지로 점유하여 살다
- **marine** 바다의, 바다에 사는
- **extinct** 멸종된

- **species** (생물의) 종, 종류
  ex. endangered species 멸종 위기에 처한 종
- **organism** 생물체, 유기체
- **colony** (동·식물의) 군집
- **herbivore** 초식 동물 *cf.* carnivore 육식 동물
- **biodiversity** 생물 다양성
- **co-exist** 공존하다
  cf. symbiosis (서로 다른 생물체 간의) 공생

05

Relationship

★ ☆ ☆
135 words

1 다음 글의 요지로 가장 적절한 것은?

Have you ever been in a situation ⓐ<u>where</u> you needed to tell another man something but the look on his face told you it was going to be a rough conversation? I ⓑ<u>did</u>. I had to tell a friend of ³ mine that he was making decisions that didn't appear to bring him closer to his goals. So I began the conversation by pointing out many of the things that he was doing well. I complimented him on ⁶ ⓒ<u>how</u> hard he was working. Then, when I talked to him about my concerns, he was receptive and even implemented some of my suggestions. This tells you that a compliment can open a man up in ⁹ a way ⓓ<u>that</u> few things can.

Believe me, ⓔ<u>had</u> I gone in there <u>with guns blazing</u>, the outcome would've been drastically different.

① 아무리 가까운 사이일지라도 말을 가려서 해야 한다.
② 구체적인 사실에 근거하지 않은 칭찬은 효과가 없다.
③ 과도한 칭찬은 오히려 대인 관계에 해를 끼칠 수 있다.
④ 칭찬은 꺼내기 어려운 말을 시작할 때 좋은 수단이 된다.
⑤ 상대방을 설득하기 위해서는 정확한 근거를 제시해야 한다.

Word Origin

drastically : 형용사 drastic의 부사형인 drastically는 그리스어 *drastikos*에서 유래되었다. drastikos는 1600년대 후반 내장을 치료하는 어떤 약이 격렬히 작용하여 효과적일 때 그 약을 가리키는 단어로 쓰였다가, 현대 영어에서 drastic으로 바뀌어 어떤 상황이 격렬한 것을 나타내는 것으로 의미가 변화되었다.

dra(m)
행동하다
(do, act)

> **drastic** dra+stic(형용사 접미사) ▸ 행동하는, 작용하는
> *a.* (치료, 변화 등이) 격렬한, 과감한

> **dramatic** dram+atic(형용사 접미사) ▸ 행동하는, 작용하는
> *a.* (변화, 사건 등이) 극적인; 감격적인; 연극(계)의; 과장된, 호들갑스러운

> **monodrama** mono(alone)+dram+a(접미사) ▸ 혼자 행동하는 것, 액션
> *n.* 일인극, 모노드라마

2 이 글의 밑줄 친 with guns blazing이 의미하는 바로 가장 적절한 것은?

① suggesting that he should follow my advice

② keeping on talking about my own concerns

③ criticizing his wrong decisions strongly

④ expecting to have a rough conversation with him

⑤ pointing out the unattainable goals he was setting

3 이 글의 밑줄 친 ⓐ~ⓔ 중, 어법상 **틀린** 것은?

① ⓐ   ② ⓑ   ③ ⓒ   ④ ⓓ   ⑤ ⓔ

Words & Structure

look 표정; (쳐다살펴) 보기; 외모
rough 힘든, 골치 아픈; 대략적인
point out 언급하다, 지적하다
compliment 칭찬하다; 칭찬
concern 걱정(거리), 우려(사항)

receptive 수용적인
implement 실행하다
suggestion 제안, 충고
open up 마음을 터놓게 하다
believe me 정말로

with guns blazing 결의를 불태우며 (주로 부정적인 의미) *cf.* blaze (총을) 쏘아대다
outcome 결과
drastically 심하게; 철저히
圏 2. **unattainable** 달성할 수 없는

11행 › ~ **had I gone** in there with guns blazing, the outcome **would've been** drastically different. : 가정법 과거완료 시제가 쓰였으며, if I had gone에서 if가 생략되고 주어와 동사가 도치되었다.

1 다음 글에서 Polisi가 주장하는 바로 가장 적절한 것은?

Practice makes perfect. That's what mothers have been telling their children for decades. But young people who hope to become professional musicians should take note of the changes at the famous Juilliard School in New York City. Its president, Joseph Polisi, has been encouraging students to practice less and enjoy life more. Constant practice may make you a good technical musician, but it will never make you a great one, says Polisi. <u>For that to happen you must experience all that life has to offer</u> and then let those experiences into your music. If you don't have a great variety of experiences, you will become only a plain technician, lacking the creativity to compose a masterpiece.

① 재능보다 인성을 보고 학생을 선발해야 한다.
② 풍부한 삶의 경험이 훌륭한 음악을 만들게 한다.
③ 훌륭한 음악가가 되려면 꾸준한 연습이 필요하다.
④ 다양한 음악적 테크닉을 익혀 풍부한 표현력을 갖춰야 한다.
⑤ 물리적 연습 시간보다 자신의 연주에 대해 고민하는 시간이 필요하다.

Did You Know?

폭 넓게 경험하라

'늦깎이 천재들의 비밀(Why Generalists Triumph in a Specialized World)'의 저자인 데이비드 엡스타인(David Epstein)은 미국에서 주목받고 있는 논픽션 작가이다. 그는 세계에서 가장 성공한 운동 선수, 예술가, 발명가, 과학자를 조사했고 각 분야에서 정점에 오른 사람들(guru)이 폭 넓은 관심사와 다양한 경험을 지닌 팔방미인(generalist)이라는 사실을 발견했다. 그들은 이

Explore the World

른 나이에 삶의 목표를 정하고 조기 전문화(early specialization)에 집중하기 보다는, 여러 분야를 탐색하며 시간을 보냈다. 그 결과, 전혀 다른 분야의 지식을 연결해 종합하여 독보적인 탁월함을 발휘하는 기반을 마련했다. 반 고흐(Vincent van Gogh) 역시 자신의 화풍을 완성하기 전까지 미술상, 교사, 서점 직원, 목사, 순회 전도사 등 다양한 직업을 거쳤고, 그림을 그리기로 결심한 뒤로는 드로잉, 수채화 등 다양한 기법을 직접 실험했다. 이처럼, 비록 늦게 출발하고 우회하더라도 폭 넓은 경험은 시야를 넓혀주어 우리에게 새로운 세상을 열어준다.

2 이 글의 밑줄 친 For that to happen you must experience all that life has to offer 의 의미를 우리말로 쓰시오.

_____

ⓦ

3 다음 문장의 빈칸에 공통으로 들어갈 단어를 본문에서 찾아 쓰시오.

> • I'm just a(n) _____ old office worker.
> • Please say it in _____ terms.

Words & Structure

for decades 수십 년간	**plain** 평범한; 단순한; 명백한	문 **3. office worker** 회사원
take note of ~을 주목하다	**technician** 기교가; 기술자	**term** 용어, 말
constant 끊임없는, 계속적인	**compose** 작곡하다	
let A into B A를 B안으로 들어오게 하다	**masterpiece** 걸작	

7행 › **For that to happen** you must experience all that life has to offer: For는 의미상의 주어 that앞에 쓰인 것이며, '~가 …할 수 있도록'으로 해석함. 여기서 that은 의미상의 주어로 to be a great one(musician)을 뜻함.
　　ex. For him to focus on his study, I turned off TV.

Lesson

★★★
140 words

1 다음 글에서 필자가 주장하는 바로 가장 적절한 것은?

At the 2015 *Fortune* Most Powerful Women Summit, Ginni Rometty offered this advice: "When did you ever learn the most in your life? What experience? I guarantee you'll tell me it was a time you felt at risk." To become a better leader, you have to step out of ⓐ your comfort zone. You have to challenge ⓑ the conventional ways of doing things and search for opportunities to innovate. Exercising leadership not only requires you to challenge the organizational *status quo, but also requires you to challenge ⓒ your internal status quo. You have to challenge yourself. You have to venture beyond the boundaries of your current experience and explore new territory. Those are ⓓ the places where there are opportunities to improve, innovate, experiment, and grow. Growth is always at the edges, just outside ⓔ the boundaries of where you are right now.

*status quo 현재 상태

① 지도자는 실현 가능한 목표를 설정해야 한다.
② 지도자는 새로운 제도를 적극적으로 도입해야 한다.
③ 지도자는 조직의 현재 상태를 철저히 분석해야 한다.
④ 지도자는 현재의 자신을 넘어서는 도전을 해야 한다.
⑤ 지도자는 기존의 방식과 새로운 방식을 조화시켜야 한다.

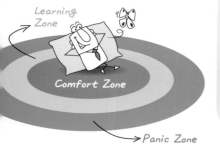

Learning Zone

Comfort Zone

Panic Zone

Did You Know?

Comfort Zone vs. Learning Zone

심리학 용어로 안주 지대(Comfort Zone)이라는 것이 있다. 오랜 시간 익숙해져서 우리 몸과 마음이 편안함을 느끼는 영역과 상태를 가리키는데, 안주 지대는 편하긴 하지만 성장이 이루어지지 않는다. 안주 지대를 벗어난다는 것은 새로운 학습 지대(Learning Zone)에 발을 디뎌 무언가를 새로 시도한다는 의미다. 학습 지대에 진입함으로써 우리는 경험의 지평(horizon)을 넓히고 새로운 지혜를 얻는다. 한편, 너무 생소하여 진입하기가 겁이 나는 지대는 공포 지대(Panic Zone)이다. 아마도 최선의 방법은 안주 지대와 공포 지대 사이에서 자신이 감당할 만한 적정 지점을 찾아 도전(challenge)하는 것이리라.

2 이 글의 밑줄 친 ⓐ~ⓔ 중, 가리키는 것이 나머지 넷과 <u>다른</u> 것은?

① ⓐ   ② ⓑ   ③ ⓒ   ④ ⓓ   ⑤ ⓔ

Ⓦ

3 다음 문장의 빈칸에 공통으로 들어갈 단어를 본문에서 찾아 쓰시오.

> • Smoking can increase the _____ of developing heart disease.
> • Wearing a seatbelt greatly reduces the _____ of injury or death in a car accident.

Words & Structure

summit 정상; 정상 회담
guarantee 장담하다, 보장하다
at risk 위험이 있는, 위험에 처한
cf. risk 위험(률)
comfort zone 안주 지대

challenge 이의를 제기하다, 도전하다; 도전
conventional 기존의
innovate 혁신하다
exercise (권력·권리·역량 등을) 행사[발휘]하다
internal 내부의, 내적인 (↔ external)

venture 위험을 무릅쓰다
boundary 한계, 경계, 영역
territory 영역, 영토
edge 가장자리, 변두리

7행 〉 ~ **not only** requires you to challenge the organizational status quo, **but also** requires you to challenge your internal status quo. : not only A but also B(A뿐만 아니라 B도 역시 / 두 개의 동사구가 병렬로 연결됨.)

08

Venezuela Facing a Deep Economic Crisis

Venezuela was once the richest country in Latin America. It has the largest known oil reserves in the world. But Venezuela's economy has totally collapsed. Many people are suffering from ³ starvation and shortage of basic goods like toilet paper, milk, flour, etc. What exactly is behind this ⓐ crisis rocking Venezuela?

Economic experts attribute this situation to the excessive ⁶ government ⓑ intervention in the economy by dictators Hugo Chavez and Nicolas Maduro. Over the past 20 years, the Venezuelan government led by the two dictators arbitrarily increased minimum ⁹ wages and set unrealistically low prices on all products to win the people's votes. This populist policy provided ⓒ long-term relief to the poor, but eventually caused an unintended side effect. Due to ¹² the unreasonably high wages and extremely low prices imposed on various products, businesses could not make a profit, so they reduced or halted their production. As a result, ⓓ scarcity of basic ¹⁵ goods became a nationwide phenomenon, forcing people to stand in line for hours to buy daily necessities.

Thus, the populist policy that the dictators initially ¹⁸ adopted in order to win the people's hearts ended up destroying the Venezuelan economy, making the poor even more ⓔ miserable than before. Now that ²¹ they have experienced over 20 years of populist government, Venezuelans have realized that "_____."

▲ Venezuelan president Nicolas Maduro

1 이 글의 빈칸에 들어갈 말로 가장 적절한 것은?

① there's no such thing as a free lunch

② all good things must come to an end

③ the bigger they are, the harder they fall

④ one man's gravy is another man's poison

⑤ where there is no wealth, there is no poverty

2 이 글의 주제로 가장 적절한 것은?

① the rise and fall of Venezuela's populism

② side effects of Venezuela's dictatorship

③ reasons for Venezuela's collapsed economy

④ the pros and cons of government intervention

⑤ economic analyses of Venezuela's populism

3 이 글의 밑줄 친 ⓐ~ⓔ 중, 문맥상 낱말의 쓰임이 적절하지 <u>않은</u> 것은?

① ⓐ   ② ⓑ   ③ ⓒ   ④ ⓓ   ⑤ ⓔ

Words

reserves (석탄·석유·천연가스 등의) 매장량
collapse 붕괴되다
starvation 기아, 굶주림
rock 흔들다, 동요시키다
expert 전문가
attribute A to B A를 B의 탓으로 돌리다, A를 B의 결과로 돌리다
intervention 개입, 간섭
dictator 독재자
cf. dictatorship 독재
arbitrarily 제멋대로, 마음대로
minimum wage 최저 임금
populist 대중에 영합하는
relief 안도, 안심
unintended 의도하지 않은
side effect 부작용
unreasonably 불합리하게, 터무니없게
halt 멈추다, 중단시키다
scarcity 품귀, 부족, 결핍
daily necessities 일용 필수품
end up –ing 결국 ~하게 되다
miserable 비참한
now that ~이기 때문에, ~이므로
📝 1. gravy 육즙, 고깃국물
　　2. rise and fall 흥망성쇠
　　　 pros and cons 장단점

Big Issue

포퓰리즘(Populism)

'대중' 또는 '민중'을 뜻하는 라틴어 'populus'에서 유래된 표현으로, 정치, 경제, 사회, 문화면에서 본래의 목적보다 대중의 견해와 요구를 충족시키는 것에 집중하는 인기 영합주의를 뜻한다. 포퓰리즘은 역사적, 지역적으로 다양한 양상을 띠며 성공과 실패를 반복해 오고 있다. 대중의 눈높이에서 그들의 목소리를 직설적으로 전달하고 실생활 개선에 성공한 브라질의 보우사 파밀리아(Bolsa Familia) 정책은 국가 재정을 고려하지 않은 선심성 정책이라는 비난을 넘어 빈곤율을 10% 이상 떨어뜨리고 급속한 경제 성장을 이루는 데 기여했다. 이에 반하여 대중의 인기만을 좇는 것을 비판하는 시각도 뚜렷이 존재하는데, 시장의 자율성을 무시하고 과도하게 정부가 개입(intervention)하여 무리한 빈민 구제 정책을 펼친 베네수엘라는 1년 만에 물가가 1만 배나 오르는 초인플레이션(hyperinflation)을 초래하여 국가 경제를 망쳤다.

Your Vote Matters

해석 [당신의 투표는 중요하다] "투표를 잊지 마시오! 여러분이 '투표할' 권리가 있다는 것이 얼마나 '행운'인지 아는가?"

Must-Know
Political Terms

○ **cabinet** 내각 *cf.* prime minister 수상, 국무 총리
○ **ruling party** 여당 ↔ opposition party 야당
○ **dictator** 독재자 *ex.* tyranny of a dictator 독재자의 폭정
○ **conservative** 보수적인; 보수파 ↔ radical 급진적인; 급진파
○ **corruption** 부패
○ **representative** (미국의) 하원의원 *cf.* senator (미국의) 상원의원
○ **legislature** 입법부 *cf.* justice 사법부 administration 행정부
○ **unanimous** 만장 일치의 *ex.* unanimous vote 만장 일치의 표결
○ **poll** 투표, 설문조사 *ex.* opinion poll 여론조사
○ **voting age** 선거 연령
○ **candidate** 후보자 *ex.* a candidate for president 대통령 후보자

3

빈칸 추론 / 요약문 완성

1 다음 글의 내용을 한 문장으로 요약하고자 한다. 빈칸 (A)와 (B)에 들어갈 말로 가장 적절한 것은?

A community with fewer wants does not have many economic ties and is considered ⓐ <u>backward</u> in economic literature. Multiple and diverse wants lead to increasing economic activities, promoting greater economic prosperity. Therefore, it can be said that the main purpose of economic activity is the ⓑ <u>satisfaction</u> of human wants. Where wants are relatively few, as in a primitive community, economic activities will be ⓒ <u>restricted</u> to those needed to fulfill man's basic needs such as food and clothing. In a highly developed society, economic activity will be of a very ⓓ <u>high</u> order, reflecting the many and varied wants of the population. One basic reason why countries such as India have remained poor for many centuries could be the tendencies of their people to be ⓔ <u>unsatisfied</u> with what little they have and not overreach themselves to acquire too many worldly things.

⬇

The ___(A)___ of a group's economic activities depends on that group's ___(B)___ .

	(A)		(B)
①	boosting	·····	desires
②	boosting	·····	responsibilities
③	planning	·····	desires
④	diversifying	·····	responsibilities
⑤	diversifying	·····	experiences

2 이 글의 제목으로 가장 적절한 것은?

① Indicators of Global Economic Activities

② Wants: Basis of All Economic Activities

③ Why Do the Rich Become Richer and the Poor Poorer?

④ Understanding the Differences Between Wants and Needs

⑤ Principles of Economics: The Satisfaction of Human Wants

3 이 글의 밑줄 친 ⓐ~ⓔ 중, 문맥상 낱말의 쓰임이 적절하지 <u>않은</u> 것은?

① ⓐ   ② ⓑ   ③ ⓒ   ④ ⓓ   ⑤ ⓔ

Words & Structure

want 욕구, 원하는 것
ties (강한) 유대 관계
backward 낙후된, 뒤진
literature (특정 분야의) 문헌; 문학
diverse 다양한 *cf.* diversity 다양성
promote 촉진[증진]하다

prosperity 번영
relatively 비교적, 상대적으로
primitive 원시적인
restrict 제한하다
of a high order 높은 수준[정도]의
overreach oneself 지나치게 욕심부리다

worldly 세속적인
🔒 **1. boost** 북돋우다
    desire 욕구
    diversify 다양화하다
2. indicator 지표
    principle 원리, 원칙

7행 ▸ economic activities will be restricted to **those** needed to fulfill man's basic needs ~: 반복되는 명사(economic activities)를 대신하는 지시대명사 those

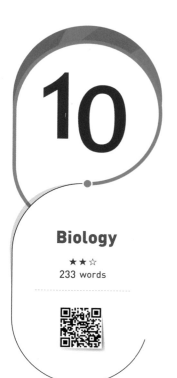

10

Biology

★ ★ ☆
233 words

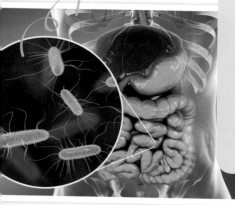

microbial community

1 다음 글의 빈칸에 들어갈 말로 가장 적절한 것은?

　Farmers use pesticides to prevent insect attacks. However, they don't pause to think about the long-term consequences. Unknown to many, there is a giant microbial community in the soil where an endless number of bacteria, viruses and fungi are living. They play vital roles in maintaining the ecosystem; they produce oxygen and break down dead plants and animals. This process provides necessary nutrients for plants and animals. The pesticides may destroy a few bugs, but they will also end up killing beneficial microbes living in the soil, which drastically compromises the soil's ability to decompose dead animals and plants.

　A similar problem happens in the human gut, where large communities of microbes exist. These microbes help us digest food and protect us from dangerous external microbes. If you take antibiotics to get rid of disease-causing bacteria, they seem to "work" in the beginning. However, this can do unintentional damage to the microbial community. Most antibiotics can't tell the difference between good and bad microbes. That means the medicine kills helpful bacteria in your gut while they're destroying the harmful ones. As a result, you find yourself getting even sicker.

　As you can see, destroying the microbes, whether in the soil or the gut, may provide temporary solutions but in the long run it will actually make the problems worse. Thus, the drive to control and create order ends up leading to more _____.

① disorder　　　　② competition　　　　③ conservation

④ improvement　　⑤ discrimination

2 이 글의 내용을 가장 잘 반영한 속담은?

① It's a blessing in disguise.

② Don't burn down the barn to kill rats.

③ Don't put all your eggs in one basket.

④ You cannot eat your cake and have it.

⑤ Don't make a mountain out of a molehill.

3 이 글에서 항생제와 살충제의 공통점으로 언급된 것은?

① 미생물들 간의 세력 균형을 깨트린다.

② 해로운 미생물의 숫자를 크게 증가시킨다.

③ 박테리아와 바이러스의 활동을 강화시킨다.

④ 이로운 미생물들을 대량 살상하여 숙주의 능력을 약화시킨다.

⑤ 소량 사용은 도움이 되지만 대량 사용하면 역효과가 난다.

Words & Structure

pesticide 살충제
consequence 결과, 영향
microbial community 미생물 공동체
fungi 곰팡이 (*sing.* fungus)
vital 매우 중대한
ecosystem 생태계
beneficial 이로운, 유익한

microbe 미생물
drastically 급격하게, 대폭으로
compromise 약화시키다; 타협하다
decompose (죽은 동·식물을) 분해하다
gut 장, 내장
antibiotics 항생제
unintentional 의도하지 않은

temporary 일시적인
drive (〜하려는) 노력, 충동; (조직적) 운동
관 1. **disorder** 무질서
　　 discrimination 차별
　 2. **disguise** 위장, 변장
　　 molehill 두더지가 파놓은 흙두둑; 사소한 일

20행 > ~ **whether in the soil or the gut**, ~: 양보의 부사절 접속사 whether (〜이든 아니든 간에)

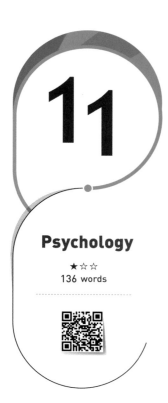

11

Psychology

★ ☆ ☆
136 words

1 다음 글의 내용을 한 문장으로 요약하고자 한다. 빈칸 (A)와 (B)에 들어갈 말로 가장 적절한 것은?

Participants in a laboratory study were asked to listen to a pair of very loud, unpleasant noises played through headphones. One noise lasted for eight seconds. (ⓐ) The other lasted sixteen. (ⓑ) The first 3 eight seconds of the second noise were identical to the first noise, whereas the second eight seconds, while still loud and unpleasant, were not as loud. (ⓒ) Later, the participants were told that they 6 would have to listen to one of the noises again, but that they could choose which one. (ⓓ) Clearly the second noise was worse—the unpleasantness lasted twice as long. (ⓔ) Why? Because whereas 9 both noises were unpleasant and had the same *aversive peak, the second had a less unpleasant end, and so was remembered as less annoying than the first.

*aversive 싫어하는, 혐오의

⬇

According to the experiment, what influences the subjects' decisions about which noise to listen to again was not the ____(A)____ of the noise, but the feeling they had at the ____(B)____ .

(A)	(B)	(A)	(B)
① length	····· end	② loudness	····· end
③ length	····· peak	④ loudness	····· beginning
⑤ unpleasantness	····· peak		

Word Origin

influence : 고대 프랑스어에서 '사람의 운명에 영향을 끼치는 별들의 발산'을 뜻하는 점성술 용어로 사용되었다. 이후 중세 영어에서 눈에 보이지 않는 힘뿐만 아니라 '액체, 기체 등이 발산하는 효과'에도 쓰이게 되었다.

flu
흐르다
(flow)

influence in(into)+flu+ence(명사 접미사) ▸안으로 흘러들어와 영향을 줌
n. 영향(력), 작용 *v.* 영향을 미치다

influenza 중세 라틴어 *influentia*(flow)에서 유래 ▸(몸) 안으로 흘러들어온 것
n. 독감(= flu), 유행성 감기

2 글의 흐름으로 보아, 주어진 문장이 들어가기에 가장 적절한 곳은?

> Nevertheless, the overwhelming majority of people chose the second to be repeated.

① ⓐ   ② ⓑ   ③ ⓒ   ④ ⓓ   ⑤ ⓔ

3 6행의 not as loud와 9행의 as long 다음에 공통으로 생략된 어구를 쓰시오.

ⓦ

4 다음 빈칸에 공통으로 들어갈 수 있는 단어를 본문에서 찾아 쓰시오.

> • Traffic reaches its _____ between 8 and 9 in the morning.
> • The athletes are all in _____ condition.

Words & Structure

a pair of 두 가지의, 한 쌍의
last 지속하다
identical 동일한, 똑같은

peak 정점, 절정; 최고[최대]인
annoying 짜증스러운
문 **1. subject** 피실험자

문 **2. nevertheless** 그럼에도 불구하고
overwhelming 압도적인
4. traffic 교통량

5/9행 › The first eight seconds of the second noise ~ **whereas** the second eight seconds, ~ / Because **whereas** both noises were unpleasant ~, the second had a less unpleasant ~: 대조를 나타내는 접속사 whereas

12

Society

★ ★ ★
131 words

Pandemic Diseases

   History shows that plagues bring about radical _____.
The Black Death in the 14th century contributed to a drastic
(A) rise / decline in religious faith because the church could not save ₃
people. The typhoid fever outbreak in Paris during the 19th century
led people to prevent the spread of the disease by building a sewer
system. Many artists moved to Paris because they thought it was safe ₆
there, and Paris became the city of arts.

   So what changes could happen in the aftermath of the coronavirus?
For the past four decades, globalization and urbanization have been ₉
two of the world's most powerful drivers. COVID-19 will (B) reverse /
follow both of these trends, limiting the interaction between
countries and people since all things international or urban will ₁₂
only (C) prevent / increase the spread of the pandemic disease.

1 이 글의 빈칸에 들어갈 말로 가장 적절한 것은?

① political reform
② societal change
③ cultural awareness
④ technological innovation
⑤ economic transformation

2 (A), (B), (C)의 각 네모 안에서 문맥에 맞는 낱말로 가장 적절한 것은?

	(A)		(B)		(C)
①	rise	·····	reverse	·····	prevent
②	rise	·····	follow	·····	prevent
③	decline	·····	reverse	·····	prevent
④	decline	·····	follow	·····	increase
⑤	decline	·····	reverse	·····	increase

Ⓦ

3 다음 문장의 빈칸에 공통으로 들어갈 단어를 본문에서 찾아 쓰시오.

> • A lot of rebuilding took place in the _____ of the war.
> • Authorities struggle to cope with the _____ of floods and landslides that have killed at least 626 people.

Big Issue

전 세계적 전염병(Pandemic Diseases)

2020년 3월 11일 세계보건기구(WHO: World Health Organization)는 코로나 19(COVID-19)를 팬데믹(pandemic)으로 선언했다. 세계보건기구는 감염병의 경중과 관계없이 유행의 정도에 따라 감염병을 6단계로 나누고 있으며, 이 중 6단계인 최고 위험 등급이 팬데믹이다. 그리스어로 pan(모든)과 demos(사람들)의 어원에서 나온 이 단어는 '모든 사람들'의 의미로 현재 전 세계적 대 유행병을 가리키는 단어로 쓴다. 세계보건기구는 1918년 스페인 독감, 1957년 아시아 독감, 1968년 홍콩 독감, 2009년 신종플루 유행 당시에도 6단계를 발령했고, 각국 정부가 더욱 엄격한 여행 및 무역 제한(travel and trade restrictions)과 같은 비상 절차를 발동했다. 마찬가지로 2020년 3월부터 전 세계에서 코로나 19의 확산을 막기 위해 봉쇄 정책(lockdown), 자가 격리(self-quarantine) 및 사회적 거리두기(social distancing) 조치가 시행되었다.

Laugh & Learn

Learning in the Time of COVID-19

해석 [코로나 시대의 학습]

- **pandemic** 대 유행병
- **infection** 감염 *cf.* infectious disease 전염병
- **transmit** (병에) 감염되다 *n.* transmission 감염
- **symptom** 증상
- **incubation period** 잠복기
- **person under investigation (PUI)** 조사 대상자, 의심증상자
- **contract a virus** 바이러스에 걸리다

- **mortality** 사망률 (= death rate)
- **quarantine** (전염병에 걸린 사람의) 격리 (→ forty days를 뜻하는 이탈리아어 quaranta에서 옴. 흑사병 기간에 감염된 국가를 다녀온 배들은 40일 간 부두에 격리 당한 것에서 유래)
- **case** (병에 걸린) 환자 *ex.* confirmed case 확진자, suspected case 의심 환자
- **self-isolation** 자가 격리 (= self-quarantine)
- **contact tracing** 접촉 경로[동선] 추적

4

함의 추론

13

History

★★☆
184 words

1 밑줄 친 let us prove the contrary가 다음 글에서 의미하는 바로 가장 적절한 것은?

I think almost all of us can say we have had trouble with our
_____. Sometimes it could cost our lives. Such a case happened
to Kondraty Ryleyev, who was sentenced to be hanged for his part in 3
an unsuccessful uprising against the Russian Czar Nicholas I in
December 1825. But the rope broke. Ryleyev fell to the ground, got
up, bruised and battered, and said, "In Russia, they do not know 6
how to do anything properly, not even how to make a rope."

According to the Russian custom, an accident of this sort was
considered a sign of heavenly will, and the man was usually 9
pardoned. A messenger immediately went to Nicholas I with news
of the failed hanging. Though Nicholas I was upset by this
disappointing news, he was about to sign the pardon. But then the 12
Czar asked the messenger, "Did Ryleyev say anything after <u>this
miracle</u>?" "*Sire," the messenger replied, "he said that in Russia they
don't even know how to make a rope." "In that case," said the Czar, 15
"let us prove the contrary," and he tore up the pardon.   *sire[saiər] 폐하

① hang him once again
② save his life this time
③ send him to a foreign country
④ kill the man who made the rope
⑤ make a better rope in the future

▼ The Decembrist revolt at the Senate Square

Did you know

데카브리스트의 난(Decembrist Revolt)

1825년 12월 24일 러시아에서 '데카브리스트의 난'이 일어났다. '데카브리스트'는 러시아어 12월을 의미하는 '제카브르(декабрь)'의 미국식 발음으로, 12월의 봉기 가담자들을 가리킨다. 이들은 나폴레옹 전쟁에서 목숨을 바쳐 싸우고 귀환했으나, 정작 조국 러시아는 여전히 황제의 압제와 전근대적 제도로 고통받고 있었다. 그리하여 그들은 절대 왕정을 폐지하고 공화제를 수립하기 위해 반란을 일으켰지만 정부군의 대포 공격으로 실패하였다. 이로 인하여 릴리예브(Ryleyev)를 포함한 5명이 처형당했으며 31명은 감옥에 갇히고, 반란에 가담한 나머지는 시베리아에서의 중노동형을 선고받았다. 이들은 쇠사슬에 묶여 형기를 마친 후에도 모스크바로 돌아올 수 없었다.

2 이 글의 빈칸에 들어갈 말로 가장 적절한 것은?

① fingers   ② noses   ③ tongues

④ hearts   ⑤ shoulders

3 이 글의 밑줄 친 <u>this miracle</u>의 구체적인 내용을 우리말로 쓰시오.

Ⓦ

4 다음 영영 풀이에 해당하는 단어를 본문에서 찾아 쓰시오.

> say officially in court that somebody is to receive a particular punishment

---

Words & Structure

cost (목숨을) 잃게 하다; (값, 비용이) 들다; 비용
sentence (형을) 선고하다; 형벌, 형; 문장
hang 교수형에 처하다 (-hanged-hanged)
part 관여, 관련
uprising 폭동, 반란
czar 황제, 군주
bruise 타박상을 입(히)다

batter 난타[연타]하다, 강타하다
properly 제대로, 적절히
custom 관례, 관습
sign 징후, 징조; 서명하다
heavenly 하늘의; 신성한; 천국의
will 뜻, 의지
pardon 사면하다; 사면, 사면장

be about to 막 ~하려고 하다
rope 밧줄, 노끈
contrary 정반대, 역; 반대의
tear up 찢어버리다, 갈기갈기 찢다
🔵 **4. punishment** 벌, 처벌

5행 › Ryleyev fell to the ground, ~, **bruised and battered**, ~: bruised and battered는 부대상황(~인 채로)을 나타내는 분사 구문

14

Life

★★☆
188 words

1 밑줄 친 produce garbage to end up with gold가 다음 글에서 의미하는 바로 가장 적절한 것은?

　　We're usually taught that mistakes are ＿＿＿＿＿＿, and they are, but not all the time. (ⓐ) When we need to come up with ideas, mistakes are not wasted, because it's hard to come up with a great idea without first coming up with a lot of other ideas that are really bad. (ⓑ) So mistakes are really the seeds for creativity, and that's why Disney CEO Michael Eisner says it's okay to have films, TV shows, and plays that really fail completely, because it's the only way he'll get big hits. (ⓒ) Filmmaker Robert Altman, who won an Oscar for his movie *M*A*S*H*, says M*I*S*T*A*K*E*S sometimes end up giving us the best inspiration. (ⓓ) Many of us have a big fear of making mistakes because we're taught from a young age NOT to make them. (ⓔ) So, if you want an idea that goes down in history, produce a lot more that go up in smoke. You've got to first <u>produce garbage to end up with gold</u>.

① make mistakes to think of good ideas

② have a lot of patience in order to succeed

③ use past mistakes to reduce mistakes

④ experience a lot of failure to make history

⑤ think outside the box to make a lot of money

Did You Know?

닮은 꼴 유추 비유법(analogy) A : B = C : D

analogy란 두 사물(A와 B)간의 관계를 좀 더 명확히 보여주기 위해, 비슷한 관계인 제3의 사물들(C와 D)을 인용하는 것이다. 해결의 관건은 표면에 드러난 C와 D를 통해 숨겨진 A와 B를 알아내는 것이다. 다음 문장의 의미를 살펴보자.

Till the lions have their historians, tales of hunting will always glorify the hunter.

해석: 사자가 (자신들을 변호해 줄) 역사가를 갖기 전까지, 사냥의 역사는 항상 사냥꾼을 찬양할 것이다.

유추 비유법 A : B = C : D → A(환경, 동물) : B(환경보호론자) = C(사자) : D(역사가)

요지: 동물들을 무시한 인간 위주의 생태관을 비판하며, 환경보호의 필요성을 강조

2 이 글의 빈칸에 들어갈 말로 가장 적절한 것은?

① risky   ② bad   ③ natural

④ common   ⑤ misleading

3 글의 흐름으로 보아, 주어진 문장이 들어가기에 가장 적절한 곳은?

> That becomes a big mental barrier when we're trying to come up with ideas.

① ⓐ   ② ⓑ   ③ ⓒ   ④ ⓓ   ⑤ ⓔ

4 다음 문장의 빈칸에 공통으로 들어갈 단어를 본문에서 찾아 쓰시오.

> • Dreams can be a rich source of _____ for an artist.
> • Painters often take their _____ from nature.

Words & Structure

come up with ~을 생각해 내다
seed 근원; 씨앗
CEO 최고 경영자 (Chief Executive Officer)
play 연극
big hit 대형 인기 작품

end up -ing 결국 ~이 되다
inspiration 영감; 영감을 주는 것[사람]
go down in history 역사에 남다
go up in smoke (계획·희망 등이) 연기처럼
사라지다[수포로 돌아가다]

garbage 쓰레기
图 1. **make history** 역사에 남다
    think outside the box 새로운 사고를 하다
  3. **mental** 마음의, 정신의
    barrier 장애물, 장벽

12행 > if you want **an idea** that goes down in history, produce a lot more (ideas) that ~ : a lot more 다음에 ideas가 생략됨.

15

Education

★★★
164 words

1 밑줄 친 playing intellectual air guitar가 다음 글에서 의미하는 바로 가장 적절한 것은?

Any learning environment that deals with only the database instincts or only the improvisatory instincts ignores one half of our ability. It is bound to fail. It makes me think of jazz guitarists: 3 They're not going to make it if they know a lot about music theory but don't know how to jam in a live concert. Some schools and workplaces emphasize a stable, *rote-learned database. They ignore 6 the improvisatory instincts drilled into us for millions of years. Creativity suffers. Others emphasize creative usage of a database, without installing a fund of knowledge in the first place. They 9 ignore our need to obtain a deep understanding of a subject, which includes memorizing and storing a richly structured database. You get people who are great improvisers but don't have depth of 12 knowledge. You may know someone like this where you work. They may look like jazz musicians and have the appearance of jamming, but in the end they know nothing. They're playing intellectual air 15 guitar.

*rote-learned 기계적으로 암기한

① acquiring necessary experience to enhance their creativity

② exhibiting artistic talent coupled with solid knowledge of music

③ posing as experts by demonstrating their in-depth knowledge

④ performing musical pieces to attract a highly educated audience

⑤ displaying seemingly creative ability not rooted in firm knowledge

---

Word Origin

ignore : ignore는 "not to know, take no notice of"의 의미를 나타내는 라틴어 *ignorare*에서 유래되었다.

gn(o)
알다
(know)

ignore	i(in: not)+gno(re) ▸ 알지 못하는 척하다
	v. 무시하다
diagnosis	dia(apart)+gno+sis(명사 접미사) ▸ 낱낱이 알아냄
	n. 진단, 원인 분석
recognize	re(again)+co(com: together)+gn+ize(동사 접미사) ▸ 다시 모든 것을 알게 되다
	v. 알아보다, 분간하다; 인정하다

2 이 글의 내용과 일치하도록 빈칸에 알맞은 말을 [보기]에서 골라 쓰시오.

┌─ 보기 ──────────────────────────────────────┐
│　　　knowledge　　instinct　　improvise　　install　　│
└──┘

┌──┐
│ The writer thinks that human learning needs a database in which to │
│ store a lot of _____ , and the ability to _____ from that │
│ database. │
└──┘

Ⓦ

3 각 영영 풀이에 해당하는 단어를 [보기]에서 골라 쓰시오.

┌─ 보기 ──────────────────────────────────────┐
│　　suffer　　emphasize　　ignore　　improvise　　│
└──┘

(1) _____ : create and perform music, drama or verse on the spot
　　　　　　　　　　without preparation

(2) _____ : become worse because of being badly affected by
　　　　　　　　　　something

Words & Structure

instinct 직감, 본능
improvisatory 즉흥의, 즉석의
cf. improvise 즉흥적으로 하다
　improviser 즉흥 연주자
ignore 무시하다
be bound to 반드시 ~하다
jam (다른 연주자들과 미리 연습해 보지 않고)
즉흥 연주를 하다
emphasize 강조하다

stable 안정적인
drill A into B (반복적인 학습을 통하여) B에게
A를 주입시키다
suffer 약화되다
install (머릿속에) 넣다 (= put in)
a fund of (공급량이) 많은 (= a large supply of)
subject 주제
structured 구조화된
intellectual 지적인, 총명한

air guitar 기타 연주 흉내(기타를 메고 있다고 가정
하고 허공에 미친 듯이 양손을 흔들며 기타 연주하는
흉내를 내는 것)
문 **1. pose as** ~인 체하다
　seemingly 겉보기에, 외관상으로
　3. verse 시, 운문
　on the spot 즉석에서

1행 › **Any learning environment** [that deals with only the database instincts ~] **ignores** one half of our ability.
　　　　　　　주어　　　　　　　　　　　　　　　　　　　　　　　　　　　　　　　동사

Protectionism

Protectionism is a policy under which a country closes itself off from international trade, while imposing heavy taxes on foreign imports. Often there are calls for protectionism during economic ⓐ crises: the hope is to protect domestic industries from foreign competition. However, in reality, this policy may bring about ⓑ unexpected side effects.

Take imposing taxes on steel imports as an example. In May 2018, the U.S. president announced a 25% tariff on all steel imports. Because of this taxation, U.S. companies had to buy ⓒ local steel, which, as a result, boosted the U.S. steel industry.

However, this caused a problem. Though domestic industries produced steel, the amount of production was much smaller compared to when these goods were coming in from abroad — so the greater demand for local steel pushed up the price. This forced car makers to ⓓ increase the price of their final products, which in turn hurt consumers. As you can see, protectionism is _____.

Some economists argue that temporary, targeted protection can be helpful for domestic "infant industries" that need to be protected from foreign competition until they are established enough to compete ⓔ domestically.

1 이 글의 빈칸에 들어갈 말로 가장 적절한 것은?

① a necessary evil   ② a blessing in disguise

③ a storm in the teacup   ④ a double-edged sword

⑤ a golden opportunity

2 이 글의 내용과 일치하지 <u>않는</u> 것은?

① Tariffs are used to protect domestic industries from foreign competition.

② Imposing taxes on the imported steel depressed the U.S. steel industry.

③ The U.S. steel industry did not meet the demand of domestic steel.

④ Protectionism is not the best policy to protect a country's consumers.

⑤ Protectionism can give an advantage to domestic producers at the expense of consumers.

3 이 글의 밑줄 친 ⓐ~ⓔ 중, 문맥상 낱말의 쓰임이 적절하지 <u>않은</u> 것은?

① ⓐ   ② ⓑ   ③ ⓒ   ④ ⓓ   ⑤ ⓔ

Words

protectionism 보호무역주의
policy 정책, 방책
trade 무역
impose 부과하다, 가하다
tax 세금
cf. taxation 과세, 징세
import 수입품; 수입하다
call 요구, 요청
crisis 위기 (*pl.* crises)
domestic 국내의
cf. domestically 국내적으로
competition 경쟁자, 경쟁 상대
side effect 부작용
steel 철강
tariff 관세
boost 신장시키다, 북돋우다
demand 수요, 요구; 요구하다
force A to V A가 V하게 만들다
in turn 그 결과로, 결과적으로
temporary 일시적인
infant 유아의; 초기의
문 **2. depress** 침체시키다
    meet 충족시키다
    advantage 이점, 유리한 점
    at the expense of ~을 희생하면서

Big Issue

보호무역주의와 인플레이션(Protectionism and Inflation)

보호무역(protectionism)은 자국의 산업을 보호하기 위해 국제 무역에 정부가 개입하는 무역 제도이다. 재화, 용역 등 교역되는 상품에 대해 관세(tariff)와 같은 세금을 부과하여 수입품의 가격을 올리거나, 수입량을 제한하는 수입 할당제(import quota) 등이 보호무역을 위한 정책이 될 수 있다. 2018년 미국은 수입 철강과 알루미늄 제품에 관세를 물리겠다고 밝힌 데 이어 중국산 수입품에 대한 대규모 관세 부과를 공언했다. 이전에는 자유무역(free trade)을 통해 모든 재화를 직접 제작하는 대신 상대적으로 싸게 만들 수 있는 국가에서 수입함으로써 미국 내의 소비자의 실질구매력(purchasing power)을 높일 수 있었다. 하지만 보호무역은 자국 기업이 생산에 더 높은 비용이 들어가게 했고, 그에 따라 소비자들은 더 비싼 가격에 물건을 사야 했다. 보호무역은 국내 산업을 보호할 수 있지만, 물가를 자극해 금리(interest rate)를 끌어올리는 악순환(vicious cycle)의 고리로 작용할 가능성이 있다.

What's It Like to Graduate Into a Recession?

해석 [경제 침체 시기에 졸업하는 것은 어떤 걸까?]
"우린 해냈어!" / "하지만 취직하는 건 너무 힘들어."

Must-Know Economy & Trade Terms

- **enterprise** 기업
- **depression** 불경기 (= recession, downturn)
- **profit** 이윤 ↔ loss 손실
- **revenue** 매출액, 수입
- **commodity** 일용품
- **asset** 자산
- **commerce** 상업; 무역
- **barrier** 장벽

- **economic sanctions** 경제 제재
- **tariff** 관세
  ex. impose a tariff 관세를 부과하다
- **manufacture** 제조하다, 생산하다
- **agreement** 협정
- **export** 수출하다; 수출 ↔ import 수입하다; 수입
- **negotiation** 협상

05

글의 순서 / 문장의 위치 / 무관한 문장 파악

17

Lesson

★★☆
167 words

1 주어진 글 다음에 이어질 글의 순서로 가장 적절한 것은?

> A husband and wife are about ⓐto go out for dinner and a movie. The wife asks, "Honey, do you think this new dress looks good on me?"
>
> 3

(A) It sounds like a compliment, and his wife is happy. Of course she likes it or she ⓑwouldn't have bought it. Again, it was the way it was said rather than ⓒthat was said that made the difference between an unnecessary and hurtful blunder and getting on with the occasion.

(B) The husband turns around to see what he immediately thinks ⓓis probably the most awful-looking dress he has ever seen. That's what he actually thinks. So, how does he respond? Does he stick to the truth and tell her exactly what he thinks and possibly ruin what would otherwise be a pleasant evening?

(C) Not ⓔif he's smart. He can satisfy her desire to believe she looks good in the dress and his wanting to avoid telling a lie. Tactfully, he says, "Wow! I bet you really like that dress!"

① (A) – (B) – (C)   ② (A) – (C) – (B)   ③ (B) – (A) – (C)
④ (B) – (C) – (A)   ⑤ (C) – (B) – (A)

Word Origin

compliment: compliment는 '완성하는 것'이라는 뜻의 라틴어 *complementum*에서 유래되었는데, 어근인 pli 는 '채우다'라는 뜻으로 '상대방의 욕구를 완전히 채우는 것', 바로 '칭찬'이라는 뜻을 지니게 되었다.

pli, ple 채우다 (fill)	compliment	com(completely)+pli+ment(명사 접미사) ▶ (상대방의 욕구를) 채우는 것 *n.* 칭찬, 경의 *v.* 칭찬하다
	complement	com(completely)+ple+ment(명사 접미사) ▶ 완전하도록 채워주는 것 *n.* 보충(물) *v.* 보충[보완]하다
	supplement	sup(sub: up from below)+ple+ment(명사 접미사) ▶ 아래에서부터 추가로 덧붙여 채움 *n.* 보충(물) *v.* 보충하다, 추가하다

2 이 글의 내용과 일치하지 <u>않는</u> 것은?

① 남편과 아내는 외식하러 나가려던 참이었다.

② 아내는 남편에게 자신의 드레스가 어울리는지 물었다.

③ 아내는 남편의 대답을 듣고 행복해했다.

④ 남편은 드레스가 끔찍하다고 생각했다.

⑤ 남편은 아내를 위해 거짓말을 했다.

3 이 글의 밑줄 친 ⓐ~ⓔ 중, 어법상 <u>틀린</u> 것은?

① ⓐ   ② ⓑ   ③ ⓒ   ④ ⓓ   ⑤ ⓔ

Words & Structure

compliment 칭찬; 칭찬하다
hurtful 마음을 상하게 하는
blunder 큰 실수
get on with ~을 잘 대처하다, 잘 해내다
immediately 즉시

awful 끔찍한
cf. awful-looking 끔찍해 보이는
respond 반응하다, 대답하다
stick to ~을 고수하다
ruin 망치다

satisfy 만족시키다
desire 바람, 욕구
tactfully 요령 있게
bet (~이) 분명하다, 틀림없다

9행 › what **he immediately thinks** is probably the most awful-looking dress: he immediately thinks는 관계사절에 삽입된 삽입절 *cf.* Do what **you think** is right. (네가 옳다고 생각하는 것을 하라.)

1 글의 흐름으로 보아, 주어진 문장이 들어가기에 가장 적절한 곳은?

> It seems like bad luck, but psychologists disagree.

Bad luck always seems to strike at the worst moment. (①) A student taking their final exam wakes up with a serious headache. (②) A runner breaks their ankle minutes before a race. (③) They say that such common mishaps are, in many cases, carefully designed plots of the subconscious mind. (④) They argue that a person often engages in a form of self-handicapping behavior. Self-handicapping refers to the various ways in which people subconsciously create obstacles to put the blame on when they think they are going to fail. (⑤) It seems like a crazy thing to do, but it is a clever trick of the mind, one that allows a person to protect their self-esteem by justifying their failures.

Did You Know?

자기 불구화(Self-Handicapping)

사람들은 어떤 중요한 일을 앞두고 너무 스트레스를 받으면 그 상황을 무의식적으로 모면하려고 하는 경향이 있다. 그래서 학교 가기 싫은 학생들은 꾀병을 하고, 시험이 부담스러운 사람들은 시험에 떨어졌을 때 자신의 실패를 정당화(justify)할 구실을 만든다. 이렇게 스스로 핸디캡(handicap)을 만들고 나서 실패하면 자신에게 문제가 있어서 그런 것이 아니라 그럴 만한 이유가 있었기 때문이라고 핑계를 댈 수 있기 때문에 스스로 자존심(self-esteem)을 보호하는 자기 방어를 할 수 있다.

2 이 글의 제목으로 가장 적절한 것은?

① Self-Handicapping and Its Consequences

② The Costs and Benefits of Self-Handicapping

③ Self-Handicapping: A Smoke Screen for Failure

④ The Negative Use of Excuses in Everyday Life

⑤ Reasons for Making Good Excuses for Failure

3 다음 중 self-handicapping strategy의 예로 가장 적절한 것은?

ⓐ Roy, who is a cigarette smoker, does not like to hear about the health risks of smoking. He therefore ignores such information and continues to smoke.

ⓑ Yuki never studies very much for school. Since Yuki does not know anyone who studies very hard, she assumes that in fact no one ever studies hard.

ⓒ Jacques has a big wrestling match coming up, but he fears that he will lose. The week before the match, he claims that he is "really busy with other studies," and does not practice at all.

4 다음 영영 풀이에 해당하는 단어를 본문에서 찾아 쓰시오.

concerning the part of the mind of which one is not fully aware but which influences one's actions and feelings

Words & Structure

strike 덮치다, (갑자기) 일어나다
ankle 발목
mishap 불행한 사건, 불운
designed 만들어진, 의도된
plot 음모, 은밀한 계획
subconscious 잠재의식의

cf. **subconsciously** 잠재의식[반 무의식]적으로
engage in ~을 하다, 관여하다
self-handicapping 자기 불구화
obstacle 장애(물)
put the blame on ~의 탓으로 돌리다, ~을 비난하다

trick 속임수, 술수
self-esteem 자존감
justify 합리화하다, 정당화하다
團 **2. smoke screen** 연막, 위장

- -

9행 > <u>obstacles **to put the blame on**</u>: to부정사의 형용사적 용법 ((실패에 대한 핑계로) 비난할 장애물)

19

Organization

★★★
154 words

1 다음 글에서 전체 흐름과 관계 <u>없는</u> 문장은?

There's a false belief in many organizations (A) | that / where | tension and conflict are signs of an unhealthy team. In many cases, this couldn't be further from the truth! ① An effective team consists of people who are willing to fight for their ideas, challenge others when necessary, and stand their ground when (B) | confronting / confronted |. ② In the end, however, those same people must be willing to bend to the ideas of others and submit to the decisions made by the leader, (C) | knowing / to know | that they can't win every battle. ③ Leaders should not think of themselves as simply managers or supervisors, but rather as "team leaders." ④ Unfortunately, managers are often uncomfortable with team conflicts and attempt to suppress them so as to preserve peace. ⑤ There's a false belief that *tranquility equals health, but a tranquil team is often a sign of imminent death because it may mean that no one cares enough to make waves.

*tranquility 평온

Conflict

Did You Know?

갈등의 필요성(Necessity of Conflict)

갈등은 조직 구성원들 간의 의견 불일치(disagreement)에서 온다. 보통 사람들은 갈등이 조직의 기능을 저해한다고 믿고 있다. 그러나 경영을 연구하는 현대의 심리학자들은 적절한 갈등은 조직의 활성화와 발전을 위해서 꼭 필요한 요소라고 생각한다. 조직 내에서의 긴장(tension)과 갈등(conflict)은 불가피한 것이며, 갈등을 합리적으로 해결하면 쇄신과 발전의 동력(momentum)이 될 수 있다는 것이다. 갈등이 없는 조직은 죽은 조직이나 마찬가지이다. 리더가 구성원들에게 절대 복종을 요구하면 구성원들은 모두 yes-man이 되고 남의 눈치만 보며 집단 사고(groupthink)를 따르게 될 것이다. 이런 조직은 겉으로는 평온해 보일지 모르지만 변화나 발전이 없을 것이다.

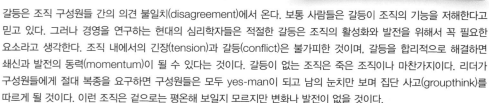

2 이 글의 주제로 가장 적절한 것은?

① signs and symptoms of an unhealthy team

② how to create productive and effective teams

③ reasons for attempting to suppress team conflicts

④ the necessity of team conflicts in an organization

⑤ the importance of a leader's impact on the team

3 (A), (B), (C)의 각 네모 안에서 어법에 맞는 것으로 가장 적절한 것은?

	(A)		(B)		(C)
①	that	·····	confronting	·····	knowing
②	that	·····	confronted	·····	knowing
③	where	·····	confronted	·····	knowing
④	where	·····	confronted	·····	to know
⑤	that	·····	confronting	·····	to know

Words & Structure

false 잘못된, 틀린
organization 조직체
tension 긴장
conflict 갈등, 충돌
effective 효과적인
consist of ~로 구성되다

willing 기꺼이 ~하는
challenge 도전하다, 이의를 제기하다
stand one's ground 자기 입장을 고수하다
confront (문제나 상황에) 직면하다
bend to ~에 굽히다
submit to ~에 복종하다[따르다]

supervisor 감독자, 관리자
attempt 시도하다
suppress 억누르다, 억제하다
preserve 유지하다, 보존하다
imminent 임박한, 급박한
make waves 풍파를 일으키다

2행 › this **couldn't be further** from the truth: 가정법 couldn't be + 비교급(더 ~할 수는 없다, 가장 ~하다 → 최상급의 의미)

20

Culture

★★☆
208 words

Emoticon

Nowadays emoticons are ubiquitous: they are in messages, emails, and many forms of online communication. Emoticons were first invented in the 1980s in order to add tones and nuances to written text since the text messages alone could not fully convey the ⓐ intended emotions of the senders.

(A) In contrast, in cultures where open emotional expression is the norm (such as the U.S.), people focus on the mouth, because they believe it is the most ⓑ expressive part of the face.

(B) Recently, sociologist Dr. Yuki Masaki in Japan conducted interesting research about emoticon styles. He took a closer look at two emoticons that ⓒ represent the smiley face which are used in Japan and the United States. He discovered that Japanese tend to use ^-^, whereas Americans prefer :).

(C) So why is there a difference? According to Dr. Masaki, it depends on how people in different cultures interpret ⓓ facial cues. In cultures where emotional restraint is the norm (such as Japan), people focus more on the eyes than the mouth because they think the eyes are not easy to manipulate, and therefore, cannot ⓔ reveal one's feelings.

So, the next time you communicate with people from a different culture, don't be surprised even if they use emoticons that you're not used to.

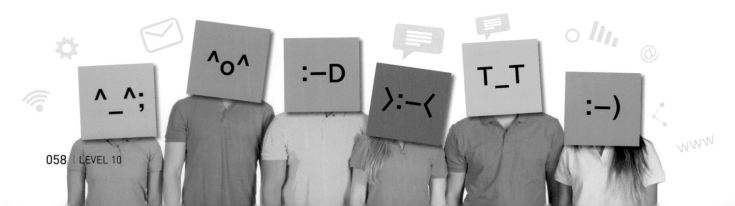

1 주어진 글 다음에 이어질 글의 순서로 가장 적절한 것은?

① (A) – (C) – (B)

② (B) – (A) – (C)

③ (B) – (C) – (A)

④ (C) – (A) – (B)

⑤ (C) – (B) – (A)

2 이 글의 주제로 가장 적절한 것은?

① emoticons as a new universal language

② problems with excessive emoticon usage

③ cultural differences in the use of emoticons

④ new forms of communication in the digital age

⑤ how emoticons changed language and the world

3 이 글의 밑줄 친 ⓐ~ⓔ 중, 문맥상 낱말의 쓰임이 적절하지 <u>않은</u> 것은?

① ⓐ   ② ⓑ   ③ ⓒ   ④ ⓓ   ⑤ ⓔ

Words

ubiquitous 어디에나 있는, 아주 흔한
tone 분위기
nuance (의미·소리·색상·감정상의) 미묘한 차이, 뉘앙스
convey 전달하다, 전하다
intended 의도된, 계획된
norm 전형적인 행동
sociologist 사회학자
conduct (특정한 활동을) 하다
represent 표현하다, 나타내다
interpret 해석하다
facial 얼굴의
cue 신호, 암시, 단서
restraint 억제, 제지
manipulate 다루다, 조작하다
reveal 드러내다
be used to ~에 익숙하다

Big Issue

동양과 서양의 이모티콘

동서양의 문화가 다름에 따라 이모티콘(emoticon)도 서로 다른 형태를 사용한다. 동양권 나라에서는 표정을 나타낼 때 주로 가로로 된 형태를 사용하는 반면, 서양에서는 누워 있는 세로 형태로 많이 표현한다.

동양	표정	서양
^^ ^_^ ^0^ ^▽^	기쁜 표정	:) :-) :-D =)
ㅠㅠ ㅜㅜ T_T	슬픈 표정	:(:'(
'ㅇ' 'ㅅ' 'ㅁ'	화난 표정	):-〈 :-@ :-V

두 번째 차이점은 동양식 이모티콘은 눈 모양을 중시하고 서양식 이모티콘은 입 모양을 중시한다는 것이다. 동양에서는 주로 웃는 표정을 눈으로 웃는 이모티콘 ^_^을 통해 표현하는 반면, 서양에서는 주로 입으로 웃는 이모티콘 :)을 통해 표현하는데, 이와 관련한 다양한 연구가 진행된 바 있다. 학계의 정설로 받아들여지는 견해는 동양인과 서양인의 얼굴 구조의 차이에서 기인했다는 것이다. 유전적인 광대 근육의 위치에 따라 동양인은 웃을 때 입모양이 크게 변하지 않는 반면, 서양인은 눈보다 입이 먼저 웃음을 나타내게 된다. 이 때문에 동양식 이모티콘은 눈 모양을, 서양식 이모티콘은 입 모양을 중시하는 경향을 띠게 된 것으로 볼 수 있다.

Laugh & Learn

The Memory Triggering Taste

And suddenly the memory returns.
The taste was that of the little crumb
of madeleine which on Sunday morning
my aunt used to give me...

해석 [기억을 떠올리게 하는 맛] 그리고 갑자기 기억이 떠오른다.
그 맛은 일요일 아침 나의 숙모가 내게 주곤 했던 작은 마들렌 부스러기의 맛이었다…
* 마르셀 프루스트의 소설 《잃어버린 기억을 찾아서》의 주인공은 마들렌(조개 모양의 쿠키) 냄새를 맡고
어린 시절을 회상한다. 이처럼 특정한 냄새로 기억을 떠올리게 하는 것을 memory trigger라고 한다.

Must-Know Psychology Terms

- **motivation** 동기 부여
- **reinforce** 보상하다, 강화하다
- **extrinsic** 외적인 ↔ intrinsic 내적인
  ex. extrinsic reinforcement (돈, 선물 등)
  외적인 보상
- **subconscious** 잠재의식의
  cf. unconscious 무의식의
- **instinctive** 본능적인
- **justify** 합리화하다, 정당화하다

- **cognitive** 인지의
- **suppression** (감정의) 억압
- **restraint** 억제, 제지
- **defense mechanism** (심리적인) 방어기제
- **conditioning** 조건화
- **trigger** (기억을 이끌어 내는) 방아쇠 역할을 하다;
  (반응·사건을 유발한) 계기, 도화선
- **neuroscience** 신경 과학

글의 순서 / 문장의 위치 / 무관한 문장 파악

21

Animal
★★☆
156 words

[QR code]

1 주어진 글 다음에 이어질 글의 순서로 가장 적절한 것은?

> We generally like to think we are in charge of our actions. But we know that some of the things we do are not controlled consciously. These are known as reflexive or autonomous behaviors.   3

(A) Experimenters removed a pair of these birds from contact with building materials and from other members of their species for   6 five generations. The birds were not able to build, or even see, traditional nests.

(B) It is easy to see these autonomous behaviors in other species.   9 Some of these can be quite complex and are part of the animal DNA. For example, the South African *weaverbird normally builds an intricate nest using specialized materials.   12

(C) And yet when the sixth generation—still in isolation from its species—was given access to the traditional materials, it built a perfect nest. This may be an extreme example, yet it illustrates   15 the point that even some complex behaviors may be reflexive and not quite under conscious control.

*weaverbird 위버, 길쌈새

① (A) – (C) – (B)　　② (B) – (A) – (C)
③ (B) – (C) – (A)　　④ (C) – (A) – (B)
⑤ (C) – (B) – (A)

Did You Know?

베 짜는 새, 위버

이름 그대로 위버(weaverbird)는 베 짜듯이 둥지(nest)를 짓는다. 베를 짜는 데는 날실과 씨실이 필요한데, 위버는 갈대, 잔디, 종려나무 잎 등 가느다랗고 긴 잎을 가져와서 이리 꿰고 저리 빼서 둥지를 만든다. 위버의 둥지는 입구가 아래쪽에 있어 비를 피할 수 있을 뿐만 아니라 맹금류 새들이나 뱀 등의 천적들(natural enemies)이 쉽게 들어오지 못하게 할 수도 있다. 또한 나뭇가지 끝에 조롱박처럼 매달아 놓아서 위버보다 큰 새들은 둥지에 침입하기 힘든 구조이다.

2 이 글의 내용으로 보아, 다음 중 reflexive behavior가 <u>아닌</u> 것은?

① You can't, by an act of will, stop yourself from shivering if you are cold.

② You will instantly pull your hand away from a hot stove without thinking.

③ When a bug flies right into your eye, you immediately blink and try to get it out.

④ You impatiently push a "close door" button when you want the elevator to get moving.

⑤ When a doctor taps your knee with a rubber hammer, your foot moves out instinctively.

Ⓦ

3 각 영영 풀이에 해당하는 단어를 본문에서 찾아 쓰시오.

(1) _____ : all of the people born and living at about the same time, regarded collectively

(2) _____ : the state of being separated from others

Words & Structure

in charge of ~을 책임지고 있는
consciously 의식적으로
cf. conscious 의식적인
reflexive 반사적인
autonomous (의지와 관계없이) 자동적으로 일어나는, 자발적인
contact 접촉
material 재료
generation 세대

nest 둥지
complex 복잡한
normally 보통(은)
intricate 복잡한, 얽힌
specialized 특수한
isolation 고립
access 접근, 접촉 기회
extreme 극단적인
illustrate 입증하다; 삽화를 넣다

문 2. will 의지
　shiver (몸을) 떨다
　instantly 즉시
　blink 눈을 깜빡이다
　impatiently 성급하게
　tap 톡톡 치다[두드리다]
　instinctively 본능적으로

7행 〉 **build**, or even **see**, **traditional nests**: traditional nests는 build와 see의 공통 목적어

1 다음 글에서 전체 흐름과 관계 없는 문장은?

When you talk, are you cool and calm or do you wave your arms in the air as you struggle to say something? The more _____ you know, the less likely you are to make gestures while talking. ③ This is what linguistic researchers found in their studies. ① Well-educated people describe their thoughts and feelings using the full range of their vocabulary. ② However, those without the ⑥ opportunity of a good education rely more on gestures to explain themselves. ③ They lack the words, so it is no wonder they substitute gestures for words. ④ Parents with higher family income and more ⑨ education gesture more to their children. ⑤ As a general rule, the higher a person's social status is, the fewer gestures they are likely to use.

Word Origin

gesture: gesture는 gest(carry)와 ure(행위, 결과 등을 의미하는 추상명사를 만드는 접미사)가 결합된 단어로, 자신의 생각을 다른 사람에게 나르기 위한 행동 즉, '손짓, 몸짓, 표정' 등을 뜻한다.

gesture gest+ure(명사 접미사)
▸ (몸으로) 나르는 것
n. 손짓, 몸짓, 얼굴 표정
v. 손짓[몸짓]하다

suggest sug(sub: under)+gest
▸ 생각을 넌지시 전하다
v. 제안하다; 시사하다

gest
나르다, 옮기다
(carry)

digest di(dis: apart)+gest
▸ (음식물을) 조각조각 나르다
v. 소화하다; 이해하다
n. 요약, 개요

congest con(com: together)+gest
▸ 모두 한 곳에 옮겨 놓다
v. 혼잡하게 하다; 충혈시키다

2 이 글의 제목으로 가장 적절한 것은?

① Expand Your Gesture Vocabulary

② Educated People Use Fewer Gestures

③ Gestures Help Students Learn New Words

④ Hearing Gestures: How Our Hands Help Us Think

⑤ Why We Gesture: How Hands Function in Speaking

3 이 글의 빈칸에 들어갈 말로 가장 적절한 것은?

① gestures   ② people

③ subjects   ④ vocabulary

⑤ books

Words & Structure

calm 차분한, 평온한
wave 흔들다
struggle to ~하려 애쓰다, 분투하다
gesture 손짓, 몸짓, 제스처; 몸짓하다
linguistic 언어의, 언어학의
describe 말하다, 서술하다, 묘사하다

range 범위; 다양성
explain oneself 생각하는 바를 말하다
lack ~이 부족하다
it is no wonder (that) ~은 놀랍지 않다, 당연하다
substitute A for B B를 A로 대체하다

income 소득
as a (general) rule 일반적으로, 대개
social status 사회적 지위
㈜ 2. **expand** 확장시키다
　　 educated 교육 받은
　　 function 기능하다, 작용하다

11행 › **the higher** a person's social status is, **the fewer** gestures they are likely to use: the+비교급 ~, the+비교급 ...
　　　 (~하면 할수록, 그만큼 더 …하다)

23

Health

★ ★ ★
165 words

● 글의 순서 파악

1 주어진 글 다음에 이어질 글의 순서로 가장 적절한 것은?

> Most of us have a general, rational sense of what to eat and when—there is no shortage of information on the subject.

(A) *Emotional eating* is a popular term used to (a) ⃞describe / describing⃞ eating that is influenced by emotions, both positive and negative. Feelings may affect various aspects of your eating, including your motivation to eat, your food choices, where and with whom you eat, and the speed (b) ⃞which / at which⃞ you eat. Most overeating is prompted by feelings rather than physical hunger.

(B) Yet there is often a disconnection between what we know and what we do. We may have the facts, but decisions also involve our feelings. Many people who struggle with difficult emotions also struggle with eating problems.

(C) Individuals who struggle with obesity tend to eat in response to emotions. However, people who eat for emotional reasons are not necessarily overweight. People of any size may try to escape an emotional experience by preoccupying themselves with eating or (c) ⃞by obsessing / to obsess⃞ over their shape and weight.

① (A) – (C) – (B)   ② (B) – (A) – (C)   ③ (B) – (C) – (A)
④ (C) – (A) – (B)   ⑤ (C) – (B) – (A)

Did You Know?

감정적 식사와 대처 방법

감정적 식사(emotional eating)는 진짜 배고픔이 아니라 감정에 이끌린 가짜 배고픔(false hunger)을 채우기 위해 먹는 것을 말한다. 슬프거나 우울할 때, 때로는 기쁠 때도 음식을 먹는 것으로 감정을 처리하려 하는 것이다. 감정적 식사는 과식을 넘어 충동식(impulsive eating)으로 연결되기도 하고, 몸에 좋지 않은 음식을 쫓는 경향이 있다. 따라서, 감정적 식사는 많은 경우 비만(obesity) 등의 건강상의 문제를 일으킨다. 감정적 식사에 대처할 수 있는 몇 가지 방법이 있다. 우선, 먹는 것 대신 다른 일을 해 본다. 운동하기, 청소하기, 산책하기 등 식욕(food craving)을 잊을 수 있는 일을 한다. 또한 먹고 싶은 음식을 미리 소량으로 나누어 놓는다면 적은 양만 먹고 멈추는 데 도움이 될 수 있다.

2 **(a), (b), (c)의 각 네모 안에서 어법에 맞는 것으로 가장 적절한 것은?**

(a)		(b)		(c)
① describe	·····	which	·····	by obsessing
② describe	·····	at which	·····	by obsessing
③ describing	·····	at which	·····	by obsessing
④ describe	·····	which	·····	to obsess
⑤ describing	·····	which	·····	to obsess

3 **이 글의 내용과 일치하지 않는 것은?**

① 좋거나 나쁜 감정은 식사에 영향을 미친다.

② 기분은 음식 선택에도 영향을 줄 수 있다.

③ 대부분의 과식은 배가 고파서 일어난다.

④ 비만인 사람들은 감정에 반응하여 식사하는 경향이 있다.

⑤ 감정적인 이유로 먹는 사람이 반드시 비만인 것은 아니다.

Words & Structure

rational 합리적인	**prompt** 유발하다, 불러일으키다	**overweight** 과체중의 (obese의 완곡적 표현)
shortage 부족	**disconnection** 단절	**escape** 벗어나다, 빠져 나오다
subject 주제, 화제; 과목	**involve** 수반(포함)하다	**preoccupy oneself with** ~에 몰두하다
term 용어	**obesity** 비만	**obsess over** ~에 대해 강박감을 갖다, ~에
aspect 측면, 양상	**tend to** ~하는 경향이 있다	대한 생각에 사로잡히다
motivation 동기 부여	**in response to** ~에 반응하여	

16행 > **not necessarily** overweight: not necessarily(반드시 ~는 아닌 → 부분 부정)

24

Microbes

*Symbiosis is a relationship between two animals where each provides something good for the other. According to the world-famous biologist Lynn Margulis, symbiosis happened to all organisms in the process of evolution. You may be surprised to find that symbiosis happened even between humans and microbes such as bacteria and viruses. (ⓐ) Trillions of bacteria and viruses have entered the human body for millions of years. (ⓑ) Instead of killing them, humans tamed the microbes and formed symbiosis with them. (ⓒ) Bacteria and viruses get a living space and food from the host. (ⓓ) In return, these microbes help us in various ways. (ⓔ) This is just like humans turned enemies into friends. Recent research revealed that microbes in the human body play an essential role in our metabolism. They help our digestion and protect us from harmful bacteria and viruses. They can survive without humans, but humans cannot survive without them.

*symbiosis 공생

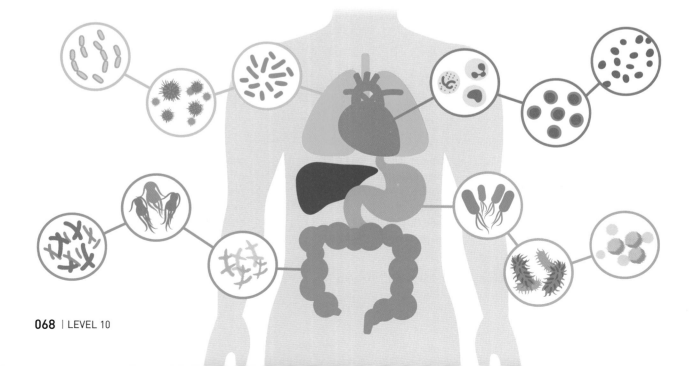

1 이 글의 흐름으로 보아, 다음 문장이 들어가기에 가장 적절한 곳은?

> Over time, the human body did an amazing thing.

① ⓐ   ② ⓑ   ③ ⓒ   ④ ⓓ   ⑤ ⓔ

2 이 글의 제목으로 가장 적절한 것은?

① Not All Viruses Are Bad Guys

② There Are More Viruses Than Humans

③ How Humans Controlled Microbes

④ How Symbiosis Works in Nature

⑤ Humans and Viruses Help Each Other

3 밑줄 친 the host가 가리키는 것을 본문에서 찾아 쓰시오.

Words

microbe 미생물
biologist 생물학자
organism 유기체, 생물
process 과정, 절차
evolution 진화
bacteria 박테리아, 세균
(*sing.* bacterium)
trillion 1조(兆)
tame 길들이다
host 숙주; 주인
in return 보답으로
reveal 밝히다, 드러내다
essential 중요한, 필수적인
metabolism 신진대사
digestion 소화

[문] 1. over time 시간이 지나면서 서서히
2. work 작용하다

Big Issue

공생(Symbiosis)

지구가 생긴 지 얼마 안 되고 새로운 생물들이 생겨나기 시작할 때에는 생물들 사이에 특이한 형태의 공생(symbiosis)이 일어났다. 상대의 몸 안으로 들어가서 서로가 한 몸을 이루면서 공생하는 것이 바로 그 형태였다.

한 예가 인간을 포함한 모든 동물 세포 내부에 있는 미토콘드리아(mitochondria)이다. 원래 미토콘드리아는 약한 박테리아였다. 약한 박테리아가 강한 박테리아에 잡아먹힌 후, 죽임을 당하는 대신에 그대로 살아남아 숙주에게 필요한 영양을 만드는 공장인 미토콘드리아로 변신하여 함께 공생하게 된 것이다. 식물 세포 내부의 엽록체(chloroplast)도 미토콘드리아와 같은 방식으로 생겨났다고 한다. 이와 같이 어떤 생물이 다른 생물의 세포 속으로 들어가서 특정 기관으로 변신하여 공생하는 것을 세포 내 공생 endosymbiosis(endo 내부+symbiosis 공생)라고 한다. 이것을 처음으로 발견한 미국의 생물학자인 Lynn Margulis에 의하면 세포 내 공생은 이 지구상의 다양한 생물들이 생겨나게 하는 중요한 수단이 되었다고 한다.

Laugh & Learn

Stop Killing Beneficial Bacteria!

해석 [이로운 박테리아를 죽이는 것을 그만둬!]
"우리는 우리 주인을 돕기 위해 최선을 다하고 있는데, 그는 항생제로 우리를 죽이려 하고 있어!"

| **Must-Know**
 Biology Terms | ○ **microbe** 미생물
 ○ **microorganism** 미생물
    cf. microbiome 미생물 군집체
 ○ **host** 숙주
 ○ **parasite** 기생 생물
 ○ **fungus** 곰팡이 (*pl.* fungi) | ○ **germ** 세균
 ○ **algae** 조류 (물속에서 탄소 동화 작용을 하는 유기체)
 ○ **symbiosis** 공생
 ○ **reproduction** 번식
 ○ **evolution** 진화
 ○ **decompose** 분해하다 |

25

Society

★★☆
129 words

1 Park Naming Contest에 관한 다음 안내문의 내용과 일치하는 것은?

Park Naming Contest

Join the naming contest of two future city parks and win a prize. They are under construction on Broadway Avenue and on Traverse Road.

- The contest will be open August 17th through September 1st. Participants will be able to submit their park name ideas through:
  – Emailing barbaral@saintpetermn.gov
  – Visiting City Hall
    (at the City Administrator's office)

- Submissions must include:
  – Your name and contact information, including an e-mail address
  – A short narrative indicating why the submitted names should be chosen (Without this, your name ideas will not be considered.)

- A select committee will be established to review the name ideas and recommend 5 of the submitted names for each park to the City Council.

For more information, please feel free to call the City Administrator's office at 507-934-0663.

① 완공된 두 공원의 이름을 공모하고 있다.
② 응모작 제출 마감일은 8월 17일이다.
③ 반드시 이메일을 통해 응모작을 제출해야 한다.
④ 응모작을 제출할 때 선정되어야 하는 이유를 기술해야 한다.
⑤ 특별 위원회에서 각각 두 편의 응모작을 뽑아 시 의회로 보낸다.

2 각 영영 풀이에 해당하는 단어를 본문에서 찾아 쓰시오.

(1) _____ : a spoken or written account of connected events

(2) _____ : give or offer something for a decision to be made by others

(3) _____ : put forward someone or something with approval as being suitable for a particular purpose or role

---

➕ **안내문에 자주 쓰이는 어휘**

등록 & 제출

register 등록하다 (= sign up)
registration period 등록 기간
submit (지원서 등을) 제출하다
submit in person 직접 제출하다
submit via e-mail 이메일로 제출하다
submission period 제출 기한
entry (대회의) 참가, 출품작
participant 참가자
applicant 지원자
candidate 지원자, 후보자
application form 신청서
recommendation 추천(서)
duration 기간
venue 장소, 개최지
qualification 자격

office hours 영업시간
deadline 마감 일자
switch (날짜를) 바꾸다
in advance 미리, 먼저
cf. prior to ~ 이전에

행사 & 공연

admit 입장을 허락하다
admission 입장(료)
fee 수수료
free of charge 무료로
discount 할인
cancellation 취소
refund 환불
non-refundable deposit 환불 불가능한 예치금

on a first-come, first-served basis 선착순으로
intermission 중간 휴식 시간
audience 관객

기타

donation 기부, 기증
tuition 수업료
warranty 품질 보증서
early bird 일찍 도착하는 사람
minimum 최소한(의)
refreshments 다과
gift certificate 상품권
additional(detailed) information 부가적 〔자세한〕 정보

Words & Structure

win 따다, 타다; 이기다
under construction 건설 중인
submit 제출하다
administrator 행정인, 관리자
contact information 연락처

narrative 기술, 설명
indicate 보여주다, 나타내다
select committee 특별 위원회
cf. select 엄선된
establish 설립하다, 창립하다

recommend 추천하다
city council 시 의회
📘 2. account 설명; 계좌
　　put forward ~을 추천하다
　　approval 동의, 찬성

10행 › **including** an e-mail address: including은 '~을 포함하여'라는 의미의 전치사

26

People
★★★
243 words

1 Joe에 관한 다음 글의 내용과 일치하지 <u>않는</u> 것은?

Joe grew up in a Catholic working-class family in Scranton, Pennsylvania. His father was a car salesman. As a child, he was small and struggled with stammering, so he was bullied a lot by the bigger kids. He used to ⓐ<u>coming home crying</u> because of it. Since he always found himself ⓑ<u>falling behind</u> in many things, he was very timid.

Things started to change when he was in college. He joined the football team and trained himself hard. As a result, he became physically stronger and more confident. He was no longer the frail kid he used to be. He also managed to get over the stuttering problem by reciting poetry over and over in front of the mirror. As a result, he completely recovered from his childhood _____.

Joe studied history, political science, and law in college. He was an average but hardworking student. After graduating from college, he began to work for a county council in Delaware. ⓒ<u>While working there</u>, he made a life-changing decision by running for the Senate. To everyone's surprise, he won the election and became the fifth-youngest senator in history, at 29.

However, his happiness was short-lived. A tragedy struck when his wife and daughter were killed in a car accident. ⓓ<u>Despite</u> his personal difficulties, Joe did a great job as the longest-serving senator. ⓔ<u>No matter how</u> many obstacles he had to face, Joe showed true perseverance by overcoming all of them and becoming stronger each time.

① 노동자 계층 가정에서 자랐다.

② 미식축구 선수로 활동했다.

③ 시 낭독으로 말 더듬는 습관을 극복했다.

④ 대학에서 공부를 아주 잘했다.

⑤ 자동차 사고로 아내와 딸을 잃었다.

2 이 글의 빈칸에 들어갈 말로 가장 적절한 것은?

① bad habits

② extreme poverty

③ chronic disease

④ family conflicts

⑤ inferiority complex

3 이 글의 밑줄 친 ⓐ~ⓔ 중, 어법상 <u>틀린</u> 것은?

① ⓐ   ② ⓑ   ③ ⓒ   ④ ⓓ   ⑤ ⓔ

4 Joe의 삶의 자세를 가장 잘 보여주는 속담은?

① It is easy to be wise after the event.

② One swallow doesn't make a summer.

③ Don't cross the bridge till you come to it.

④ When life gives you lemons, make lemonade.

⑤ It is the last straw that breaks the camel's back.

Words & Structure

struggle (with) (~으로) 힘들어하다, 몸부림치다
stammer 말을 더듬다
bully (약자를) 괴롭히다[왕따시키다]
timid 소심한, 용기[자신감]가 없는
frail (허)약한
manage to (힘든 일을) 용케[간신히] 해내다
stutter 말을 더듬다, 더듬거리다
recite 암송[낭송/낭독]하다

poetry 시
county council (미) 구 의회, (영) 주 의회
run for ~에 출마하다
Senate 상원
cf. senator 상원 의원
short-lived 오래가지 못하는, 단명하는
strike (갑자기) 일어나다, 덮치다
serve (나라, 기관 등을 위해) 복무하다

obstacle 장애, 장애물
face 직면하다
perseverance 인내(심)
문 **2. chronic** 만성적인
inferiority complex 열등감
4. lemonade 레모네이드
cf. lemon은 시큼하고 맛없는 과일,
lemonade는 달콤하고 맛있는 레몬주스를 뜻함.

20행 › **No matter how** many obstacles he had to face: no matter + 의문사(아무리 ~더라도)

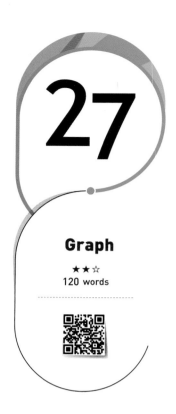

Graph

★★☆
120 words

1 다음 두 도표의 내용과 일치하지 <u>않는</u> 것은?

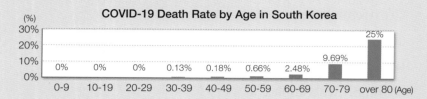

COVID-19 Death Rate by Age in South Korea

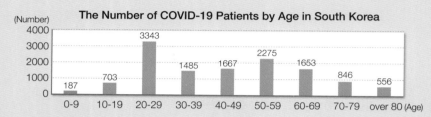

The Number of COVID-19 Patients by Age in South Korea

    The above two graphs show the COVID-19 death rate and the number of COVID-19 patients by age in South Korea, respectively. ① Most notably, the death rate is the highest among people over 80 (25%); however, the same age group has the second smallest number of COVID-19 patients. ② Patients in their 20s account for the largest number of COVID-19 patients, followed by those in their 50s and 40s. ③ However, the death rate of those in their 20s or younger is 0. ④ Between the 50 to 80 age groups, the older people are, the more likely they are to get infected. ⑤ It seems that age plays an important role in determining the death rate from COVID-19 and the number of COVID-19 patients.

Word Origin

determine : determine은 de(off)와 termin(e)(end)이 결합되어 '끝을 잘라버리다'라는 의미를 가지며, 현재는 '결정하다, 결심하다'라는 뜻으로 쓰인다. termin은 고대 로마 신화에 나오는 경계를 결정짓는 신인 Terminus에서 유래했다.

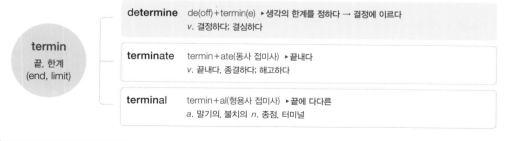

2 다음 빈칸에 공통으로 들어갈 수 있는 단어를 본문에서 찾아 쓰시오.

> • South Africa now has the third highest crime _____ in the world.
>
> • We are able to offer a whole range of services at a reasonable _____ .

➕ **도표에 자주 나오는 표현**

증감 표현

- **increase** 증가하다 | **grow** 커지다 | **rise** 상승하다
  go up 올라가다 | **soar** 급상승하다
- **decrease** 감소하다 | **decline** 감소하다 | **fall** 떨어지다
  reduce 줄다 | **go down** 내려가다

추이 표현

- **gradually** 점진적으로 | **steadily** 꾸준히
  continuously 계속적으로
- **sharply** 급격히 | **drastically** 급격히
- **slightly** 약간

비교 표현

- **twice as large as A** = **twice larger than A**
  = **twice the size of A** A의 두 배만큼 큰
- **two-thirds of the students** 학생들의 2/3
  less than one-third 1/3이 채 되지 않는
- **double** 두 배가 되다 | **triple** 세 배가 되다

기타 표현

rate 비율 *cf.* proportion 비율
percentage 퍼센트
online share (총 매출에서) 온라인 매출이 차지하는 비중
peak 최고점
annual 한 해 동안의, 연례의 *ex.* annual event 연례행사

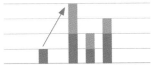

rise sharply
급격히 상승하다

reach a peak
최고점에 이르다

Words & Structure

death rate 사망률
cf. rate 비율; 요금
respectively (언급된 순서대로) 각각

notably 현저하게
account for (부분·비율을) 차지하다
infect 감염시키다

determine 결정하다
문 2. reasonable 합리적인

4행 › **the second smallest** number of COVID-19 patients: 서수 + 최상급 표현(···번째로 가장 ~한)

28

Cloud Computing

Today, "cloud computing" is a key word in the IT industry. Every business uses clouds. A cloud is an Internet system which has a huge space and capacity on remote gigantic servers. Like the clouds in the ³ sky which store huge amounts of water and move around, a cloud system can store enormous data and programs which can be ⓐ conveniently retrieved at any time. You can upload any file to the ⁶ cloud from your computer and access it at any place or time you want as long as you have Internet ⓑ access. Therefore, you don't need to store any files on your personal or company computer. ⁹

While some of us may not realize it, cloud services have become such an ⓒ integral part of our lives today. Without them, there would be no Google Drive, Facebook, Twitter, YouTube or even ¹² Netflix. The recent crisis caused by the novel coronavirus has led to the spread of cloud services. For example, the popularity of online video services such as cloud-based Netflix ⓓ crashed, as we have to ¹⁵ spend more time at home due to social distancing, including telecommuting and remote classes.

Cloud services are expected to continue to grow drastically ¹⁸ because more and more businesses rely on clouds to operate. Just as we can't imagine a world without smartphones, clouds are now becoming an ⓔ indispensable part of our lives.

1 이 글의 제목으로 가장 적절한 것은?

① Advantages and Disadvantages of Cloud Computing

② Cloud Computing: How It Works and Affects Our Lives

③ Developing Apps in the New World of Cloud Computing

④ The Role of Cloud Computing in the Internet of Things

⑤ Various Types of Cloud Services Available in the Market

2 클라우드 컴퓨팅에 관한 이 글의 내용과 일치하지 <u>않는</u> 것은?

① 엄청난 자료를 저장한 다음 언제든지 가져다 쓸 수 있다.

② 인터넷 연결이 되어 있다면 어디에서든지 이용할 수 있다.

③ 코로나바이러스 때문에 이용이 줄어들었다.

④ 점점 더 많은 회사들이 서비스를 이용하고 있다.

⑤ 스마트폰만큼 없어서는 안 될 삶의 일부가 되고 있다.

Words

capacity 용량, 수용력
remote 멀리 떨어진
cf. remote class 원격 수업
gigantic 거대한
store 저장하다, 보관하다
enormous 엄청난, 거대한
retrieve 되찾아오다, 회수하다
access 접근하다, 이용하다; 접근
integral 필수적인, 없어서는 안 될
novel (이전에 없던) 신종의, 새로운
spread 확산, 전파
crash 폭락하다; 추락하다
social distancing 사회적 거리 두기
telecommuting (통신시설을 이용한) 재택근무
drastically 급격하게
operate 영업하다; 작동하다
indispensable 없어서는 안 될, 필수적인

3 이 글의 밑줄 친 ⓐ~ⓔ 중, 문맥상 낱말의 쓰임이 적절하지 <u>않은</u> 것은?

① ⓐ   ② ⓑ   ③ ⓒ   ④ ⓓ   ⑤ ⓔ

Big Issue

클라우드 컴퓨팅 서비스(Cloud Computing Service)

클라우드 컴퓨팅 서비스(cloud computing service)란 인터넷상에 자료를 저장해 두고, 사용자가 필요한 자료나 프로그램을 자신의 컴퓨터에 설치하지 않고도 인터넷 접속(Internet access)을 통해 언제 어디서나 이용할 수 있는 서비스를 말한다. 클라우드 서비스를 통해 인터넷상에 저장된 자료들은 간단한 조작 및 클릭으로 쉽게 공유하고 전달할 수 있다. 인터넷상의 서버(server)에 단순히 자료를 저장하는 것뿐만 아니라, 따로 프로그램을 설치하지 않아도 웹에서 제공하는 응용 프로그램(application)의 기능을 이용하여 원하는 작업을 수행할 수 있으며, 여러 사람이 동시에 문서를 공유하면서 작업을 진행할 수도 있다.

Have You Ever Used Clouds?

해석 [클라우드를 사용해 본 적이 있나요?]

Must-Know Technology Terms

- **cloud** 클라우드(인터넷으로 접속 가능한 무한 용량의 서버와 데이터베이스)
- **interactive** 쌍방향의
- **artificial** 인공적인
  ex. artificial intelligence 인공 지능
- **virtual** 가상의
- **ubiquitous** 어디에나 존재하는
- **access** 접근
  ex. Internet access 인터넷 접근
- **retrieve** (메모리에서) 끌어내다
- **curator** (인터넷 자료를) 특정 목적에 맞게 가공하는 사람
- **telecommuting** 재택근무
- **intellectual property** 지적 재산

UNIT

8

어법 파악 / 어휘 파악

29

Psychology

★ ★ ☆
160 words

1 다음 글의 밑줄 친 ⓐ~ⓔ 중, 문맥상 낱말의 쓰임이 적절하지 **않은** 것은?

It's possible to appear more open and credible by practicing open palm gestures when communicating with others. Interestingly, as the open palm gestures become habitual, the tendency to tell untruths ⓐdiminishes. Most people find it difficult to lie with their palms exposed. If a person is being open, they will expose their palms, but just having their palms exposed makes it ⓑdifficult for the person to tell a convincing lie. This is because gestures and emotions are directly linked to each other. If you feel defensive, for example, you are likely to cross your arms across your chest. But if you simply cross your arms, you will begin to experience ⓒdefensive feelings. And if you are talking with your palms exposed, it puts even more pressure on the other person to be ⓓuntruthful too. In other words, open palms can help to ⓔsuppress some of the false information others may tell and encourage them to be more open with you.

① ⓐ   ② ⓑ   ③ ⓒ   ④ ⓓ   ⑤ ⓔ

Word Origin

suppress: suppress는 고대 라틴어 *suppressus*가 어원으로, press(누르다) 앞에 sup(아래)이 붙어 생성되었다. press는 '누르다'라는 뜻이지만, 활자를 대량으로 찍어 눌러서 신문으로 보급했기에 '언론, 신문'의 의미도 있다.

suppress sup(sub:down)+press
▸ 아래쪽으로 누르다
v. 억압하다

pressure press+ure(명사 접미사)
▸ 마음을 누르는 것
n. 압력, 압박

press
누르다
(press)

impress im(in:into)+press
▸ 마음 속에 밀어 넣다
v. 깊은 인상을 주다, 감동시키다

depress de(down)+press
▸ 아래로 내리누르다
v. 우울하게 하다; 침체시키다

2 이 글의 제목으로 가장 적절한 것은?

① Open Palms: Proof of Honesty

② Your Palms Show Your True Identity

③ Palm Gestures Indicate Your Feelings

④ Look at Your Palms to See Your Future

⑤ How to Communicate With Others Using Your Palms

3 다음 문장의 빈칸에 공통으로 들어갈 단어를 본문에서 찾아 쓰시오.

> • George took off the gloves to _____ a scar on his hand.
>
> • It is important for us to _____ ourselves to different cultures.

Words & Structure

open 솔직한, 숨김없는; 열린
credible 믿을 수 있는
palm 손바닥
habitual 습관적인, 습관적으로 하는

untruth 거짓말
diminish 줄어들다, 감소하다
expose 노출시키다, 드러내다
convincing 설득력이 있는

defensive 방어적인
be likely to ~할 가능성이 있다, ~할 것 같다
chest 가슴
suppress 억누르다

13행 > **some of the false information (that[which]) others may tell**: 목적격 관계대명사의 생략

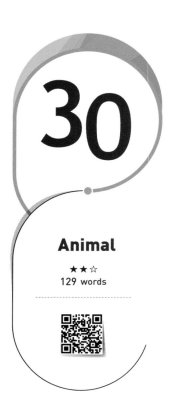

30

Animal
★★☆
129 words

1 (A), (B), (C)의 각 네모 안에서 문맥에 맞는 낱말로 가장 적절한 것은?

There is evidence ⓐ in which suggests some animals have a sense of _____ . In a study, *capuchin monkeys were more likely to (A) accept / reject a cucumber slice after seeing another capuchin monkey ⓑ receive a more attractive grape. Even at the risk of ending up with nothing, the monkeys were ⓒ much less likely to take the cucumber slice. These observations suggest that the monkeys (B) ignore / recognize inequality.

They are willing to give up some material reward in hopes of getting the higher-value food. The lucky monkeys ended the experiments in a cheerful mood, while their partners typically sat in a corner ⓓ feeling irritated. When grapes were visible but were not ⓔ given to either monkey, however, the monkeys' reactions to the food were (C) lessened / strengthened . In that case, their reactions clearly decreased over successive trials.

*capuchin 꼬리감기 원숭이

	(A)		(B)		(C)
①	accept	⋯⋯	ignore	⋯⋯	lessened
②	accept	⋯⋯	recognize	⋯⋯	strengthened
③	reject	⋯⋯	ignore	⋯⋯	strengthened
④	reject	⋯⋯	recognize	⋯⋯	lessened
⑤	reject	⋯⋯	recognize	⋯⋯	strengthened

Did You Know?

동물도 감정을 느낀다!

최근 뇌 과학 연구에서는 다른 생물의 고통과 기쁨을 공감(empathy)하는 면에서 동물이 인간과 비슷하거나 큰 차이가 없다는 점이 발표되고, 그를 입증하는 실제 사례들도 많이 소개되고 있다. 한 예시로 영국에 야생 새에게 먹이 주는 것을 좋아하는 한 노인이 있었다. 그는 특별히 노래를 지저귀는 지빠귀를 귀여워했는데 그 노인이 갑자기 세상을 떠나자 지빠귀가 영구차 위에서 구슬프게 울었고 다음 날 그 새는 노인의 정원에서 죽은 채로 발견되었다고 한다. 코끼리 역시 슬픔을 느끼고 표현할 수 있는데, 함께 지내던 코끼리가 죽으면 장례식처럼 차례로 줄을 서서 죽은 코끼리를 만지며 애도한다고 한다. 또한, 개는 인간과 마찬가지로 질투심을 느끼는데, 새로운 사람이나 동물이 주인의 사랑을 빼앗을까 봐 짖거나 울음소리를 내서 질투를 나타낸다고 알려져 있다.

2 이 글의 빈칸에 들어갈 말로 가장 적절한 것은?

① identity

② empathy

③ unfairness

④ prestige

⑤ responsibility

3 이 글의 밑줄 친 ⓐ~ⓔ 중, 어법상 **틀린** 것은?

① ⓐ　　　② ⓑ　　　③ ⓒ　　　④ ⓓ　　　⑤ ⓔ

Words & Structure

evidence 증거
suggest 시사하다, 나타내다; 제안하다
sense 감각
cucumber 오이
slice (음식을 얇게 썬) 조각
attractive 멋진, 마음을 끄는

at the risk of ～의 위험을 무릅쓰고
inequality 불평등
material 물질적인
reward 보상
typically 일반적으로, 보통
irritated 짜증난

visible 눈에 보이는 (↔ invisible)
lessen 줄이다; 줄어들다
successive 연속적인
trial 시도, 실험; 재판
🔠 2. **empathy** 공감
　　prestige 위신, 명망

1행 > **suggests** (that) some animals **have** ~: suggest가 '시사하다, 나타내다'의 뜻일 경우 that절의 동사는 should를 쓰지 않고
　　　주어의 시제와 수에 일치　cf. suggest(제안하다)+that+주어+(should)+**동사원형**

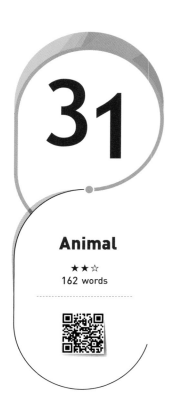

31

Animal

★★☆
162 words

1 다음 글의 밑줄 친 ⓐ~ⓔ 중, 어법상 틀린 것은?

When people face real adversity—disease, unemployment, or the disabilities of age—affection from a pet takes on new meaning. A pet's continuing affection becomes crucially important for ⓐ<u>those</u> 3 enduring hardship because it reassures them that their core essence has not been damaged. Thus pets are important in the treatment of ⓑ<u>depressed</u> or chronically ill patients. In addition, pets are ⓒ<u>used</u> 6 to great advantage with the institutionalized aged. In such institutions, it is difficult for the staff to retain optimism when all the patients are declining in health. Children who visit cannot help 9 but remember ⓓ<u>what</u> their parents or grandparents once were and be depressed by their incapacities. Animals, however, have no expectations about mental capacity. They do not worship youth. 12 They have no memories about what the aged once ⓔ<u>was</u> and greet them as if they were children. An old man holding a puppy can relive a childhood moment with complete accuracy. His joy and the 15 animal's response are the same.

① ⓐ　　② ⓑ　　③ ⓒ　　④ ⓓ　　⑤ ⓔ

Word Origin

chronic : chronic은 그리스, 로마 신화에서 시간을 관장하던 신의 이름인 크로노스(Khronos)에서 유래했다.

chron
시간
(time)

chronic chron+ic(형용사 접미사) ▸ 시간에 관한
　　　　　a. 만성적인, 시간이 오래된

anachronism ana(against)+chron+ism(명사 접미사) ▸ 시간에 반하거나 시대를 반대하는
　　　　　n. 시대 착오적인 것이나 사람

synchronous syn(together)+chron+ous(형용사 접미사) ▸ 시간과 함께하는
　　　　　a. 동시에 발생하는

2 이 글의 주제로 가장 적절한 것은?

① how to treat chronically ill patients

② health and mood-boosting benefits of having a pet

③ reasons for raising pets at institutions for the elderly

④ effects of having pets on children's attitudes toward animals

⑤ how to improve mental health through animal-assisted therapy

(W)

3 다음 영영 풀이에 해당하는 단어를 본문에서 찾아 쓰시오.

(1) _____ : a state of serious difficulty or misfortune

(2) _____ : continue to have something

(3) _____ : a tendency to look on the more favorable side of events

Words & Structure

adversity 역경
unemployment 실직 상태
disability 장애
affection 애정
take on (색깔, 의미를) 띠다
crucially 결정적으로, 매우 중요하게
endure 참다, 견디다

reassure 안심시키다
core 핵심적인
chronically 만성적으로
to advantage 유리하게
institutionalize 시설(요양소 등)에 수용하다
cf. institution 보호 시설; 기관
the aged 노인들 (= aged people)

retain 유지하다
optimism 낙관주의 (↔ pessimism)
decline in health 건강이 쇠하다[나빠지다]
incapacity (질병으로 인한) 정상 생활 불능 상태
worship 숭배하다
relive 다시 살다[체험하다]
圈 1. **assist** 돕다

9행 › **cannot help but** remember ~ : cannot help but V(~할 수밖에 없다)

32

Smart Dust

The word "dust" usually brings up an image of dirty ⓐ negative things. Surprisingly, there is a kind of beneficial dust that helps humans in various ways. Smart Dust is a tiny chip with a data sensor ₃ that is only 1 to 2 millimeters long. When distributed to some places, it can detect a lot of information in the surrounding areas. Though Smart Dust was initially developed for military purposes, ₆ which were to ⓑ detect the movements of the enemy and weapons, it is now being used in various fields.

Recently, Smart Dust is used to monitor changes occurring in ₉ places which are not easily ⓒ accessible to humans. It detects abnormal natural phenomena like typhoons and earthquakes in remote areas. It can also sense forest fires and floods that cannot be ₁₂ easily detected by humans. In agriculture, it identifies and transmits soil information and pest problems. Scientists even use Smart Dust to observe occurrences in space and mines which are usually out of ₁₅ human reach. Therefore, the possibility of using Smart Dust is ⓓ limited.

A Smart Dust Chip

However, some people are concerned that Smart ₁₈ Dust can be misused. What if someone uses Smart Dust to spy on you in your house or office? Therefore, we should be careful ₂₁ because while Smart Dust can be used for many great purposes, it can also be used with ⓔ malicious intentions.

1 이 글의 제목으로 가장 적절한 것은?

① The Danger of Smart Dust

② How Smart Dust Can Spy On You

③ Dust in the Wind: Military Technology

④ Smart Dust: The Hidden Eyes in the Air

⑤ How Smart Dust Detects Natural Phenomena

2 Smart Dust에 관한 이 글의 내용과 일치하지 <u>않는</u> 것은?

① 데이터 감지기가 달린 초소형 칩이다.

② 처음에 군사적인 목적을 위해 개발되었다.

③ 인간이 쉽게 감지할 수 없는 자연 현상을 감지할 수 있다.

④ 인간이 접근할 수 없는 우주에서는 사용되지 않는다.

⑤ 인간에게 해로운 목적으로 악용될 우려가 있다.

3 이 글의 밑줄 친 ⓐ~ⓔ 중, 문맥상 낱말의 쓰임이 적절하지 <u>않은</u> 것은?

① ⓐ   ② ⓑ   ③ ⓒ   ④ ⓓ   ⑤ ⓔ

Words

bring up 불러일으키다
beneficial 이로운, 유익한
sensor 감지기 cf. **sense** 감지하다
distribute (어느 범위에 걸쳐) 나누어 퍼뜨리다, 분포시키다
detect 발견하다, 감지하다
initially 처음에
military 군사적인, 군대의
field 분야, 들판
monitor 추적 감시하다
accessible 접근 가능한
abnormal 비정상적인
phenomenon 현상 (pl. phenomena)
typhoon 태풍
remote 멀리 떨어진, 외딴
identify 확인하다
transmit 전하다, 전송하다
pest 해충
occurrence 발생(하는 것)
mine 광산
out of reach 힘이 미치지 않는, 손이 닿지 않는
what if ~? ~라면 어떻게 될까?
spy on ~을 염탐하다[몰래 감시하다]
malicious 악의의
intention 의도, 의향

Big Issue

Smart City(스마트 시티)

Smart는 '똑똑한, 영리한'의 뜻이지만, Smart Dust나 Smart City에서의 Smart는 '컴퓨터로 자동 조절되는(그래서 영리하게 여겨지는)'이라는 뜻으로 쓰인다. Smart City는 첨단 정보통신기술(ICT)을 이용해 도시 생활 속에서 유발되는 교통, 환경, 주거 문제와 시설 비효율 등을 해결하여 시민들이 편리하고 쾌적한 삶을 누릴 수 있도록 한 '똑똑한 도시'를 일컫는 말로, 세계 많은 나라들이 Smart City를 구축하기 위해 노력하고 있다. 네덜란드의 수도인 암스테르담이 대표적인 예로, 매년 암스테르담 스마트 시티 챌린지를 운영하여 시의 틀에 맞는 개발에 대한 시민들의 제안을 수용한다. 주차 수요와 교통 흐름을 파악하여 주차공간 소유자가 사람들에게 요금을 받고 공간을 대여하는 시스템, 에너지 소비를 적극적으로 줄이는 주택에 인센티브를 제공하는 스마트 에너지 계량기, 가로등의 밝기를 제어할 수 있는 유연한 가로등인 스마트 라이팅, 실시간으로 특정 도로에 대한 교통 정보를 감지하여 운전자들에게 알려주는 broadcast 시스템 등을 구축하여 Smart City를 실현하고 있다.

Laugh & Learn

Optimist vs. Pessimist

해석 [낙관주의자 vs. 비관주의자] "삶은 가능성으로 가득 차 있어!" / "맞아. 많은 안 좋은 일들이 일어날 가능성이 있지."

Must-Know Character Terms

- **arrogant** 교만한, 건방진
- **rebellious** 반항적인
- **humble** 겸손한 (= modest)
- **considerate** 예의 바른
- **cautious** 신중한, 매우 조심하는
- **passionate** 열정적인

- **enthusiastic** 열광적인
- **tolerant** 관대한, 아량이 있는 (= generous)
- **reserved** 내성적인 (= introvert)
  ↔ sociable, outgoing, extrovert
- **optimistic** 낙관적인 ↔ pessimistic
- **vulnerable** 상처받기 쉬운

장문 / 목적 파악

수능독해유형 ━━━━━━━━━━━━━━━━━━━━━━━━ ● 목적 파악

1 다음 글의 목적으로 가장 적절한 것은?

Dear Neighbor,

　　Welcome to our neighborhood. You have chosen to live in a residential neighborhood ⓐ<u>filled</u> with people who go to work in the morning and ⓑ<u>retired</u> people. We request that you live like a good neighbor. Last night, you kept at least 5 families, including 10 young children and 15 adults, ⓒ<u>awake</u> until 2 a.m. As outlined in the attached City of Cape Coral Noise *Ordinance, you have an obligation ⓓ<u>to adhere</u> to noise levels that are acceptable in a residential neighborhood. The attached pages are *excerpts from the ordinance that describes what the noise limitations are and the penalties for violating them. You, as a tenant, come under the ordinance, ⓔ<u>as do your landlord</u>.

*ordinance 규정, 조례　　*excerpt 발췌[인용] 부분

① 소음 방지 규정의 신속한 개정을 촉구하려고
② 야간에 소음을 유발한 이웃에게 주의를 주려고
③ 야간 자율 방범대원 모집에 지원을 부탁하려고
④ 이사 온 이웃에게 주민 자치 회의에 대해 설명하려고
⑤ 개정된 층간 소음 관련 규정을 주민들에게 홍보하려고

Word Origin

obligation : obligation은 동사 oblige에 명사 접미사가 붙은 것으로, oblige는 고대 프랑스어 *obligier*(충성을 약속하다, 서약하다)와 라틴어 *obligare*(묶다, 속박하다)가 어원이다. 끈으로 묶으면 연결되듯이 사람들과의 관계도 서로 도움을 주고 받으며 끈처럼 연결된다는 의미로 이해하면 된다.

li(g) 묶다 (bind)	**obligation** ob(to)+lig+ation(명사 접미사) ▶ **(법적 서약)에 묶임** *n.* (법적) 의무, 책임
	religion re(completely)+lig+ion(명사 접미사) ▶ 신과 인간이 완전하게 묶임 *n.* 종교, 신앙
	reliable re(completely)+li+able(형용사 접미사) ▶ 완전히 마음을 묶을 수 있는 *a.* 믿을 수 있는, 의지할 수 있는

2 이 글의 밑줄 친 ⓐ~ⓔ 중, 어법상 **틀린** 것은?

① ⓐ   ② ⓑ   ③ ⓒ   ④ ⓓ   ⑤ ⓔ

Ⓦ

3 다음 문장의 빈칸에 공통으로 들어갈 말을 본문에서 찾아 쓰시오.

> • All drivers must _____ speed limits.
> • You should _____ a rule even if you don't agree with it.

Words & Structure

residential 주거의	*cf.* oblige 의무적으로 ~하게 하다	**violate** 위반하다
retired 은퇴한	**adhere to** (법률, 규칙 등을) 지키다, 준수하다	**tenant** 세입자
outline 대략적으로 기술하다	**acceptable** 용인되는, 받아들여지는	**landlord** (집·사무실 등을 빌려주는) 주인, 임대인
attached 첨부된	**limitation** 제한, 한계	
obligation 의무	**penalty** 벌칙, 처벌	

12행 > **as + 동사 + 주어**: 주어와 동사가 도치(= as your landlord comes under the ordinance)

34

Education

★★★
253 words

[1-3] 다음 글을 읽고, 물음에 답하시오.

My grandparents, first-generation immigrants, diligently avoided speaking together in Polish in the presence of their children in order to make sure that my parents would learn only English. They thought ³ that it might be ⓐconfusing for children to be simultaneously exposed to two languages, and that their mastery of language would be faster if they were exposed to just one language. That reasoning is ⁶ a very ⓑunreasonable concern: a child learning two languages must learn twice as many speech sounds, words, and grammatical structures as a monolingual child; the bilingual child has only half ⁹ as much time to devote to each language; and so the bilingual child may end up speaking two languages ⓒpoorly, instead of speaking one language well. In fact, studies until the 1960s did report that ¹² bilingual children were significantly _____ linguistically compared to monolingual children, and ended up with smaller vocabularies in each language. But more recent studies showed that ¹⁵ both bilingual and monolingual children end up as adults with essentially the same vocabulary size and word-retrieval rate, or else the monolingual children end up with a slight advantage ¹⁸ (vocabulary up to 10% larger in their sole language). However, it would be ⓓmisleading to summarize this result by saying, "Monolingual children end up with a slightly larger vocabulary: ²¹ 3,300 versus only 3,000 words." Instead, the result is, "Bilingual children end up with a much ⓔlarger vocabulary: a total of 6,000 words, consisting of 3,000 ²⁴ English words plus 3,000 Chinese words, instead of 3,300 English words and no Chinese words."

1 이 글의 제목으로 가장 적절한 것은?

① Language: A Source of Identity

② Bridging the Generation Gap with Language

③ Misunderstanding and Truth about Bilingualism

④ Linguistic Ability: A Good Predictor of Success

⑤ Monolingual Environments for Language Education

2 이 글의 빈칸에 들어갈 말로 가장 적절한 것은?

① disadvantaged　　② motivated　　③ prejudiced

④ responsive　　⑤ sensitive

3 이 글의 밑줄 친 ⓐ~ⓔ 중, 문맥상 낱말의 쓰임이 적절하지 <u>않은</u> 것은?

① ⓐ　　② ⓑ　　③ ⓒ　　④ ⓓ　　⑤ ⓔ

Words & Structure

first-generation immigrant 1세대 이민자
cf. **immigrant** 이민자
diligently 열심히, 애써
in the presence of ~이 있는 데서, ~의 면전에서
make sure 확실하게 하다
confusing 혼란스럽게 만드는
simultaneously 동시에

expose 접하게[경험하게] 하다; 노출시키다
cf. **be exposed to** ~에 노출되다
reasoning 추론, 추리
monolingual 한 개의 언어를 쓰는
bilingual 두 개의 언어를 쓰는
devote 할애하다, 바치다
significantly 상당히
linguistically 언어적으로

word-retrieval 어휘 기억
cf. **retrieve** 기억해내다; 회수하다
sole 단 하나의
misleading 잘못된, 오해하게 하는
versus ~에 비해
圏 1. **predictor** 예측 변수
2. **disadvantaged** 불리한
responsive 즉각 반응하는

8/9행 › **twice as** many speech sounds, words, and grammatical structures **as a monolingual child**
　　　　half as much time ~ (**as a monolingual child**)
　　　　: 배수사＋as ~ as ...: … 보다 ~배 ~한
14행 › **end up with**: 결국 ~을 소유한 상태가 되다 *cf.* **end up as**: 결국 ~인 존재가 되다

35

Life

★★☆
113 words

1 다음 글의 목적으로 가장 적절한 것은?

We write to express our heartfelt ⓐ<u>concern</u> over the inadvertent loss of the laptop box which had been left in your room when you checked out the other day. The laptop box was among those items ³ which had been ⓑ<u>collected</u> for disposal by our housekeeping staff. As soon as you informed us of your need to ⓒ<u>retrieve</u> this item, however, we immediately proceeded to look for it at our waste ⁶ segregation facilities. Unfortunately, the laptop box could not be found anywhere. Given the situation that our personnel had no reason to believe that the ⓓ<u>discarded</u> item contained important ⁹ information to you, we trust that you will excuse the ⓔ<u>deliberate</u> disposal of the item.

① 객실 서비스 담당자의 불친절에 대해 사과하려고
② 객실 청소 중 발견된 물품을 찾아가도록 통보하려고
③ 객실에 비치된 물품의 파손에 대해 변상을 요구하려고
④ 객실 금고에 보관해 두었던 귀중품의 분실 경위를 해명하려고
⑤ 객실에 두고 간 물품을 되찾지 못한 것에 대해 양해를 구하려고

Word Origin

collect: collect는 고대 프랑스어 *collecter*와 라틴어 *collectus*가 어원으로, 함께(together)를 뜻하는 com이 col로 변하고 lect와 연결되어 만들어졌다.

collect	col(com: together)+lect ▶함께 모으다 *v.* 수집하다, 모으다
neglect	neg(not)+lect ▶선택하지 않다 *v.* 소홀히 하다; 무시하다

lect
모으다, 고르다
(gather, choose)

select	se(apart)+lect ▶따로 골라 놓다 *v.* 선택하다, 선발하다
intellect	intel(inter: among)+lect ▶골라낼 수 있는 능력 *n.* 지성, 지능

2 이 글의 밑줄 친 ⓐ~ⓔ 중, 문맥상 낱말의 쓰임이 적절하지 <u>않은</u> 것은?

① ⓐ   ② ⓑ   ③ ⓒ   ④ ⓓ   ⑤ ⓔ

3 다음 빈칸에 공통으로 들어갈 수 있는 단어를 본문에서 찾아 쓰시오.

> - _____ the difficult situation that he was in, we should not criticize him for his bad performance.
> - _____ the current Covid-19 situation, we have to cancel this month's concert.

Ⓦ

4 다음 영영 풀이에 해당하는 단어를 본문에서 찾아 쓰시오.

(1) _____ : get something back, especially something that is not easy to find

(2) _____ : get rid of or throw away something

Words & Structure

heartfelt 진심 어린
concern 걱정, 우려
inadvertent 의도하지 않은
loss 분실, 소실
disposal 처분, 처리
housekeeping staff 객실 관리 직원

as soon as ~하자마자
inform A of B A에게 B를 알리다
retrieve 되찾다
proceed to 계속해서 ~을 하다
segregation 분리
facilities 시설

personnel 직원들
discard 버리다
excuse (무례나 실수 등을) 용서하다, 봐주다; 변명
deliberate 고의적인

8행 > **Given** the situation that ~: 전치사로 쓰인 given(~을 고려할 때, ~을 고려하면)

36

Marriage

According to a recent report by the Pew Research Center in the USA, 25 percent of millennials, those who were born from the early 1980s to 2000, don't want to get married. Another report by Urban ³ Institute predicted that many people would stay unmarried until the age of 40. Statistics have shown that the ⓐdeclining interest in marriage is not just limited to the U.S. It is a worldwide phenomenon. ⁶

What is behind this phenomenon? Relationship experts say that it is due to the ⓑrise of pluralism: the idea that there is more than one right way of doing things. As society became more diverse, ⁹ people began to assert their ⓒindividualistic needs more and more, and traditional marriage can't meet everyone's needs. Some people might want to live with their loved ones, but they have no desire for ¹² ⓓtemporary commitment. Others might want to have a short-term trial marriage to see if they are right for each other.

As society is changing rapidly, so is people's ⓔattitude toward ¹⁵ marriage. At this rate, no one can tell what kind of marriage will become the norm in the next 100 years.

1 이 글의 제목으로 가장 적절한 것은?

① Why Millennials Refuse to Get Married

② For Many People, Marriage Cannot Wait

③ The Meaning of Marriage for Young Adults

④ The Mystery of Marriage: How to Find Love

⑤ Young People Delay Marriage, Not Parenthood

2 이 글의 밑줄 친 ⓐ~ⓔ 중, 문맥상 낱말의 쓰임이 적절하지 <u>않은</u> 것은?

① ⓐ   ② ⓑ   ③ ⓒ   ④ ⓓ   ⑤ ⓔ

Ⓦ

3 다음 영영 풀이에 해당하는 단어를 본문에서 찾아 쓰시오.

(1) _____ : something that happens or exists in society, science, or nature

(2) _____ : the hard work and loyalty that someone gives to something or someone

Words

millennials 밀레니얼 세대
predict 예측하다
statistics 통계, 통계 자료
decline 줄어들다, 감소하다
phenomenon 현상
expert 전문가
pluralism 다원주의, 사회적 다원성
diverse 다양한
assert 주장하다
temporary 일시적인, 임시의
commitment 헌신, 전념
short-term 단기간의
trial 실험적인; 시험
as ~, so ... ~하듯이 ⋯하다
at this rate 이런 식으로는, 이런 식으로 가다가는
become the norm 흔히 있는 일[규범]이 되다
cf. norm 표준, 일반적인 것
圉 **1. wait** 미뤄지다
      parenthood 부모가 됨

Big Issue

밀레니얼 세대의 특징

1980년대 초반에서 2000년 초 사이에 출생한 세대를 일컫는 말로, 정보기술(IT)에 능통하며 2008년 글로벌 금융위기 이후 사회생활을 시작해 다른 세대보다 물질적으로 궁핍해 결혼과 내집 마련을 포기하거나 미루는 특징이 있다. 하지만 맥주나 커피 식품 등 목돈이 들지 않는 품목이나 개성을 극대화하는 부문에서는 맘껏 소비한다. digital literacy(디지털로 기록된 정보의 이해 및 활용능력)가 높고 소셜네트워크서비스(SNS) 등을 능숙하게 사용하며 자기표현 욕구가 강하다. 이들은 온라인 쇼핑을 즐기고 게임을 하면서 과제까지 하는 등 multitasking(한꺼번에 여러가지 작업을 해 내는 것)에 능하며, 이전 세대와 달리 소유보다는 공유를 추구한다. 정치에 무관심한 듯 보이지만 부당하다고 느끼는 일에는 적극적으로 목소리를 내는데, SNS를 타고 급속히 확산한 '미투'(#MeToo·성폭력 고발)와 '미넥스트'(#MeNext·총기규제 촉구) 시위가 대표적이다. 이들은 2020년 이후 세계 노동인구의 35%를 차지할 것으로 예측되는데, 파이낸셜타임스에 따르면 현재 밀레니얼 세대는 세계 인구의 4분의 1 수준인 18억 명에 달한다고 한다.

Laugh & Learn

Life in Squares

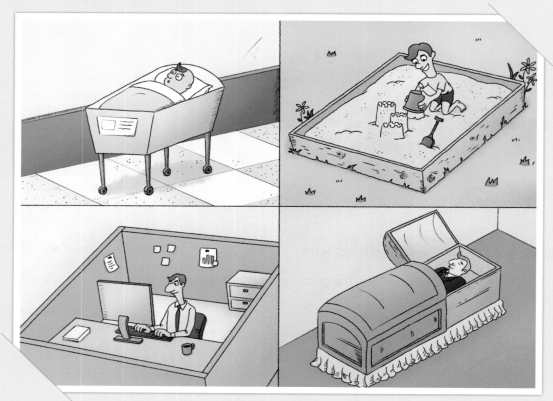

해석 [상자 속 인생]

Must-Know **Life Cycle** **Terms**	○ **infancy** 유아기	○ **lifespan** 수명
	○ **adolescence** 청소년기 *cf*. puberty 사춘기	*ex*. life expectancy 기대 수명
	○ **maturity** 성숙	○ **sibling** 형제 자매
	○ **elderly** 나이가 많은, 연로한	○ **offspring** 자손
	○ **deceased** 사망한, 고인의	○ **inherit** (재산, 유전 등을) 물려 받다
		○ **commitment** (결혼 등을 통해 헌신하겠다는) 약속

10

장문 / 목적 파악 / 심경 파악

37

Work

★ ★ ☆
116 words

1 다음 글에 드러난 Maria의 심경으로 가장 적절한 것은?

Maria, a copywriter of an advertising company, ⓐ was working on a project with Charlie, one of her colleagues. As usual, Charlie and Maria were reviewing the latest draft of a proposal with their boss. ³ ⓑ During the meeting, they were supposed to be jointly presenting their latest ideas. When Maria paused to take a breath, Charlie took over the presentation, ⓒ explaining almost all the ideas they had ⁶ come up with together. When the boss turned to Maria for input, there was nothing left for her to say. She felt ⓓ betrayed. In fact, this was not the first time. Maria decided she couldn't stand his taking ⁹ credit for her work and ⓔ what she needed to take strong measures.

① angry   ② bored   ③ proud
④ relieved   ⑤ scared

Word Origin

colleague : colleague는 라틴어 *collega*가 어원으로, col(함께)에 legare(대표로 보내지는)의 leg가 결합하여 생성된 것으로, 주로 전문 직업을 가진 사람들 사이에서 '같은 업무를 하는 동료'를 뜻한다.

colleague col(com: together)+leag+ue ▶ 함께 일하도록 고른 사람 *n.* 동료	**college** col(com: together)+leg(e) ▶ 함께 선택된 무리(그룹) *n.* (단과) 대학; 단체, 협회
le(a)g, lig 고르다 (choose)	
elegant e(ex: out)+leg+ant(형용사 접미사) ▶ 좋은 것들만 골라 뽑은 *a.* 우아한, 세련된	**diligent** di(apart)+lig+ent(형용사 접미사) ▶ 따로 골라낸 것에 집중하는 *a.* 근면한, 부지런한

2 이 글의 밑줄 친 ⓐ~ⓔ 중, 어법상 **틀린** 것은?

① ⓐ   ② ⓑ   ③ ⓒ   ④ ⓓ   ⑤ ⓔ

3 이 글의 내용과 일치하지 <u>않는</u> 것은?

① Maria와 Charlie는 광고 회사에서 근무한다.
② Charlie와 Maria는 함께 상사에게 발표를 하기로 했다.
③ Charlie는 Maria를 제치고 상사에게 발표를 했다.
④ Maria는 Charlie에게 배신감을 처음 느낀 것은 아니었다.
⑤ Maria는 Charlie가 자신의 신용을 해친다고 생각했다.

4 다음 두 문장에 공통으로 들어갈 수 있는 단어를 본문에서 찾아 쓰시오.

> · He should get full _____ for his contribution.
> · We have to give her a lot of _____ for our success.

Words & Structure

copywriter 카피라이터, 광고 문안 작성자
work on ~에 대해 작업하다
colleague 동료
review 검토하다
draft 초안
be supposed to ~하기로 되어 있다

present 제시하다, 발표하다
cf. presentation 발표
pause 잠시 멈추다
take over 탈취하다, 가져가다
input 조언(의 제공)
feel betrayed 배신감을 느끼다

cf. betray 배신하다
decide 판단하다, 결심하다
can't stand ~을 참을 수 없다
take credit for ~의 공을 차지하다
cf. credit 인정, 신뢰
take a measure 조치를 취하다

8행 › <u>nothing left for her to say</u>: 이중 수식

9행 › she couldn't stand <u>his taking</u> ~: 동명사의 의미상 주어는 동명사 앞에 소유격이나 목적격을 사용하여 나타냄.

38

Earth Science
★★★
259 words

[1-4] 다음 글을 읽고, 물음에 답하시오.

The amount of heat which the Earth receives from the sun, and the economy of that heat by the laws of radiation, absorption, convection, and reflection, are exactly ⓐ proportionate to the necessities of our planet, and the living things that inhabit it. In other words, the Earth lies in the so-called Goldilocks Zone, which refers to a perfect location that is neither too hot nor too cold. It is held by scientists that any change in the orbit of our Earth, which would either increase or decrease the amount of heat falling upon it, would, of necessity, be followed by _____ .

The planets Mercury and Venus, which are 37 million miles and 68 million miles away respectively, from the great source of solar heat, possess a temperature which would ⓑ melt our solid rocks; while Uranus (1,800 million miles away) and Neptune (whose distance from the sun has not been determined) must receive so small an amount of heat that water, such as ours, would become as solid as the hardest rock, and our atmosphere would be resolved into a ⓒ liquid!

Yet, poised in the mysterious ⓓ imbalance of opposing forces, our planet flies unerringly on its course, at a rate of 65,000 miles an hour. In its wonderful flight, it preserves that precise distance from the sun, which causes it to receive from the life-inspiring rays the exact degree of heat. This heat is ⓔ shared by every atom of matter and every form of organic existence. It is just the amount needed to support all living things on Earth!

1 이 글의 제목으로 가장 적절한 것은?

① The Earth Has the Perfect Warmth for Life

② How Did Life Begin on Earth?

③ How Ignorant We Humans Are!

④ Is Anybody Out There in Space?

⑤ Climate Change: Are We Doomed?

2 이 글의 빈칸에 들어갈 말로 가장 적절한 것은?

① curiosity ② a disaster ③ prosperity ④ a utopia ⑤ an illusion

3 이 글의 밑줄 친 ⓐ~ⓔ 중, 문맥상 낱말의 쓰임이 적절하지 <u>않은</u> 것은?

① ⓐ　　　② ⓑ　　　③ ⓒ　　　④ ⓓ　　　⑤ ⓔ

Ⓦ

4 다음 영영 풀이에 해당하는 단어를 본문에서 찾아 쓰시오.

(1) _____ : keep something in its original state or in good condition

(2) _____ : existing in the correct or most suitable relationship to something in size, amount, importance, etc.

Words & Structure

radiation (열·에너지 등의) 복사, 방사
absorption 흡수
convection 대류
reflection 반사; (거울 등에 비친) 상, 모습
proportionate 균형 잡힌; 비례하는
inhabit ~에 살다, 거주하다
neither A nor B A도 B도 아닌
hold (신념, 견해 등을) 지니다, 주장하다
orbit 궤도
of necessity 필연적으로, 당연히

Mercury 수성
Venus 금성
respectively (언급된 순서대로) 각각
melt 녹이다
solid 고체의, 단단한
Uranus 천왕성
Neptune 해왕성
atmosphere 대기
resolve 용해하다, 녹이다
poise (균형을) 유지하다; 태세를 취하다

opposing 반대되는, 대항하는
unerringly 한 치도 틀리지 않고
preserve 유지하다, 보존하다
precise 정확한, 거의 완벽한
life-inspiring 생명을 불어넣는
atom 원자
matter 물질
organic 유기체의
[문] **1. doom** 불운을 맞게 하다

13행 › **whose**(= Neptune's) distance from the sun has not been determined: 소유격 관계대명사 whose

39

Life

★☆☆
122 words

1 다음 글의 목적으로 가장 적절한 것은?

Dear Coach Johnson,

My name is Christina Markle, Bradley Markle's mother. Bradley and I were thrilled to learn that you're holding your Gymnastics Summer Camp again this year. So I didn't hesitate to sign up and pay the non-refundable deposit for the second week program, which is from July 13 to 17. But today I remembered that our family is going to get back from a trip on July 13, and I'm afraid Bradley won't be able to make it on the very first day of the program. Rather than make him skip the day, I'd like to check to see if he could switch to the third week program. Please let us know if that's possible. Thank you.

Sincerely,

Christina Markle

① 예약한 캠프 프로그램의 변경된 내용을 확인하려고
② 캠프 일정이 분명하지 않은 것에 대해 항의하려고
③ 캠프 참가 시기를 변경할 수 있는지 문의하려고
④ 캠프 등록 시 지불한 예치금 환불을 요구하려고
⑤ 캠프 참가를 위해 여행 일정을 조정하려고

Word Origin

deposit: deposit은 라틴어 *depositus*에서 유래된 말로, 짐꾼이 메고 있던 짐을 놔두는 행위와 그 행위가 반복되어 쌓이게 되는 짐(=돈)을 일컫는 의미로 발전되었다.

deposit de(away)+pos(it)
▸ 떨어뜨려 놓다
v. 특정한 곳에 두다; 예금하다
n. 예금, 보증금

expose ex(out)+pos(e)
▸ 밖으로 내놓다
v. (햇빛·위험 등에) 노출시키다;
(죄·비밀 등을) 폭로하다

pos
놓다, 두다
(put, place)

suppose sup(sub: under)+pos(e)
▸ 아래에 주장의 근거로 두다
v. 가정하다, 추측하다

posture pos+ture(명사 접미사)
▸ 몸을 둔 모양
n. 자세, 태도

2 이 글의 내용과 일치하지 <u>않는</u> 것은?

① 필자는 아들을 체조 여름 캠프에 등록시켰다.

② 두 번째 주 프로그램의 예치금은 환불이 되지 않는다.

③ 필자의 가족은 7월 13일에 여행에서 돌아온다.

④ Bradley는 캠프 첫날에 캠프에 참가하기가 힘들다.

⑤ 필자는 캠프 참가비 전액을 지불했다.

Ⓦ

3 다음 빈칸에 공통으로 들어갈 수 있는 단어를 본문에서 찾아 쓰시오.

> • Some people don't like to _____ their money in a bank.
>
> • You have to pay three months' rent as a _____.

Words & Structure

thrilled 황홀해 하는, 흥분한	**sign up** 등록하다	**make it** 참석하다; 일을 해내다
hold (행사를) 주최하다	**non-refundable** 환불이 안 되는	**skip** 거르다
gymnastics 체조	*cf.* refund 환불하다; 환불(금)	**switch** 바꾸다
hesitate to ~하는 것을 주저하다	**deposit** 예치금, 보증금; 예금하다	图 **3. rent** 방세, 임차료

8행 › <u>Rather than make</u> him skip the day: rather than + V (~라기 보다는)

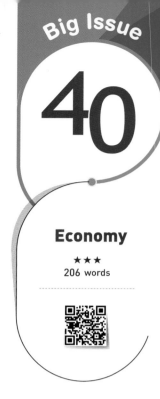

Subscription Economy

The economic paradigm is ⓐ shifting. In the past, the sharing economy services such as Airbnb and Uber were leading the global market. However, now they are being replaced by the so-called 3 "subscription economy."

The subscription economy is a business model which provides users various products or services for a fixed monthly ⓑ fee. 6 Newspaper and milk delivery used to be common examples of the subscription economy. But these days, it has ⓒ expanded to various goods and services ranging from meals and clothes to movies. You 9 may be surprised to find how much your life revolves around the subscription economy. In the morning, you wear freshly ironed clothes delivered by a dry cleaning subscription service. When you 12 come home from work, you enjoy an already-made dinner provided by a meal subscription service. Before going to bed, you watch movies through a video subscription service like Netflix. 15

The subscription economy provides great ⓓ convenience to its users. They can enjoy products and services at minimal cost because they don't have to go through the trouble of repeatedly searching 18 and making purchases. Consumers aren't the only ones who ⓔ suffer from the subscription economy business model. Thanks to the subscription economy, companies can secure 21 loyal customers and have a steady revenue, too.

1 이 글의 제목으로 가장 적절한 것은?

① How to Succeed in the Subscription Economy

② Are Consumers Ready for the Subscription Economy?

③ Why Businesses and Customers Love the Subscription Economy

④ The Subscription Economy: How Subscriptions Improve Business

⑤ The Rise of the Subscription Economy—How It Changes Our Life

2 이 글의 밑줄 친 ⓐ~ⓔ 중, 문맥상 낱말의 쓰임이 적절하지 <u>않은</u> 것은?

① ⓐ   ② ⓑ   ③ ⓒ   ④ ⓓ   ⑤ ⓔ

3 subscription economy에 관한 이 글의 내용과 일치하지 <u>않는</u> 것은?

① 공유 경제를 대신하고 있는 중이다.

② 과거에도 있었던 사업 모델이다.

③ 일상생활의 많은 부분으로 확대되었다.

④ 사용자에게 많은 비용이 들게 한다.

⑤ 회사의 고객을 늘려주고 매출도 지속시킨다.

Words

subscription 구독
paradigm (특정 시대·영역의 지배적인) 사고의 틀[체계], 패러다임
shift 변하다, 바뀌다; 전환
cf. paradigm shift 패러다임 쉬프트(그 시대의 보편적인 사고의 틀의 전환)
so-called 소위, 이른바
expand 확대[확장/팽창]되다
range from A to B (양, 크기 등의 범위가) A에서 B까지 다양하다
revolve around (관심·주제가) ~을 중심으로 돌아가다
iron 다림질하다
minimal 아주 적은, 최소의
go through the trouble of ~ ~하는 수고를 하다
purchase 구매(품); 구매하다
cf. make a purchase 구매하다
secure 획득[확보]하다; 안전한
steady 변함[변동] 없는, 고정적인
revenue 매출액, 수익, 수입

Big Issue

소유 경제에서 공유 경제로, 이제는 구독 경제

소비자들은 2008년 글로벌 금융위기 당시 경제·사회적 변화를 겪으면서 물건이나 서비스 등을 소유하지 않고 필요한 만큼만 빌려 쓰고 필요 없어지면 다른 사람에게 빌려주는 방식인 공유 경제(sharing economy)에 눈을 뜨기 시작했다. 차량 공유 서비스인 우버(Uber)와 숙박 공유 서비스인 에어비엔비(Airbnb)가 대표적인 예이다. 하지만 4차 산업혁명 시대에 접어들면서 이마저도 바뀌고 있는데, 디지털과 정보기술에 익숙한 밀레니얼 세대는 소유나 공유보다는 일정 기간 '경험'하는 데 더 많은 가치를 둔다. 이 때문에 생겨난 것이 구독 경제(subscription economy)이다. subscribe는 원래 계약서 아래(sub)에 서명(scribe)하는 것을 의미했지만 최근에는 그 의미가 확대되어 신문의 정기 구독 같은 특정 서비스를 일정 기간 제공 받는 것을 계약하는 것을 뜻하게 되었다. 최근에는 음식, 꽃 배달은 기본이고, 승용차도 일정기간을 주기로 하여 새로운 모델을 계속 사용해볼 수 있는 서비스가 생겨났다.

Drones Leave Santa Unemployed

해석 [드론은 산타를 실업자로 만든다] "우리는 당신을 해고합니다. 드론이 더 싸거든요."

Must-Know
Consumer
Economy
Terms

- **subscription** (신문, 물품 등을 정기적으로 배달 받는) 정기 구독
- **products** 상품, 생산물 *cf.* goods 상품
- **consumer** 소비자
- **order** 주문하다
- **purchase** 구매(품); 구매하다
- **delivery** 배달
- **customize** 고객의 요구에 맞게 제작하다

- **refund** 환불하다
- **commodity** 상품, 물자
- **benefit** 이득
  ex. mutual benefit 상호간에 얻는 이득
- **price index** 물가 지수
- **let go** 해고하다(= fire)
  cf. lay-off (일시적인) 정리해고
- **VOD(Video On Demand)** (물품 판매) 방송을 기다릴 필요 없이 원하는 때에 볼 수 있는 서비스

MEMO

READER'S BANK

BANK

MASTER

Level 10

WORKBOOK

UNIT별 어휘 문제 및 주요 문장 해석하기

visang

ABOVE IMAGINATION

우리는 남다른 상상과 혁신으로
교육 문화의 새로운 전형을 만들어
모든 이의 행복한 경험과 성장에 기여한다

READER'S BANK MASTER

Level 10

WORKBOOK

UNIT별 어휘 문제 및 주요 문장 해석하기

A 다음 영어 단어나 표현의 우리말 뜻을 쓰시오.

01 accuracy

02 critically

03 cross

04 generate

05 poison

06 offer

07 customized

08 deliver

09 involvement

10 disrupt

11 beneficial

12 convince

13 trunk

14 identify

15 fundamental

16 mutually

17 parasite

18 sequence

19 by oneself

20 get through

B 다음 우리말에 해당하는 영어 단어나 표현을 쓰시오.

01 열대의

02 울타리

03 생물, 동물

04 쫓아버리다

05 불만, 좌절감

06 경계, 국경

07 작업, 과제

08 단순한, 단지 ~에 불과한

09 번거로운〔귀찮은〕 일, 상황

10 서식지

11 생태계

12 풍경

13 입력하다

14 습격, 급습

15 청중, 청자

16 공격적인

17 가상의; 사실상의

18 장벽, 장애물

19 가져오다, 들여오다

20 ~에서 비롯되다

○ 다음 각 문장의 굵은 글자에 유의하여 해석하시오.

01 In Kenya, elephants attacked the vegetable fields and farmers **tried to fight** back with guns and poison.

_____

02 The elephants easily knocked down fences and barriers, but in 2009 researchers discovered a method **that** was 97 percent effective in repelling elephants.

_____

03 A group of 17 farms were surrounded by a border of 170 beehives, **placed** 10 meters apart.

_____

04 Elephants may be thick-skinned, but they don't like bees **for a really good reason**.

_____

05 Bees **are very good at targeting** the vulnerable parts of even thick-skinned animals.

_____

06 Elephant trunks are especially sensitive, and the aggressive African bees will fly right up inside them to sting **if necessary**.

_____

07 Elephants attempted 32 raids **over** a three-year period.

_____

08 Only one got through the beeline; the rest were quickly convinced **to pack up** their trunks and **go**.

_____

○ 다음 각 문장의 굵은 글자에 유의하여 해석하시오.

01 In a study, several dozen four-and five-year-olds **were shown** patterns of colored bugs and **asked** to predict which would be next in the sequence.

_____

_____

02 In one group, the children simply solved the puzzles quietly **by themselves**.

_____

03 In the second group, they were asked to explain into a tape recorder **how they were solving each puzzle**.

_____

04 In the third group, the kids had an audience: they had to explain their reasoning to their mothers, who sat near them, **listening but not offering** any help.

_____

_____

05 Then each group was given patterns **that** were more complicated and harder to predict. The results?

_____

06 The children **who** solved the puzzles silently did the worst of all.

_____

07 The ones who talked into a tape recorder did better—the mere act of expressing their thinking process aloud **helped them think** more critically **and identify** the patterns more clearly.

_____

_____

08 But the ones **who** were talking to a meaningful audience did best of all.

_____

○ 다음 각 문장의 굵은 글자에 유의하여 해석하시오.

01 When you purchased clothes online, you probably **have experienced** some frustration.

_____

02 When the clothes are delivered, you realize **that** they don't fit at all, and want to return them.

_____

03 **However**, a new technology might help you solve this problem.

_____

04 There are some smartphone apps like Yashe AI Virtual Fitting Room **in which** you can virtually try on clothes.

_____

05 You just need to take a photo of yourself, and this app will generate an avatar, **or** a virtual image of you.

_____

06 In some applications, you can also input your height, weight, and body type **to improve** sizing accuracy.

_____

07 Then you can try on various styles of clothes **using** your customized avatar.

_____

08 This new technology is mutually beneficial to **both** businesses **and** consumers.

_____

04 COVID-19, 야생에서 온 불청객

○ 다음 각 문장의 굵은 글자에 유의하여 해석하시오.

01 We humans destroy tropical forests and other wild landscapes, **which** are home to many species of animals and plants—and within those creatures **live so many unknown viruses**.

_____

_____

02 **When** that happens, the homeless viruses need a new host.

_____

03 In this case the new host will most likely be humans **since** we would be the nearest to them.

_____

04 In fact, most pandemic diseases like Ebola, SARS, and now COVID-19 all **originated from** viruses in wild animals.

_____

_____

05 Now the whole world is competing **to develop** vaccines for COVID-19. **However**, it's not a fundamental solution.

_____

06 Rather, **giving back** their original habitats to plants and animals is a more effective way **to prevent** pandemic diseases.

_____

07 This way the viruses **won't have to cross** from wild animals into the human population to find new hosts.

_____

● 정답 p.65

A 다음 영어 단어나 표현의 우리말 뜻을 쓰시오.

01 halt _____

02 intervention _____

03 guarantee _____

04 exercise _____

05 unreasonably _____

06 plain _____

07 rock _____

08 rough _____

09 receptive _____

10 with guns blazing _____

11 arbitrarily _____

12 relief _____

13 drastically _____

14 challenge _____

15 populist _____

16 reserves _____

17 boundary _____

18 now that _____

19 let A into B _____

20 attribute A to B _____

B 다음 우리말에 해당하는 영어 단어나 표현을 쓰시오.

01 독재자 _____

02 결과 _____

03 정상; 정상 회담 _____

04 위험을 무릅쓰다 _____

05 기아, 굶주림 _____

06 가장자리, 변두리 _____

07 혁신하다 _____

08 수십 년간 _____

09 걸작 _____

10 내부의, 내적인 _____

11 작곡하다 _____

12 실행하다 _____

13 기존의 _____

14 의도하지 않은 _____

15 칭찬하다 _____

16 붕괴되다 _____

17 달성할 수 없는 _____

18 ~을 주목하다 _____

19 위험이 있는, 위험에 처한 _____

20 결국 ~에 처하게 되다 _____

05 칭찬을 먼저, 충고는 나중에

○ 다음 각 문장의 굵은 글자에 유의하여 해석하시오.

01 **Have you ever been in a situation where** you needed to tell another man something but the look on his face told you it was going to be a rough conversation? I **have**.

_____

_____

02 I had to tell a friend of mine **that** he was making decisions **that** didn't appear to bring him closer to his goals.

_____

03 I began the conversation **by pointing out** many of the things **that** he was doing well.

_____

04 I complimented him on **how hard he was working**.

_____

05 **When** I talked to him about my concerns, he was receptive and even implemented some of my suggestions.

_____

06 This tells you that a compliment **can open a man up** in a way **that** few things **can**.

_____

07 Believe me, **had I gone** in there **with my guns blazing**, the outcome **would've been** drastically different.

_____

06 탁월한 음악성은 다양한 경험에서

○ 다음 각 문장의 굵은 글자에 유의하여 해석하시오.

01 Practice **makes** perfect.

_____

02 That's **what** mothers have been telling their children **for decades**.

_____

03 But young people **who** hope to become professional musicians should **take note of** the changes at the famous Juilliard School in New York City.

_____

04 Its president, Joseph Polisi, **has been encouraging** students to practice less and enjoy life more.

_____

05 Constant practice may **make you a good technical musician**, but it will never **make you a great one**, says Polisi.

_____

06 **For that to happen** you must experience **all that life has to offer** and then let those experiences into your music.

_____

_____

07 If you don't have a great variety of experiences, you will become only a plain technician, **lacking the creativity to compose a masterpiece**.

_____

07 '안주 지대'를 떠나라!

정답 p.66

○ 다음 각 문장의 굵은 글자에 유의하여 해석하시오.

01 At the 2015 *Fortune* Most Powerful Women Summit, Ginni Rometty **offered this advice**:

_____

02 "When did you ever learn the most in your life? What experience? I guarantee you'll tell me it was **a time you felt at risk**."

_____

_____

03 **To become** a better leader, you have to step out of your comfort zone.

_____

04 You **have to challenge** the conventional ways of doing things **and search for** opportunities to innovate.

_____

05 Exercising leadership **not only** requires you to challenge the organizational status quo, **but also** requires you to challenge your internal status quo.

_____

_____

06 You have to challenge yourself. You **have to venture** beyond the boundaries of your current experience **and explore** new territory.

_____

07 Those are **the places where** there are opportunities to improve, innovate, experiment, and grow.

_____

08 Growth is always at the edges, just outside the boundaries of **where you are right now**.

_____

정답 p.66

○ 다음 각 문장의 굵은 글자에 유의하여 해석하시오.

01 Venezuela's economy **has** totally **collapsed**.

_____

02 Economic experts **attribute** this situation **to** the excessive government intervention in the economy by dictators Hugo Chavez and Nicolas Maduro.

_____

03 The Venezuelan government **led by** the two dictators arbitrarily increased minimum wages and set unrealistically low prices on all products.

_____

04 **Due to** the unreasonably high wages and extremely low prices imposed on various products, businesses could not make a profit, **so** they reduced or halted their production.

_____

_____

05 **As a result**, scarcity of basic goods became a nationwide phenomenon, **forcing people to stand** in line for hours to buy daily necessities.

_____

06 The populist policy **that** the dictators initially adopted in order to win the people's hearts **ended up destroying** the Venezuelan economy, **making** the poor even more miserable than before.

_____

_____

07 **Now that** they've experienced over 20 years of populist government, Venezuelans have realized that "**there's no such thing as a free lunch**."

_____

A 다음 영어 단어나 표현의 우리말 뜻을 쓰시오.

01 fungi

02 relatively

03 literature

04 aftermath

05 pandemic

06 drastic

07 compromise

08 peak

09 identical

10 decompose

11 vital

12 ecosystem

13 plague

14 outbreak

15 reform

16 decade

17 antibiotics

18 cope with

19 bring about

20 overreach oneself

B 다음 우리말에 해당하는 영어 단어나 표현을 쓰시오.

01 감소, 하락

02 번영

03 신앙, 신앙심

04 원시적인

05 (~하려는) 노력, 충동

06 세계화

07 혁신

08 급격한, 과격한

09 촉진[증진]하다

10 제한하다

11 압도적인

12 변화, 변형

13 일시적인

14 세속적인

15 뒤바꾸다, 뒤집다

16 하수, 하수도

17 결과, 영향

18 높은 수준[정도]의

19 두 가지의, 한 쌍의

20 ~의 원인이 되다

○ 다음 각 문장의 굵은 글자에 유의하여 해석하시오.

01 A community with fewer wants **does not have** many economic ties **and is considered** backward in economic literature.

_____

02 Multiple and diverse wants lead to increasing economic activities, **promoting** greater economic prosperity.

_____

03 Therefore, **it can be said that** the main purpose of economic activity is the satisfaction of human wants.

_____

04 **Where** wants are relatively few, as in a primitive community, economic activities will be restricted to **those** needed to fulfill man's basic needs such as food and clothing.

_____

_____

05 In a highly developed society, economic activity will be **of a very high order**, **reflecting** the many and varied wants of the population.

_____

06 One basic reason **why countries such as India have remained poor for many centuries** could be the tendencies of their people to be satisfied with **what little they have and not overreach** themselves to acquire too many worldly things.

_____

_____

○ 다음 각 문장의 굵은 글자에 유의하여 해석하시오.

01 Farmers use pesticides **to prevent** insect attacks. However, they don't **pause to think** about the long-term consequences.

_____

02 **Unknown to many**, there is a giant microbial community in the soil **where** an endless number of bacteria, viruses and fungi are living.

_____

_____

03 The pesticides may destroy a few bugs, but they will also end up killing beneficial microbes living in the soil, **which** drastically compromises the soil's ability **to decompose** dead animals and plants.

_____

_____

04 A similar problem happens in the human gut, **where** large communities of microbes exist.

_____

05 These microbes **help us digest** food and protect us from dangerous external microbes.

_____

06 Most antibiotics can't tell the difference **between** good **and** bad microbes.

_____

07 That means the medicine kills helpful bacteria in your gut **while** they're destroying the harmful ones.

_____

08 As you can see, destroying the microbes, **whether in the soil or the gut**, may provide temporary solutions but in the long run it will actually make the problems worse.

_____

○ 다음 각 문장의 굵은 글자에 유의하여 해석하시오.

01 Participants in a laboratory study **were asked to listen to** a pair of very loud, unpleasant noises played through headphones.

_____

02 **One noise** lasted for eight seconds. **The other** lasted sixteen.

_____

03 The first eight seconds of the second noise were identical to the first noise, **whereas** the second eight seconds, **while still loud and unpleasant**, were **not as loud**.

_____

_____

04 Later, the participants were told **that** they would have to listen to one of the noises again, **but that** they could choose which one.

_____

05 Clearly the second noise was worse — the unpleasantness lasted **twice as long**.

_____

06 Nevertheless, the overwhelming majority of people **chose the second to be repeated**. Why?

_____

07 Because **whereas** both noises were unpleasant and had the same aversive peak, the second had a less unpleasant end, and **so was remembered** as less annoying than the first.

_____

_____

◎ 다음 각 문장의 굵은 글자에 유의하여 해석하시오.

01 History shows that plagues **bring about** radical societal change.

_____

02 The Black Death in the 14th century **contributed to** a drastic decline in religious faith because the church could not save people.

_____

03 The typhoid fever outbreak in Paris during the 19th century **led people to prevent** the spread of the disease by building a sewer system.

_____

04 Many artists moved to Paris **because** they thought it was safe there, and Paris became the city of arts.

_____

05 What changes could happen **in the aftermath of** the coronavirus?

_____

06 For the past four decades, globalization and urbanization **have been** two of the world's most powerful drivers.

_____

07 COVID-19 will reverse both of these trends, **limiting** the interaction between countries and people **since** all things international or urban will only increase the spread of the pandemic disease.

_____

A 다음 영어 단어나 표현의 우리말 뜻을 쓰시오.

01 barrier _____

02 jam _____

03 intellectual _____

04 pardon _____

05 competition _____

06 heavenly _____

07 improvisatory _____

08 sign _____

09 properly _____

10 cost _____

11 mental _____

12 install _____

13 batter _____

14 impose _____

15 stable _____

16 boost _____

17 uprising _____

18 be about to _____

19 go down in history _____

20 go up in smoke _____

B 다음 우리말에 해당하는 영어 단어나 표현을 쓰시오.

01 관례, 관습 _____

02 영감, 영감을 주는 것[사람] _____

03 수입품; 수입하다 _____

04 침체시키다 _____

05 (형을) 선고하다; 형벌, 형 _____

06 관세 _____

07 정책, 방책 _____

08 타박상을 입(히)다 _____

09 근원; 씨앗 _____

10 교수형에 처하다 _____

11 직감, 본능 _____

12 보호무역주의 _____

13 유아의; 초기의 _____

14 일시적인 _____

15 국내의 _____

16 과세, 징세 _____

17 강조하다 _____

18 반드시 ~하다 _____

19 ~을 생각해 내다 _____

20 찢어버리다, 갈기갈기 찢다 _____

○ 다음 각 문장의 굵은 글자에 유의하여 해석하시오.

01 I think almost all of us can say we **have had trouble with** our tongues. Sometimes it could cost our lives.

_____

_____

02 Such a case happened to Kondraty Ryleyev, **who was sentenced to be hanged** for his part in an unsuccessful uprising against the Russian Czar Nicholas I in December 1825.

_____

_____

03 But the rope broke as Ryleyev was being hanged. He fell to the ground, got up, **bruised and battered**, and said, "In Russia, they do not know **how to do** anything properly, not even **how to make** a rope."

_____

_____

04 According to the Russian custom, an accident of this sort **was considered a sign of heavenly will**, and the man was usually pardoned.

_____

05 **Though** Nicholas I was upset by this disappointing news, he **was about to sign** the pardon.

_____

06 But then the Czar asked the messenger, "Did Ryleyev say anything **after this miracle**?"

_____

07 "Sire," the messenger replied, "he said that in Russia they don't even know **how to make** a rope."

_____

08 "In that case," said the Czar, "**let us prove** the contrary," and he tore up the pardon.

_____

14 실수해도 괜찮아

○ 다음 각 문장의 굵은 글자에 유의하여 해석하시오.

01 We're usually taught that mistakes are bad, and **they are**, but not all the time.

_____

02 When we **need to come up with** ideas, mistakes are not wasted, because it's **hard to come up with** a great idea **without first coming up with** a lot of other ideas that are really bad.

_____
_____

03 Mistakes are really the seeds for creativity, and **that's why** Disney CEO Michael Eisner says **it's okay to have** films, TV shows, and plays that really fail completely, because it's the only way he'll get big hits.

_____
_____

04 Filmmaker Robert Altman, **who** won an Oscar for his movie M*A*S*H, says M*I*S*T*A*K*E*S sometimes **end up giving us the best inspiration**.

_____
_____

05 Many of us have a big fear of making mistakes because we're taught from a young age **NOT to make** them.

_____

06 That becomes a big mental barrier **when we're trying to come up with** ideas.

_____

07 If you want **an idea that goes down in history**, produce **a lot more that go up in smoke**.

_____

08 **You've got to first produce** garbage to end up with gold.

_____

○ 다음 각 문장의 굵은 글자에 유의하여 해석하시오.

01 **Any learning environment** that deals with only the database instincts or only the improvisatory instincts **ignores** one half of our ability.

_____

02 Some schools and workplaces emphasize **a stable, rote-learned database**.

_____

03 They ignore the improvisatory instincts **drilled into us** for millions of years. Creativity suffers.

_____

04 **Others** emphasize creative usage of a database, **without installing** a fund of knowledge in the first place.

_____

05 They ignore our need to obtain a deep understanding of a subject, **which includes memorizing and storing** a richly structured database.

_____

_____

06 You get people **who** are great improvisers but don't have depth of knowledge.

_____

07 They may **look like** jazz musicians and have the appearance of jamming, but in the end they know nothing. They're **playing intellectual air guitar**.

_____

_____

16 보호무역주의의 득과 실

○ 다음 각 문장의 굵은 글자에 유의하여 해석하시오.

01 Protectionism is a policy **under which** a country closes itself off from international trade, **while imposing** heavy taxes on foreign imports.

_____

02 However, in reality, this policy may **bring about** unexpected side effects.

_____

03 **Take** imposing taxes on steel imports **as an example**. In May 2018, the U.S. president announced **a** 25% **tariff on** all steel imports.

_____

04 **Because of** this taxation, U.S. companies had to buy local steel, **which**, as a result, boosted the U.S. steel industry. However, this caused a problem.

_____

_____

05 **Though** domestic industries produced steel, the amount of production was **much smaller** compared to **when** these goods were coming in from abroad—so the greater demand for local steel pushed up the price.

_____

_____

06 This **forced car makers to increase** the price of their final products, **which in turn** hurt consumers.

_____

07 As you can see, protectionism is **a double-edged sword**.

_____

A 다음 영어 단어나 표현의 우리말 뜻을 쓰시오.

01 strike

02 ubiquitous

03 self-esteem

04 suppress

05 cue

06 convey

07 respond

08 reveal

09 conduct

10 bet

11 norm

12 justify

13 restraint

14 manipulate

15 tone

16 subconscious

17 challenge

18 engage in

19 obstacle

20 submit to

B 다음 우리말에 해당하는 영어 단어나 표현을 쓰시오.

01 끔찍한

02 해석하다

03 칭찬; 칭찬하다

04 속임수, 술수

05 임박한, 급박한

06 요령 있게

07 효과적인

08 감독자, 관리자

09 유지하다, 보존하다

10 불행한 사건, 불운

11 시도하다

12 만족시키다

13 즉시

14 망치다

15 연막, 위장

16 조직체

17 (문제·난관이) ~에게 닥치다

18 ~로 구성되다

19 ~에 굽히다

20 ~을 고수하다

○ 다음 각 문장의 굵은 글자에 유의하여 해석하시오.

01 The wife asks, "Honey, do you think this new dress **looks good on** me?"

_____

02 The husband turns around to see **what he immediately thinks** is probably the most awful-looking dress he has ever seen. That's **what** he actually thinks.

_____

_____

03 So, how does he respond? Does he stick to the truth and tell her exactly **what** he thinks and possibly ruin **what** would otherwise be a pleasant evening?

_____

_____

04 Not if he's smart. He can **satisfy her desire** to believe she looks good in the dress and **his wanting** to avoid telling a lie.

_____

_____

05 Tactfully, he says, "Wow! I bet you really like that dress!" It **sounds like** a compliment, and his wife is happy.

_____

06 Of course she likes it or she **wouldn't have bought** it.

_____

07 Again, **it was** the way it was said rather than **what** was said **that** made the difference between an unnecessary and hurtful blunder and getting on with the occasion.

_____

_____

● 정답 p.69

○ 다음 각 문장의 굵은 글자에 유의하여 해석하시오.

01 Bad luck always **seems to strike** at the worst moment.

_____

02 A student **taking their final exam** wakes up with a serious headache. A runner breaks their ankle minutes before a race.

_____

03 **It seems like** bad luck, but psychologists disagree.

_____

04 They say that such common mishaps are, in many cases, carefully **designed plots of the subconscious mind**.

_____

05 They argue that a person often **engages in** a form of self-handicapping behavior.

_____

06 Self-handicapping refers to the various ways **in which** people subconsciously create obstacles **to put the blame on** when they think they are going to fail.

_____

_____

07 It seems like a crazy thing to do, but it is **a clever trick of the mind**, **one** that allows a person to protect their self-esteem by justifying their failures.

_____

19 조직 내 갈등은 반드시 없어야 할까?

○ 다음 각 문장의 굵은 글자에 유의하여 해석하시오.

01 There's a false belief in many organizations **that** tension and conflict are signs of an unhealthy team.

_____

02 In many cases, this **couldn't be further** from the truth!

_____

03 An effective team consists of people **who** are willing to fight for their ideas, challenge others **when necessary**, and stand their ground **when confronted**.

_____

_____

04 In the end, however, those same people must be willing to bend to the ideas of others and submit to the decisions **made by the leader**, **knowing that they can't win every battle.**

_____

_____

05 Unfortunately, managers are often uncomfortable with team conflicts and attempt to suppress them **so as to preserve** peace.

_____

06 There's a false belief **that** tranquility equals health, but a tranquil team is often a sign of imminent death because it may mean **that** no one cares enough to make waves.

_____

_____

○ 다음 각 문장의 굵은 글자에 유의하여 해석하시오.

01 Recently, sociologist Dr. Yuki Masaki in Japan **conducted interesting research** about emoticon styles.

_____

02 He took a closer look at two emoticons **that** represent the smiley face **which** are used in Japan and the United States.

_____

03 He **discovered** that Japanese **tend to** use ^–^, whereas Americans prefer :).

_____

04 So why is there a difference? According to Dr. Masaki, it depends on **how people in different cultures interpret facial cues**.

_____

05 In cultures **where** emotional restraint is the norm (such as Japan), people focus **more** on the eyes **than** the mouth because they think the eyes are not **easy to manipulate**, and therefore, cannot hide one's feelings.

_____

_____

06 **In contrast**, in cultures **where** open emotional expression is the norm (such as the U.S.), people focus on the mouth, because they believe it is the most expressive part of the face.

_____

_____

07 So, the next time you communicate with people from a different culture, don't be surprised **even if** they use emoticons **that you're not used to**.

_____

_____

A 다음 영어 단어나 표현의 우리말 뜻을 쓰시오.

01 escape _____

02 organism _____

03 linguistic _____

04 prompt _____

05 describe _____

06 reflexive _____

07 motivation _____

08 gesture _____

09 function _____

10 microbe _____

11 access _____

12 illustrate _____

13 generation _____

14 tap _____

15 essential _____

16 normally _____

17 in return _____

18 struggle to _____

19 explain oneself _____

20 substitute A for B _____

B 다음 우리말에 해당하는 영어 단어나 표현을 쓰시오.

01 ～이 부족하다 _____

02 합리적인 _____

03 진화 _____

04 (몸을) 떨다 _____

05 비만 _____

06 길들이다 _____

07 소화 _____

08 본능적으로 _____

09 수반[포함]하다 _____

10 성급하게 _____

11 의식적으로 _____

12 교육 받은 _____

13 복잡한, 얽힌 _____

14 고립 _____

15 확장시키다 _____

16 눈을 깜빡이다 _____

17 ～에 몰두하다 _____

18 ～을 책임지고 있는 _____

19 ～하는 경향이 있다 _____

20 ～에 반응하여 _____

○ 다음 각 문장의 굵은 글자에 유의하여 해석하시오.

01 We know that some of **the things we do** are not controlled consciously.

02 These **are known as** reflexive or autonomous behaviors.

03 **It** is easy **to see** these autonomous behaviors in other species.

04 For example, the South African weaverbird normally builds an intricate nest **using specialized materials**.

05 Experimenters **removed** a pair of these birds **from contact** with building materials **and from other members** of their species for five generations.

06 The birds were not able to **build**, or even **see**, **traditional nests**.

07 And yet when the sixth generation—still in isolation from its species—**was given access to** the traditional materials, it built a perfect nest.

08 This may be an extreme example, yet it illustrates **the point that** even some complex behaviors may be reflexive and not quite under conscious control.

○ 다음 각 문장의 굵은 글자에 유의하여 해석하시오.

01 When you talk, are you cool and calm or do you wave your arms in the air as you **struggle to say** something?

_____

02 **The more** vocabulary you know, **the less** likely you are to make gestures **while talking**.

_____

03 This is **what** linguistic researchers found in their studies.

_____

04 Well-educated people describe their thoughts and feelings **using the full range of their vocabulary**.

_____

05 However, **those without the opportunity of a good education** rely more on gestures **to explain** themselves.

_____

06 They lack the words, so **it is no wonder** they **substitute gestures for words**.

_____

07 As a general rule, **the higher** a person's social status is, **the fewer** gestures they are likely to use.

_____

○ 다음 각 문장의 굵은 글자에 유의하여 해석하시오.

01 Many people **who** struggle with difficult emotions also **struggle** with eating problems.

_____

02 *Emotional eating* is a popular term **used to describe eating** that is influenced by emotions, **both** positive **and** negative.

_____

03 Feelings may affect various aspects of your eating, **including** your motivation to eat, your food choices, **where and with whom you eat**, and **the speed at which you eat**.

_____

_____

04 Most overeating **is prompted by** feelings rather than physical hunger.

_____

05 Individuals **who** struggle with obesity tend to eat **in response to** emotions.

_____

06 However, people who eat for emotional reasons are **not necessarily** overweight.

_____

07 People of any size may try to escape an emotional experience **by preoccupying themselves with** eating or **by obsessing over** their shape and weight.

_____

_____

○ 다음 각 문장의 굵은 글자에 유의하여 해석하시오.

01 Symbiosis is a relationship between two animals **where** each provides something good for the other.

_____

02 You may be **surprised to find** that symbiosis happened even between humans and microbes such as bacteria and viruses.

_____

03 Trillions of bacteria and viruses **have entered** the human body **for** millions of years. Over time, the human body did an amazing thing.

_____

04 **Instead of** killing them, humans tamed the microbes and formed symbiosis with them.

_____

05 Bacteria and viruses **get** a living space and food **from the host**.

_____

06 **In return**, these microbes help us in various ways. This is just like humans **turned enemies into friends**.

_____

07 Recent research revealed **that** microbes in the human body **play an essential role in** our metabolism.

_____

08 They help our digestion and **protect us from** harmful bacteria and viruses.

_____

정답 p.71

A 다음 영어 단어나 표현의 우리말 뜻을 쓰시오.

01 crash

02 integral

03 reasonable

04 bully

05 establish

06 respectively

07 administrator

08 recite

09 perseverance

10 chronic

11 timid

12 access

13 stutter

14 indicate

15 retrieve

16 indispensable

17 death rate

18 struggle (with)

19 account for

20 manage to

B 다음 우리말에 해당하는 영어 단어나 표현을 쓰시오.

01 (허)약한

02 동의, 찬성

03 따다, 타다; 이기다

04 시 의회

05 (이전에 없던) 신종의, 새로운

06 말을 더듬다

07 영업하다; 작동하다

08 열등감

09 현저하게

10 감염시키다

11 용량, 수용력

12 설명; 계좌

13 기술, 설명

14 엄청난, 거대한

15 제출하다

16 급격하게

17 연락처

18 건설 중인

19 ~에 출마하다

20 ~을 추천하다

○ 다음 각 문장의 굵은 글자에 유의하여 해석하시오.

01 **Join** the naming contest of two future city parks **and win** a prize.

_____

02 They **are under construction** on Broadway Avenue and on Traverse Road.

_____

03 The contest **will be open** August 17th through September 1st.

_____

04 Participants will **be able to submit** their park name ideas through:

_____

05 Submissions must include:
  – Your name and contact information, **including** an e-mail address
  – A short narrative **indicating why** the submitted names should be chosen

_____

_____

06 A select committee will be established **to review** the name ideas **and recommend** 5 of the submitted names for each park to the City Council.

_____

07 For more information, please **feel free to call** the City Administrator's office at 507-934-0663.

_____

○ 다음 각 문장의 굵은 글자에 유의하여 해석하시오.

01 Joe **grew up** in a Catholic working-class family in Scranton, Pennsylvania.

_____

02 **As a child**, he was small and **struggled with stammering**, so he was bullied a lot by the bigger kids. He **used to come home crying** because of it.

_____

_____

03 Things **started to change** when he was in college. He joined the football team and **trained himself** hard.

_____

04 As a result, he **became** physically **stronger and more confident**. He was no longer the frail kid he **used to be**.

_____

05 **To everyone's surprise**, he **won the election** and became the fifth-youngest senator in history, at 29.

_____

06 However, his happiness was short-lived. A tragedy struck **when** his wife and daughter were killed in a car accident.

_____

07 **Despite his personal difficulties**, Joe did a great job as the longest-serving senator.

_____

08 **No matter how** many obstacles he had to face, Joe showed true perseverance **by overcoming** all of them **and becoming** stronger each time.

_____

○ 다음 각 문장의 굵은 글자에 유의하여 해석하시오.

01 The above two graphs show the COVID-19 death rate and the number of COVID-19 patients **by age** in South Korea, respectively.

_____

02 Most notably, the death rate is the highest among people over 80 (25%); however, the same age group has **the second smallest** number of COVID-19 patients.

_____

_____

03 Patients in their 20s account for the largest number of COVID-19 patients, **followed by those** in their 50s and 40s.

_____

04 However, the death rate of **those** in their 20s or younger is 0.

_____

05 After 50, **the older** people are, **the less** likely they are to get infected.

_____

06 **It seems that** age plays an important role in determining the death rate from COVID-19 and the number of COVID-19 patients.

_____

정답 p.72

○ 다음 각 문장의 굵은 글자에 유의하여 해석하시오.

01 Today, "cloud computing" is a key word in the IT industry. **Every business uses** clouds.

_____

02 A cloud is an Internet system **which** has a huge space and capacity on remote gigantic servers.

_____

03 Like the clouds in the sky **which** store huge amounts of water and move around, a cloud system can store enormous data and programs **which** can be conveniently retrieved at any time.

_____

_____

04 You can upload any file to the cloud from your computer and access it at any place or time you want **as long as** you have Internet access.

_____

_____

05 **While** some of us may not realize **it**, cloud services have become such an integral part of our lives today.

_____

06 The recent crisis **caused by the novel coronavirus** has led to the spread of cloud services.

_____

07 Cloud services are expected to **continue to grow** drastically because **more and more** businesses rely on clouds **to operate**.

_____

08 **Just as** we can't imagine a world without smartphones, clouds **are** now **becoming** an indispensable part of our lives.

_____

UNIT 08 Word Practice

A 다음 영어 단어나 표현의 우리말 뜻을 쓰시오.

01 disability

02 empathy

03 credible

04 diminish

05 prestige

06 chest

07 reward

08 evidence

09 core

10 abnormal

11 trial

12 open

13 habitual

14 distribute

15 crucially

16 detect

17 suggest

18 at the risk of

19 out of reach

20 spy on

B 다음 우리말에 해당하는 영어 단어나 표현을 쓰시오.

01 낙관주의

02 애정

03 이로운, 유익한

04 불평등

05 전하다, 전송하다

06 방어적인

07 안심시키다

08 현상

09 다시 살다〔체험하다〕

10 역경

11 설득력이 있는

12 연속적인

13 억누르다

14 광산

15 유지하다

16 참다, 견디다

17 숭배하다

18 (~에게) 유리하게

19 불러일으키다

20 (색깔, 의미를) 띠다

● 정답 p.72

○ 다음 각 문장의 굵은 글자에 유의하여 해석하시오.

01 **It's possible to appear** more open and credible by practicing open palm gestures **when communicating with** others.

_____

02 Interestingly, **as** the open palm gestures become habitual, the tendency to tell untruths diminishes.

_____

03 If a person **is being open**, they will expose their palms, but just **having their palms exposed makes it difficult for the person to tell** a convincing lie.

_____

_____

04 This is because gestures and emotions **are** directly **linked to** each other.

_____

05 If you feel defensive, for example, you **are likely to cross** your arms across your chest.

_____

06 But if you simply cross your arms, you will **begin to experience** defensive feelings.

_____

07 If you are talking **with your palms exposed**, it puts even more pressure on the other person to be truthful too.

_____

08 In other words, open palms can help to suppress **some of the false information others may tell** and encourage them to be more open with you.

_____

_____

30 동물도 정의감과 자존심이 있다

○ 다음 각 문장의 굵은 글자에 유의하여 해석하시오.

01 There is evidence **that suggests some animals have** a sense of unfairness.

_____

02 In a study, capuchin monkeys **were more likely to reject** a cucumber slice after **seeing** another capuchin monkey **receive** a more attractive grape.

_____

03 Even **at the risk of ending up with** nothing, the monkeys **were much less likely to take** the cucumber slice.

_____

04 These observations **suggest that the monkeys recognize** inequality.

_____

05 They **are willing to give up** some material reward **in hopes of getting** the higher-value food.

_____

06 The lucky monkeys ended the experiments in a cheerful mood, **while** their partners typically sat in a corner **feeling irritated**.

_____

07 When grapes were visible but **were not given to** either monkey, however, the monkeys' reactions to the food were lessened.

_____

08 In that case, their reactions clearly decreased **over successive trials**.

_____

○ 다음 각 문장의 굵은 글자에 유의하여 해석하시오.

01 When people face real adversity—disease, unemployment, or the disabilities of age—affection from a pet **takes on** new meaning.

_____

02 A pet's continuing affection becomes crucially important for **those enduring hardship** because it reassures them that their core essence has not been damaged.

_____

_____

03 Thus pets are important in the treatment of **depressed or chronically ill patients**.

_____

04 In addition, pets are used **to great advantage** with the institutionalized aged.

_____

05 Children who visit **cannot help but remember** what their parents or grandparents once were **and be depressed** by their incapacities.

_____

06 Animals, however, **have no expectations** about mental capacity. They do not worship youth.

_____

07 They have no memories about what the aged once were and greet them **as if they were children**.

_____

08 **An old man holding a puppy** can relive a childhood moment with complete accuracy. His joy and the animal's response are the same.

_____

정답 p.73

○ 다음 각 문장의 굵은 글자에 유의하여 해석하시오.

01 Smart Dust is a tiny chip with a data sensor **that** is only 1 to 2 millimeters long.

_____

02 **When distributed** to some places, it can detect a lot of information in the surrounding areas.

_____

03 **Though** Smart Dust was initially developed for military purposes, which were to detect the movements of the enemy and weapons, it **is now being used** in various fields.

_____

04 Recently, Smart Dust **is used to monitor** changes occurring in places **which** are not easily accessible to humans.

_____

05 Scientists even use Smart Dust **to observe** occurrences in space and mines which are usually **out of human reach**.

_____

06 However, some people are concerned that Smart Dust **can be misused**.

_____

07 **What if** someone uses Smart Dust to spy on you in your house or office?

_____

08 Therefore, we should be careful because **while** Smart Dust can be used for many great purposes, it can also be used with malicious intentions.

_____

A 다음 영어 단어나 표현의 우리말 뜻을 쓰시오.

01 decline

02 commitment

03 acceptable

04 predictor

05 responsive

06 monolingual

07 simultaneously

08 outline

09 facilities

10 misleading

11 diligently

12 heartfelt

13 inadvertent

14 diverse

15 pluralism

16 statistics

17 devote

18 inform A of B

19 norm

20 at this rate

B 다음 우리말에 해당하는 영어 단어나 표현을 쓰시오.

01 고의적인

02 되찾다

03 상당히

04 처분, 처리

05 의무

06 은퇴한

07 분리

08 제한, 한계

09 주장하다

10 위반하다

11 실험적인; 시험

12 추론, 추리

13 일시적인, 임시의

14 버리다

15 전문가

16 세입자

17 주거의

18 확실하게 하다

19 두 개의 언어를 쓰는

20 ~이 있는 데서

○ 다음 각 문장의 굵은 글자에 유의하여 해석하시오.

01 **Welcome to** our neighborhood.

02 You **have chosen to live** in a residential neighborhood **filled with** people who go to work in the morning and retired people.

03 We request **that** you live like a good neighbor.

04 Last night, you **kept at least 5 families, including 10 young children and 15 adults, awake** until 2 a.m.

05 **As outlined** in the attached City of Cape Coral Noise Ordinance, you **have an obligation to** adhere to noise levels that are acceptable in a residential neighborhood.

06 The attached pages are excerpts from the ordinance **that describes what the noise limitations are** and the penalties for violating them.

07 You, as a tenant, come under the ordinance, **as does your landlord**.

○ 다음 각 문장의 굵은 글자에 유의하여 해석하시오.

01 My grandparents thought **that it** might be confusing **for children to be simultaneously exposed to two languages, and that** their mastery of language would be faster if they were exposed to just one language.

_____

_____

02 That reasoning is a very reasonable concern: a child learning two languages must learn **twice as many speech sounds, words, and grammatical structures as a monolingual child**.

_____

_____

03 The bilingual child has only **half as much time to devote to each language**; and so the bilingual child may end up speaking two languages poorly, instead of speaking one language well.

_____

_____

04 But more recent studies showed that both bilingual and monolingual children **end up as adults with** essentially the same vocabulary size and word-retrieval rate, or else the monolingual children **end up with** a slight advantage (vocabulary up to 10% larger in their sole language).

_____

_____

05 The result is, "Bilingual children end up with a **much larger** vocabulary: a total of 6,000 words, **consisting of** 3,000 English words plus 3,000 Chinese words, instead of 3,300 English words and no Chinese words."

_____

_____

○ 다음 각 문장의 굵은 글자에 유의하여 해석하시오.

01 We write **to express our heartfelt concern over** the inadvertent loss of the laptop box **which had been left** in your room when you checked out **the other day**.

_____

_____

02 The laptop box was among those items **which had been collected** for disposal by our housekeeping staff.

_____

03 **As soon as you informed us of your need** to retrieve this item, however, we immediately **proceeded to look for** it at our waste segregation facilities.

_____

04 Unfortunately, the laptop box **could not be found** anywhere.

_____

05 **Given the situation** that our personnel had no reason **to believe** that the discarded item contained important information to you, we trust that you will excuse the accidental disposal of the item.

_____

_____

36 전 세계적인 결혼 기피 현상

◎ 다음 각 문장의 굵은 글자에 유의하여 해석하시오.

01 According to a recent report by the Pew Research Center in the USA, 25 percent of millennials, **those who were born from the early 1980s to 2000**, don't want to get married.

_____

_____

02 Another report by Urban Institute predicted that many people would stay unmarried **until the age of 40**.

_____

03 Statistics have shown that the declining interest in marriage **is not just limited to** the U.S. It is a worldwide phenomenon.

_____

04 Relationship experts say that it is due to the rise of pluralism: **the idea that there is more than one right way of doing things**.

_____

05 **As** society became more diverse, people **began to assert** their individualistic needs more and more, and traditional marriage can't **meet everyone's needs**.

_____

_____

06 **Some people** might want to live with their loved ones, but they **have no desire for** permanent commitment.

_____

07 **Others** might want to have a short-term trial marriage **to see if** they are right for each other.

_____

08 **As** society is changing rapidly, **so is** people's attitude toward marriage.

_____

A 다음 영어 단어나 표현의 우리말 뜻을 쓰시오.

01 steady _____

02 opposing _____

03 preserve _____

04 unerringly _____

05 Venus _____

06 poise _____

07 inhabit _____

08 respectively _____

09 deposit _____

10 convection _____

11 Neptune _____

12 revenue _____

13 proportionate _____

14 radiation _____

15 present _____

16 be supposed to _____

17 can't stand _____

18 take over _____

19 neither A nor B _____

20 take credit for _____

B 다음 우리말에 해당하는 영어 단어나 표현을 쓰시오.

01 궤도 _____

02 정확한, 거의 완벽한 _____

03 획득[확보]하다; 안전한 _____

04 바꾸다 _____

05 조언(의 제공) _____

06 대기 _____

07 흡수 _____

08 고체의, 단단한 _____

09 용해하다, 녹이다 _____

10 구독 _____

11 동료 _____

12 유기체의 _____

13 거르다 _____

14 반사; (거울 등에 비친) 상 _____

15 원자 _____

16 필연적으로, 당연히 _____

17 참석하다; 일을 해내다 _____

18 등록하다 _____

19 ~하는 것을 주저하다 _____

20 ~에 대해 작업하다 _____

○ 다음 각 문장의 굵은 글자에 유의하여 해석하시오.

01 Maria, a copywriter of an advertising company, **was working on a project** with Charlie, one of her colleagues.

_____

02 **As usual**, Charlie and Maria **were reviewing** the latest draft of a proposal with their boss.

_____

03 **During the meeting**, they **were supposed to be jointly presenting** their latest ideas.

_____

04 When Maria paused to take a breath, Charlie took over the presentation, **explaining almost all the ideas they had come up with together**.

_____

_____

05 When the boss turned to Maria for input, there was **nothing left for her to say**.

_____

06 She **felt betrayed**. In fact, this was not the first time.

_____

07 Maria decided she **couldn't stand his taking credit for** her work **and that** she needed to take strong measures.

_____

정답 p.75

다음 각 문장의 굵은 글자에 유의하여 해석하시오.

01 **The amount of heat** which the Earth receives from the sun, **and the economy of that heat** by the laws of radiation, absorption, convection, and reflection, **are proportionate to** the necessities of our planet, and the living things that inhabit it.

_____

_____

02 It is held by scientists that any change in the orbit of our Earth, **which would either increase or decrease** the amount of heat **falling upon it**, **would, of necessity, be followed** by a disaster.

_____

_____

03 Neptune (**whose distance from the sun has not been determined**) must receive **so** small an amount of heat **that** water would become **as solid as** the hardest rock, and our atmosphere would be resolved into a liquid!

_____

_____

04 Yet, **poised in the mysterious balance of opposing forces**, our planet flies unerringly on its course, at a rate of 65,000 miles an hour.

_____

_____

05 In its wonderful flight, it preserves that precise distance from the sun, **which causes it to receive** from the life-inspiring rays the exact degree of heat.

_____

_____

06 This heat **is shared by** every atom of matter and every form of organic existence.

_____

07 It is just the amount **needed to support** all living things on Earth!

_____

● 다음 각 문장의 굵은 글자에 유의하여 해석하시오.

01 **Dear Coach Johnson**, my name is Christina Markle, Bradley Markle's mother.

02 Bradley and I were thrilled **to learn** that you're holding your Gymnastics Summer Camp again this year.

03 So I didn't **hesitate to sign up and pay** the non-refundable deposit for the second week program, **which** is from July 13 to 17.

04 But today I remembered that our family **is going to get back from** a trip on July 13, and I'm afraid Bradley **won't be able to make it** on the very first day of the program.

05 **Rather than make** him skip the day, I'd like to check **to see if** he could switch to the third week program.

06 Please **let us know** if that's possible. Thank you.

정답 p.75

○ 다음 각 문장의 굵은 글자에 유의하여 해석하시오.

01 The economic paradigm is shifting. In the past, the sharing economy services **such as** Airbnb and Uber **were leading** the global market.

_____

02 However, now they **are being replaced** by the so-called "subscription economy."

_____

03 The subscription economy is a business model **which provides users various products or services** for a fixed monthly fee.

_____

04 Newspaper and milk delivery **used to be** common examples of the subscription economy.

_____

05 But these days, it has expanded to **various goods and services ranging from meals and clothes to movies.**

_____

06 You may be surprised **to find how much your life revolves around** the subscription economy.

_____

07 Consumers can enjoy products and services at minimal cost because they don't have to **go through the trouble of** repeatedly searching and making purchases.

_____

08 **Thanks to the subscription economy**, companies can secure loyal customers and have a steady revenue, too.

_____

리·더·스·뱅·크 흥미롭고 유익한 지문으로 독해의 자신감을 키워줍니다.

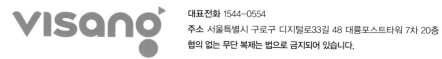

대표전화 1544-0554
주소 서울특별시 구로구 디지털로33길 48 대륭포스트타워 7차 20층
협의 없는 무단 복제는 법으로 금지되어 있습니다.

베로나(이탈리아)
브레네르 고개를 넘는 도로와 철도가 이탈리아 북부의 평야에 들어서는 곳에 위치해 있으며, 예로부터 교통의 요지, 상업의 중심지로 발달하였다. 이곳은 로마 시대에 만들어진 원형 극장, 마조레 성당, 아디제강(江)의 다리 등으로 유명하다. 오늘날은 중요한 곡물 시장이며, 기계, 제지, 인쇄 등의 공업 중심지이기도 하다.

비상 누리집에서 더 많은 정보를 확인해 보세요.
http://book.visang.com/

READER'S BANK

BANK

MASTER

Level 10

정답과 해설

 책 속의 가접 별책 (특허 제 0557442호)

'정답과 해설'은 본책에서 쉽게 분리할 수 있도록 제작되었으므로
유통 과정에서 분리될 수 있으나 파본이 아닌 정상제품입니다.

ABOVE IMAGINATION

우리는 남다른 상상과 혁신으로
교육 문화의 새로운 전형을 만들어
모든 이의 행복한 경험과 성장에 기여한다

READER'S BANK

BANK MASTER

Level 10

정답과 해설

01 꿀벌 보면 코끼리 '벌벌'

문제 정답 | **1** ② **2** ⑤ **3** ⑤ **4** trunk

문제 해설

1 벌집으로 농장의 경계를 만들어 두니 코끼리들이 벌들의 공격을 견디지 못하고 습격을 포기했다는 내용이므로, 글의 제목으로는 ② '벌이 코끼리를 물리치는 것을 도와준다'가 가장 적절하다.
① 케냐의 양봉 역사
③ 공격적인 벌이 생태계를 위협한다
④ 코끼리와 벌: 공존하는 협력자
⑤ 코끼리 집단을 통제하려는 노력들

2 '나머지'를 뜻하는 the rest는 문장에서 의미에 따라 단수/복수 모두 가능하다. 여기서는 '나머지 코끼리들'을 의미하므로, 복수 명사로 여겨진다. 따라서 단수 동사 ⓔ was는 were로 바꾸어야 한다.
ⓐ try to는 '~하려고 (노력)하다'의 의미이므로 적절하다.
ⓑ 전치사 in 다음에는 목적어로 동명사가 와야 한다.
ⓒ 벌집이 놓는 것이 아니라 '놓이는' 것이므로 과거분사가 적절하다.
ⓓ if it is necessary에서 it(to sting) is가 생략된 형태이다. 부사절에서는 「주어 + be 동사」가 종종 생략된다.

3 11~13행의 Only one got through the beeline에서 ⑤가 글의 내용과 일치하지 않음을 알 수 있다.
① 1~2행 참고 ② 4~6행 참고 ④ 6~7행 참고 ⑤ 9~10행 참고

4 trunk: (코끼리의) 코; (나무의 긴) 줄기; 트렁크(여행용 가방); 자동차 뒤의 트렁크
• 코끼리의 코는 매우 힘이 세서, 그것은 한 번의 휘두름으로 사람을 죽일 수 있다.
• 그녀는 옷들을 그녀의 트렁크 안에 넣고 문을 닫았다.

본문 해석 케냐에서 코끼리들이 채소밭을 공격했고 농부들은 총과 독약으로 강력히 맞서려고 노력했다. 그 코끼리들은 쉽게 울타리와 장벽을 허물었지만, 2009년에 연구자들은 코끼리를 쫓아버리는 데 97퍼센트 효과적인 방법을 발견했다. 17개의 농장 집단이 10미터 간격으로 놓인 170개의 벌집의 경계로 둘러싸였다. 코끼리들은 피부가 두꺼울지 모르지만, 정말 합당한 이유로 벌을 싫어한다. 벌들은 심지어 피부가 두꺼운 동물들이라도 취약한 부위를 겨냥하는 데에 매우 능숙하다. 코끼리의 코는 특히 민감한데, 공격적인 아프리카의 벌들은 필요하면 침을 쏘기 위해 곧장 위로 날아 그 안으로 들어갈 것이다. 코끼리들은 3년이라는 기간에 걸쳐 32번의 습격을 시도했다. 단 한 마리만 벌의 저지선을 뚫었고, 나머지는 재빨리 (어려운 상황을) 깨닫고 코를 접어 올리고 떠나 버렸다.

지문 풀이

In Kenya, / elephants attacked the vegetable fields / and farmers tried to fight back with guns and
케냐에서 / 코끼리들이 채소밭을 공격했다 / 그리고 농부들은 총과 독약으로 강력히 맞서려 노력했다 /

poison. / The elephants easily knocked down fences and barriers, / but in 2009 researchers discovered a
그 코끼리들은 쉽게 울타리와 장벽을 허물었다 / 하지만 2009년에 연구자들은 한 가지 방법을 발견했다 /

method / ❶ that was 97 percent effective in repelling elephants. / A group of 17 farms were surrounded by a
코끼리를 쫓아버리는 데 97퍼센트 효과적인 / 17개의 농장 집단이 170개의 벌집의 경계로 둘러싸였다 /

border of 170 beehives, / **❷placed** 10 meters apart. / Elephants may be thick-skinned, / but they don't like bees
10미터 간격으로 놓인 /　　　　　　　　　　코끼리들은 피부가 두꺼울지 모른다 /　　　　　　　　　그러나 그것들은 정말 합당한 이유로 벌을

for a really good reason. / Bees are very good at targeting the vulnerable parts / of even thick-skinned
싫어한다 /　　　　　　　　　벌들은 취약한 부위를 겨냥하는 데에 매우 능숙하다 /　　　　　　　심지어 피부가 두꺼운 동물들의 /

animals. / Elephant trunks are especially sensitive, / and the aggressive African bees will fly right up inside
코끼리의 코는 특히 민감하다 /　　　　　　　　그리고 공격적인 아프리카의 벌들은 곧장 위로 날아 그 안으로 들어갈 것이다 /

them / to sting **❸if necessary.** / Elephants attempted 32 raids / over a three-year period. / Only one got
필요하면 침을 쏘기 위해 /　　　코끼리들은 32번의 습격을 시도했다 /　　　3년이라는 기간에 걸쳐 /　　　단 한 마리만 벌의

through the beeline; / the rest were quickly convinced to pack up their trunks and go. /
저지선을 뚫었다 /　　　　나머지는 재빨리 (어려운 상황을) 깨닫고 코를 접어 올리고 떠나 버렸다 /

❶ a method는 주격 관계대명사 that 이하의 수식을 받고 있다.
　　a method **that** was 97 percent effective

❷ placed는 170 beehives를 수식하는 분사로 '~된, ~한'의 수동이나 완료의 뜻을 나타낸다.

❸ 종속절의 주어가 주절의 주어와 같거나, 문맥상 추론할 수 있으면 접속사 뒤에 오는 「주어 + be동사」는 생략될 수 있다. 이 문장에서는 if
　　뒤에 it is가 생략되어 있다.
　　ex. When (we were) young, we used to go camping every weekend.　어렸을 때, 우리는 매 주말 캠핑을 갔다.

02　생각도 표현이 필요하다!　　　　　　　　　　　　　　　pp. 14~15

문제 정답 | **1** ② 　 **2** ⑤ 　 **3** sequence

문제 해설 **1** 아무 말 없이 혼자서 퍼즐을 푸는 것보다는 생각의 과정을 녹음기에 말하면서 푸는 것이 비판적으로 생각하고 패턴을
명확하게 파악하는 데 도움이 되었다. 또한 녹음기에 대고 말하는 것보다는 청중에게 말을 하면서 푸는 것이 가장 도움이
되었다는 내용이므로 글의 주제로는 ② '과제 수행에서 다른 사람들에게 설명하는 것의 효과'가 적절하다.
① 집단 작업을 통해 배우는 것의 한계　　　　　　③ 발표를 하기 위해 기술을 사용하는 것의 이점
④ 개별적인 학습 스타일을 이해하는 것의 중요성　　⑤ 교육에서 부모 개입의 문화적 차이

2 (A) 아이들이 색깔이 있는 벌레 패턴을 보여주는 주체가 아니라 패턴을 보게 되는 대상이므로 수동태가 되어야 한다.
따라서 과거분사 shown이 적절하다.
(B) explain의 목적어 역할을 하는 명사절이 필요한데, 뒤에 나오는 절은 문장 성분이 모두 갖춰진 완전한 문장이므로
의문부사 how가 적절하다.
(C) 등위 접속사 but에 의해 현재분사 listening과 연결되어 병렬 구조를 이루고 있으므로, offering이 적절하다.

3 sequence: (사건 등의) 순서; (일련의) 연속적인 숫자들
• 그 인터뷰 진행자는 논리적 <u>순서</u>로 질문을 해야 한다.
• 그 컴퓨터는 무작위의 <u>연속적인</u> 숫자들을 생성시킨다.

한 연구에서 수십 명의 네다섯 살짜리 아이들이 색깔이 있는 벌레 패턴들을 보았고, 어떤 것이 다음 순서로 나올지 예측해보라고 요청을 받았다. 한 집단에서는 아이들이 그저 조용히 혼자서 퍼즐을 풀었다. 두 번째 집단에서 그들은 녹음기에 어떻게 그들이 각각의 퍼즐을 풀고 있는지 설명하도록 요청을 받았다. 그리고 세 번째 집단에서는 아이들에게 청중이 있었는데, 즉 그들은 자신들의 추론을 그들 가까이 앉아서 듣고는 있지만 어떤 도움도 제공하지 않는 그들의 엄마에게 설명해야 했다. 그런 다음 각 집단에게 더 복잡하고 예측하기가 더 어려운 패턴이 주어졌다. 그 결과는? 조용히 퍼즐을 푼 아이들이 전체 중에 제일 못했다. 녹음기에 말했던 아이들은 더 나았는데 생각의 과정을 소리 내어 표현하는 단순한 행위만으로도 그들이 더 비판적으로 생각하고 더 분명하게 패턴을 파악하는 데 도움이 되었다. 그러나 의미 있는 청중에게 말하고 있던 아이들이 전체 중에서 가장 잘했다.

In a study, / several dozen four- and five-year-olds were shown patterns of colored bugs / and asked to predict
한 연구에서 / 수십 명의 네다섯 살짜리 아이들이 색깔이 있는 벌레 패턴들을 보았다 / 그리고 어떤 것이 다음 순서로 나올지

which would be next in the sequence. / In one group, / the children simply solved the puzzles quietly by
예측해보라고 요청을 받았다 / 한 집단에서 / 아이들이 그저 조용히 혼자서 퍼즐을 풀었다 /

themselves. / In the second group, / they were asked to explain into a tape recorder / ❶ **how** they were solving
두 번째 집단에서 / 그들은 녹음기에 설명하도록 요청을 받았다 / 어떻게 그들이 각각의 퍼즐을 풀고

each puzzle. / And in the third group, / the kids had an audience: / they had to explain their reasoning to
있는지 / 그리고 세 번째 집단에서는 / 아이들에게 청중이 있었다 / 그들은 자신들의 추론을 그들의 엄마에게 설명해야 했다 /

their mothers, / who sat near them, / listening but not offering any help. / Then each group was given
그들 가까이 앉아 있는 / 듣고 있지만 어떤 도움도 제공하지 않는 / 그런 다음 각 집단은 패턴을 받았다 /

patterns / ❷ **that** were more complicated and harder to predict. / The results? / The children who solved the
더 복잡하고 예측하기가 더 어려운 / 그 결과는? / 조용히 퍼즐을 푼 아이들이 /

puzzles silently / did the worst of all. / The ones who talked into a tape recorder did better / — the mere act
전체 중에 제일 못했다 / 녹음기에 말했던 아이들은 더 잘했다 / 생각의 과정을 소리 내어

of expressing their thinking process aloud / helped them ❸ **think** more critically / **and identify** the patterns
표현하는 단순한 행위가 / 그들이 더 비판적으로 생각할 수 있도록 도와주었다 / 그리고 더 분명하게 패턴을 파악하도록 /

more clearly. / But the ones who were talking to a meaningful audience / did best of all.
그러나 의미 있는 청중에게 말하고 있던 아이들이 / 전체 중에서 가장 잘했다 /

❶ 간접의문문은 문장의 일부가 되어 주어, 목적어, 보어 역할을 할 수 있으며, 여기서는 how가 이끄는 명사절이 explain의 목적어 역할을 하고 있다.

❷ 주격 관계대명사 that이 이끄는 절이 patterns를 수식해 주고 있다.

❸ helped의 목적격 보어 think와 identify가 and에 의해 연결된 병렬 구조이다.

---

03 내 손 안의 VR 피팅 룸

pp. 16~17

문제 정답 | **1** ③   **2** ④   **3** (1) mutually (2) virtual

1 온라인으로 옷을 구매할 때 가상으로 자신의 아바타에게 옷을 미리 입혀봄으로써, 자신에게 완벽하게 맞는 옷을 구매한다는 내용의 글이므로 ③ '가상 피팅 룸의 이점들'이 제목으로 가장 적절하다.

① 소매상들은 정말로 가상으로 되어 가고 있다

② 우리는 가상 패션에 익숙해져야 하는가?

④ 가상 옷, 새로운 유형의 패션인가?

⑤ 가상 피팅 룸은 판매를 어떻게 증가시킬 수 있는가

2 (A) 가상 피팅 룸을 소개하고 있으므로 virtually(가상으로)가 적절하다. physically의 사전적 의미는 '신체적으로, 물리적으로'이고, 여기서는 '직접 신체에 닿게 하여'라는 뜻이다.

(B) 자신에게 맞는 옷을 사기 위해 개인의 요구에 맞춘 아바타를 사용할 것이므로 customized가 적절하다. ready-made는 '(먹거나 이용할 수 있도록) 이미 만들어져 나오는[다 만들어서 파는]'이라는 의미이다.

(C) 회사와 소비자 둘 다에게 이롭다는 문맥이므로 mutually(서로, 상호간에)가 적절하다. individually는 '개별적으로'라는 의미이다.

3 (1) mutually: 서로, 상호간에, 공통으로

둘 또는 그 이상의 사람들에 의해 동등하게 느껴지거나 행해지는 것

(2) virtual: 가상의; (명목상) 사실상의

컴퓨터 기술에 의해 만들어져 존재하는 것처럼 보이는 것

온라인으로 옷을 구매했을 때, 여러분은 아마도 약간의 불만을 경험해본 적이 있을 것이다. 여러분만이 아니다. 많은 사람들이 똑같은 것을 경험한다. 옷이 배달되었을 때, 당신은 그것들이 전혀 맞지 않는다는 것을 깨닫고, 그것들을 반품하고 싶어 한다. 이것은 꽤 귀찮은 일이 될 수 있다. 그러나 새로운 기술은 여러분이 이 문제를 해결하는 데 도움을 줄지도 모른다.

가상으로 옷을 입어볼 수 있는 Yashe AI 가상 피팅 룸과 같은 몇몇 스마트폰 앱들이 있다. 여러분이 단지 자신의 사진을 찍기만 하면 이 앱은 아바타를, 즉 여러분의 가상 이미지를 만들어 낼 것이다. 여러분은 치수 맞추기 정확도를 개선하기 위해 어떤 앱에서 여러분의 키, 체중, 그리고 신체 유형 또한 입력할 수 있다. 그러면 여러분은 개개인의 요구에 맞춘 아바타를 사용해서 다양한 스타일의 옷을 입어볼 수 있다. 이런 식으로 쇼핑객들은 그들에게 완벽하게 맞는 옷을 선택할 수 있다. 이 새로운 기술은 회사와 소비자 둘 다에게 서로 이롭다. 쇼핑객들은 그들에게 가장 잘 맞는 옷을 고를 수 있는 동시에 회사는 반품률을 낮출 수 있고 더 많은 온라인 판매를 가져올 수 있다.

When you purchased clothes online, / you probably have experienced some frustration. / You are not
온라인으로 옷을 구매했을 때 / 여러분은 아마도 약간의 불만을 경험해본 적이 있을 것이다 / 여러분만이 아니다 /

alone. / Many people experience the same thing. / When the clothes are delivered, / you realize that they don't
많은 사람들이 똑같은 것을 경험한다 / 옷이 배달되었을 때 / 당신은 그것들이 전혀 맞지 않는다는 것을

fit at all / and want to return them. / This can be quite a hassle. / However, a new technology might help you
깨닫는다 / 그리고 그것들을 반품하고 싶어 한다 / 이것은 꽤 귀찮은 일이 될 수 있다 / 그러나 새로운 기술은 여러분이 이 문제를 해결하는 데 도움을 줄지도

solve this problem. /
모른다 /

There are some smartphone apps / like Yashe AI Virtual Fitting Room / ❶ in which you can virtually try on
몇몇 스마트폰 앱들이 있다 / Yashe AI 가상 피팅 룸과 같은 / 거기서 당신이 가상으로 옷을 입어볼 수 있는 /

clothes. / You just need to take a photo of yourself, / and this app will generate an avatar, ❷ or a virtual
여러분이 단지 자신의 사진을 찍으면 된다 / 그러면 이 앱이 아바타를, 즉 여러분의 가상 이미지를 만들어 낼 것이다 /

image of you. / In some applications, / you can also input your height, weight, and body type / to improve
어떤 앱에서는 / 여러분의 키, 체중 그리고 신체 유형 또한 입력할 수 있다 / 치수 맞추기

sizing accuracy. / Then you can try on various styles of clothes / ❸ **using** your customized avatar. /
정확도를 개선하기 위해 / 그러면 여러분은 다양한 스타일의 옷을 입어볼 수 있다 / 개개인의 요구에 맞춘 여러분의 아바타를 사용해서 /

This way, / shoppers can choose clothes that fit them perfectly. / This new technology is mutually beneficial /
이런 식으로 / 쇼핑객들은 그들에게 완벽하게 맞는 옷을 선택할 수 있다 / 이 새로운 기술은 서로 이롭다 /

to both businesses and consumers. / Companies can lower return rates / and bring in more online sales / while
회사와 소비자 둘 다에게 / 회사는 반품률을 낮출 수 있다 / 그리고 더 많은 온라인 판매를 가져올 수 있다 / 동시에

shoppers can pick out clothes / that fit them best. /
쇼핑객들은 옷을 고를 수 있다 / 그들에게 가장 잘 맞는 /

❶ 전치사 in의 목적어로 which(Yashe AI Fitting Room)가 전치사와 함께 앞으로 왔으며, 이때 in which는 관계부사 where로 바꿔 쓸 수 있다.

❷ 명사 an avatar와 명사구인 a virtual image of you가 or에 의해 연결되어 있는 구조이다. or은 '즉'의 의미로 앞뒤의 내용이 동격임을 나타낸다.

❸ using은 동시에 이루어지는 동작을 나타내는 분사구문으로 쓰였으며, 해석은 '~하면서'로 한다.

Big Issue

04 COVID-19, 야생에서 온 불청객

pp. 18~19

문제 정답 | **1** ④　**2** ⑤　**3** ④　**4** 식물과 동물에게 그것들의 원래 서식지를 돌려주는 식으로

문제 해설

1 8~9행에 언급되었듯이 COVID-19와 같은 대부분의 전 세계적으로 유행하는 질병들은 모두 야생 동물에서 유래했으며, 원래 서식지를 돌려주는 것이 이러한 질병들을 예방하는 더 효과적인 방법이라는 내용이므로 ④ 'COVID-19를 예방하고 싶은가? 생태계를 보호하라'가 글의 제목으로 가장 적절하다.
① 바이러스의 숙주 역할을 하는 야생 동물들
② COVID-19를 퇴치하는 백신 개발하기
③ COVID-19 이후의 삶: 위기의 반대 면
⑤ COVID-19: 절대 발생하지 말았어야 했던 전 세계적 유행병

2 식물과 동물에게 그것들의 원래 서식지를 돌려주면 바이러스들이 그 식물과 동물을 숙주로 삼을 것이므로, 새로운 숙주를 찾을 필요가 없을 것이라는 문맥이다. 따라서 ⓔ의 parasites는 hosts로 바꾸어야 한다.

3 10~11행에 COVID-19를 위한 백신을 개발하기 위해 경쟁하고 있지만 그것이 근본적인 해결책이 아니라고 했으므로 ④는 글의 내용과 일치하지 않는다.
① 1~3행 참고　② 6행 참고　③ 8~10행 참고　⑤ 12~14행 참고

4 This way는 바로 앞 문장의 giving back their original habitats to plants and animals를 가리키므로 '식물과 동물에게 그것들의 원래 서식지를 돌려주는 식으로'가 This way의 구체적인 내용이다.

본문 해석 **코로나바이러스 감염증-19**

우리 인간은 열대림과 다른 야생의 풍경을 파괴하는데 그것들은 많은 동·식물종의 서식지이고, 그 생물들 내에서 너무나 많은 알려지지 않은 바이러스가 산다. 우리는 나무를 베고 우리는 동물을 죽이며 그런 다음 그 고기를 시장에 판다. 이렇게 함으로써, 우리는 생태계를 붕괴시키고 그것들의 자연의 숙주로부터 바이러스를 흔들어 떼어낸다. 그런 일이 일어날 때 집을 잃어버린 바이러스들은 새로운 숙주를 필요로 한다. 이러한 경우, 새로운

주인은 인간이 될 가능성이 가장 높은데, (그것은) 우리가 그것들에게 가장 가까이 있을 것이기 때문이다. 사실, Ebola, SARS, 그리고 현재의 COVID-19와 같은 대부분의 전 세계적으로 유행하는 질병들은 모두 야생 동물에게 있던 바이러스에서 유래했다.

이제 전 세계는 COVID-19에 대한 백신을 개발하기 위해 경쟁하고 있다. 그러나 그것은 근본적인 해결책이 아니다. 오히려 식물과 동물에게 그것들의 원래 서식지를 돌려주는 것이 전 세계적으로 유행하는 질병들을 예방하는 더 효과적인 방법이다. 이러한 방식으로 바이러스들은 새로운 기생충(→ 숙주)을 찾기 위해 야생 동물로부터 인간 개체군으로 건너올 필요가 없을 것이다.

지문 풀이

COVID-19 /
코로나바이러스 감염증-19 /

We humans destroy tropical forests and other wild landscapes, / ❶ **which** are home to many species of animals
우리 인간은 열대림과 다른 야생의 풍경을 파괴한다 /   그것들은 많은 종의 동물과 식물의 서식지이다 /

and plants / —and within those creatures / ❷ **live so many unknown viruses.** / We cut trees, / and we kill
그리고 식물 /   그리고 그 생물들 내에서 /   너무나 많은 알려지지 않은 바이러스가 산다 /   우리는 나무를 벤다 /   그리고 우리는 동물을

animals and then sell their meat on markets. / By doing so, / we disrupt the ecosystems, / and shake viruses
죽이고 그런 다음 그 고기를 시장에 판다 /   이렇게 함으로써 /   우리는 생태계를 붕괴시킨다 /   그리고 바이러스를 흔들어

loose / from their natural hosts. / When that happens, / the homeless viruses need a new host. / In this case
떼어낸다 /   자연의 숙주로부터 /   그런 일이 일어날 때 /   집을 잃은 바이러스들은 새로운 숙주를 필요로 한다 /   이러한 경우

the new host will most likely be humans / ❸ **since** we would be the nearest to them. / In fact, / most
새로운 주인은 인간이 될 가능성이 가장 높다 /   우리가 그것들에게 가장 가까이 있을 것이기 때문에 /   사실 /   대부분의

pandemic diseases / like Ebola, SARS, and now COVID-19. / all originated from viruses / in wild animals. /
전 세계적으로 유행하는 질병들은 / Ebola, SARS, 그리고 현재의 COVID-19와 같은 /   모두 바이러스에서 유래했다 /   야생 동물에게 있던 /

Now the whole world is competing to develop vaccines for COVID-19. / However, it's not a fundamental
이제 전 세계는 COVID-19에 대한 백신을 개발하기 위해 경쟁하고 있다 /   그러나 그것은 근본적인 해결책이 아니다 /

solution. / Rather, giving back their original habitats to plants and animals is a more effective way / ❹ **to**
오히려 식물과 동물에게 그것들의 원래 서식지를 돌려주는 것이 더 효과적인 방법이다 /

prevent pandemic diseases. / This way / the viruses won't have to cross / from wild animals into the human
전 세계적으로 유행하는 질병들을 예방하는 /   이러한 방식으로 / 바이러스들은 건너올 필요가 없을 것이다 /   야생 동물로부터 인간 개체군으로 /

population / to find new hosts. /
새로운 숙주를 찾기 위해 /

❶ 관계대명사의 계속적 용법으로 쓰인 which의 선행사는 tropical forests and other wild landscapes이며, 이어지는 관계사절에서 선행사에 대한 추가 정보를 제공하고 있다.

❷ so many unknown viruses live에서 주어와 동사가 도치된 문장이다. 장소·방향의 부사구가 문장의 맨 앞으로 나오고 존재·이동의 동사가 쓰일 때, 주어와 동사가 흔히 도치된다.

❸ since는 이유를 나타내는 접속사로 '~ 때문에'의 의미이다.

❹ to prevent 이하는 to부정사의 형용사적 용법으로 쓰여 a more effective way를 수식한다.

05 칭찬을 먼저, 충고는 나중에

pp. 22~23

문제 정답 | 1 ④ 2 ③ 3 ②

문제 해설

1 상대방과 불편한 대화를 할 때 상대방을 칭찬하면서 시작하면 충고가 효과적일 수 있다는 내용이므로, ④가 글의 요지로 가장 적절하다.

2 밑줄 친 with guns blazing은 '결의를 불태우며'라는 비유적인 표현이므로, 지문에서 쓰인 정확한 뜻은 문맥으로 파악해야 한다. 친구의 얼굴 표정을 보고 힘든 대화가 될 것이라는 것을 알고 칭찬을 먼저 하여 친구가 비판도 수용하게 되었다는 내용이 앞에 오고, 밑줄 이하 부분에서 결과가 완전히 달라졌을 것이라고 가정하는 내용이 이어지는 것으로 보아, 밑줄 친 부분은 칭찬 없이 비판하기만 하여 부정적인 영향을 주었음을 알 수 있다. 따라서 ③ '그의 잘못된 결정을 강하게 비판하면서'라는 것을 추론할 수 있다.

① 그가 내 충고를 따를 것을 제안하면서   ② 계속해서 내 자신의 걱정에 대해 말하면서
④ 그와 힘든 대화를 할 것을 예상하면서   ⑤ 그가 세우고 있었던 달성할 수 없는 목표를 지적하면서

3 ⓑ 앞 문장에서 Have you ever been ~과 같이 현재완료 시제로 질문했으므로 그에 대한 답은 현재완료 시제인 have로 해야 한다.
ⓐ 관계부사 where는 선행사가 장소일 때뿐만 아니라 a situation과 같은 경우에도 사용된다. where 이하가 주어와 동사 그리고 목적어가 있는 완전한 문장이므로 관계대명사는 쓸 수 없다.
ⓒ 전치사 on의 목적어 역할을 하는 명사절을 이끄는 how가 쓰였다.
ⓓ a way를 선행사로 취하는 관계부사 that이 쓰였다.
ⓔ had I gone은 if I had gone에서 if가 생략된 다음 had가 주어 앞으로 나간 가정법 과거완료의 조건절이다.

본문 해석 당신이 다른 사람에게 무언가를 말해야 하나, 그 사람의 얼굴 표정이 당신에게 그것이 힘든 대화가 될 것임을 말해 주는 상황에 처해 본 적이 있는가? 나는 그런 적이 있다. 나는 내 친구에게 그를 그의 목표로 더 가까이 데려다줄 것처럼 보이지 않는 결정을 그가 내리고 있다는 것을 말해야 했다. 그래서 나는 그가 잘하고 있는 것들 중 많은 것들을 언급함으로써 대화를 시작했다. 나는 그가 얼마나 열심히 노력하고 있는지에 대해 그를 칭찬했다. 그 다음, 그에게 내가 우려하는 것에 대해 말했을 때, 그는 수용적이었고 나의 제안들 중 일부를 실행하기까지 했다. 이것은 여러분에게 칭찬은 다른 것들로는 거의 할 수 없는 방식으로 사람의 마음을 터놓게 할 수 있다는 것을 말해준다. 정말로 내가 <u>결의를 불태우며</u> 거기에 갔더라면, 그 결과는 심하게 달랐을 것이다.

지문 풀이

Have you ever been in a situation / ❶ **where** you needed to tell another man something / but the look on his
~하는 상황에 처해 본 적이 있는가 /   당신이 다른 사람에게 무언가를 말해야 했던 /   하지만 그 사람의 얼굴 표정이

face told you / it was going to be a rough conversation? / I have. / I had to tell a friend of mine / that he was
당신에게 말하는 /   그것이 힘든 대화가 될 것이라고? /   나는 그런 적이 있다 /   나는 내 친구에게 말해야 했다 /   그가 결정을 내리고

making decisions / that didn't appear to bring him closer to his goals. / So I began the conversation /
있다고 /   그의 목표에 그를 가까이 데려다줄 것처럼 보이지 않는 /   그래서 나는 대화를 시작했다 /

by pointing out many of the things / that he was doing well. / I complimented him / on how hard he was
많은 것들을 언급함으로써 /　　　　　　　　　　　그가 잘하고 있는 /　　　　나는 그를 칭찬했다 /　　　그가 얼마나 열심히 노력하고 있는지에

working. / Then, when I talked to him about my concerns, / he was receptive / and even implemented some of
대해 /　　　그 다음 그에게 내가 우려하는 것에 대해 말했을 때 /　　　그는 수용적이었다 /　　　그리고 나의 제안들 중 일부를 실행하기까지 했다 /

my suggestions. / This tells you / that a compliment ❷ **can open a man up** / in a way that few things **can**. /
　　　　　　　　이것은 여러분에게 말해준다 / 칭찬이 사람의 마음을 터놓게 할 수 있다는 것을 /　　　다른 것들로는 거의 할 수 없는 방식으로 /

Believe me, / ❸ **had I gone** in there with guns blazing, / the outcome **would've been** drastically different. /
정말로 /　　　내가 결의를 불태우며 거기에 갔더라면 /　　　　　　그 결과는 심하게 달랐을 것이다 /

❶ 관계부사 where가 쓰여 선행사인 a situation을 부가 설명하고 있다. where의 선행사로는 꼭 물리적인 장소가 아닌, 어떤 시점, 경우, 상황, 사정 등의 추상적인 의미의 명사도 사용될 수 있다.
　　ex. It is a style of fighting **where** people use only their bodies to defend and attack.
　　　그것은 사람들이 방어하거나 공격하기 위해서 그들의 몸만을 사용하는 싸움의 한 유형이다.

❷ a compliment **can open a man up** in a way that few things **can** (open a man up): few things can 다음에는 반복을 피하기 위해 open a man up이 생략되었다.

❸ 가정법 과거완료 「If + 주어 + had + p.p., 주어 + would + have + p.p.」가 쓰였으며, if절에서 if가 생략되고 주어와 조동사 had가 도치되었다.
　　ex. **Had** she **attended** the last meeting, she **would have been** impressed.
　　　그녀가 지난 회의에 참석했더라면, 그녀는 감명을 받았을 것이다.
　　= If she **had attended** the last meeting, she **would have been** impressed.

---

06 탁월한 음악성은 다양한 경험에서 　　　　　　　　　　　　　　　　pp. 24~25

문제 정답 | **1** ② 　　**2** 그것이 일어나기 위해서는 여러분은 삶이 갖고 있으면서 제공할 수 있는 모든 것을 경험해야 한다　　**3** plain

문제 해설 　**1** 훌륭한 음악가가 되려면 연습보다는 다양한 인생 경험이 더 중요하다는 내용의 글로, ②가 글의 주장으로 가장 적절하다.

　2 For that to happen에서 that은 to be a great one(위대한 음악가가 되는 것)을 뜻하며, for는 의미상의 주어로 쓰인 것이므로 '그것이 일어나기 위해서는' 이라고 해석하는 것이 적절하다. 또한 all은 목적격 관계대명사 that이 이끄는 절 that life has와 to offer의 수식을 이중으로 받고 있으므로 '삶이 갖고 있으면서 제공할 수 있는 모든 것'으로 해석한다.

　3 plain: 평범한; 쉬운
　　• 나는 평범하고 나이 많은 회사원일 뿐이다.
　　• 쉬운 용어로 그것을 말씀해 주세요.

본문 해설 　연습할수록 완벽해진다. 그것이 수십 년간 어머니들이 자녀들에게 말해온 것이다. 하지만 전문적인 음악가가 되고자 하는 젊은이들은 뉴욕 시에 있는 유명한 줄리아드 학교에서 일어나고 있는 변화를 주목해야 한다. 그곳 학장인 Joseph Polisi는 학생들에게 연습은 덜 하고 인생을 더 즐기라고 권해 왔다. 끊임없는 연습은 기교가

뛰어난 음악가가 되게 할 수 있을지는 모르지만 결코 위대한 음악가가 되게 하지는 못한다고 Polisi는 말한다. 그것이 일어나기 위해서는 여러분은 삶이 갖고 있으면서 제공할 수 있는 모든 것을 경험해야 하고, 그런 다음 그런 경험이 여러분의 음악 속으로 스며들게 해야 한다. 만약 여러분이 아주 다양한 경험이 없다면, 여러분은 걸작을 만들어 내는 창의성이 결여된 평범한 기교가가 될 뿐이다.

지문 풀이

Practice makes perfect. / That's what mothers have been telling their children / for decades. / But ❶ young
연습할수록 완벽해진다 / 그것이 어머니들이 자녀들에게 말해온 것이다 / 수십 년간 / 하지만 젊은이들은

people / who hope to become professional musicians / should take note of the changes / at the famous Juilliard
전문적인 음악가가 되고자 하는 / 변화를 주목해야 한다 / 뉴욕 시에 있는 유명한 줄리아드

School in New York City. / Its president, Joseph Polisi, has been encouraging students / to practice less and
학교에서의 / 그곳 학장인 Joseph Polisi는 학생들에게 권해 왔다 / 연습은 덜 하고 인생을 더 즐기라고 /

enjoy life more. / Constant practice may make you a good technical musician, / but it will never make you a
끊임없는 연습은 여러분을 기교가 뛰어난 음악가가 되게 할 수 있을지는 모른다 / 하지만 그것은 결코 여러분을 위대한 음악가가 되게

great ❷ one, says Polisi. / For that to happen / you must experience ❸ all / that life has to offer / and then let
하지는 못할 것이라고 Polisi는 말한다 / 그것이 일어나기 위해서는 / 여러분은 모든 것을 경험해야 한다 / 삶이 갖고 있으면서 제공할 수 있는 / 그런 다음 그런 경험이

those experiences into your music. / If you don't have a great variety of experiences, / you will become only a
여러분의 음악 속으로 스며들게 해야 한다 / 만약 여러분이 아주 다양한 경험이 없다면 / 여러분은 평범한 기교가가 될 뿐이다

plain technician, / ❹ lacking the creativity to compose a masterpiece. /
걸작을 만들어 내는 창의성이 결여된 /

❶ 주격 관계대명사 who가 이끄는 절이 주어 young people을 수식해 주고 있다.
young people who hope to become professional musicians

❷ one = musician (앞에 나온 명사의 반복을 피하기 위해 사용된 부정대명사 one)

❸ 목적격 관계대명사절 that life has가 all을 수식하고, to offer도 all을 수식한다. 이때 has to를 연결하여 '~해야 한다'로 해석하지 않는 것에 주의한다.
all that life has to offer

❹ lacking은 '~하면서, 한 채로'의 의미를 나타내는 분사구문으로 쓰였다.

---

07 '안주 지대'를 떠나라!

pp. 26~27

문제 정답 | 1 ④ 2 ④ 3 risk

문제 해설 **1** 지도력을 발휘하려면 위험을 무릅쓰고 현재 상태의 한계를 넘어서야 하며, 안주 지대에서 벗어나야 성장할 수 있는 기회가 있다는 내용의 글로, ④가 글의 주장으로 가장 적절하다.

2 ⓓ는 현재 경험의 한계를 넘어서고 성장할 수 있는 새로운 영역을 지칭하는 반면, 나머지는 안주 지대를 달리 표현한 것이다.

3 risk: 위험(률)
- 담배를 피우는 것은 심장병에 걸릴 <u>위험성</u>을 증가시킬 수 있다.
- 안전벨트를 매는 것은 자동차 사고 시 부상이나 죽음의 <u>위험성</u>을 크게 줄인다.

<u>본문 해석</u> 2015년 〈Fortune〉지 선정 가장 영향력 있는 여성 회담에서 **Ginni Rometty**는 다음 조언을 했다. "여러분의 인생에서 여러분은 언제 가장 많은 것을 배웠습니까? 어떤 경험이었습니까? 저는 여러분이 저에게, 그것은 여러분이 위험에 처했다고 느꼈을 때였다고 말할 것이라고 장담합니다." 더 훌륭한 지도자가 되기 위해서 여러분은 자신의 안주 지대를 벗어나야 한다. 여러분은 일을 하는 기존 방식들에 이의를 제기하고 혁신할 수 있는 기회를 찾아야 한다. 지도력을 발휘하는 일은 여러분에게 조직의 현재 상태에 도전할 것을 요구할 뿐만 아니라, 여러분의 내적인 현재 상태에 대해서도 도전할 것을 요구한다. 여러분은 자신에게 도전해야 한다. 여러분은 위험을 무릅쓰고 여러분의 현재 경험의 한계를 넘어서야 하고 새로운 영역을 탐험해야 한다. 그곳은 개선하고 혁신하며 실험하고 성장할 수 있는 기회의 장(場)들이다. 성장은 항상 가장자리, 즉 바로 지금 여러분이 있는 곳의 경계 바로 바깥에 있다.

<u>지문 풀이</u>

At the 2015 *Fortune* Most Powerful Women Summit, / Ginni Rometty offered this advice: / "When did you
2015년 〈Fortune〉지 선정 가장 영향력 있는 여성 회담에서 / Ginni Rometty는 다음 조언을 했다 / 여러분의 인생에서 여러분은

ever learn the most in your life? / What experience? / I guarantee / you'll tell me / it was ❶ **a time you felt at**
언제 가장 많은 것을 배웠습니까? / 어떤 경험이었습니까? / 저는 장담합니다 / 여러분이 내게 말할 거라고 / 그것은 여러분이 위험에 처했다고 느꼈을

risk." / To become a better leader, / you have to step out of your comfort zone. / You ❷ **have to challenge** the
때였다 / 더 훌륭한 지도자가 되기 위해 / 여러분은 자신의 안주 지대를 벗어나야 한다 / 여러분은 일을 하는 기존 방식들에 이의를 제기해야

conventional ways of doing things / and **search** for opportunities to innovate. / Exercising leadership not only
한다 / 그리고 혁신할 수 있는 기회를 찾아야 한다 / 지도력을 발휘하는 일은 여러분에게 조직의 현재

requires you to challenge the organizational status quo, / but also requires you to challenge your internal
상태에 도전할 것을 요구할 뿐만 아니라 / 여러분에게 여러분의 내적인 현재 상태에 대해서도 도전할 것을 요구한다 /

status quo. / You have to challenge yourself. / You ❸ **have to venture** beyond the boundaries of your current
여러분은 자신에게 도전해야 한다 / 여러분은 위험을 무릅써야 한다 / 여러분의 현재 경험의 한계를 넘어서 /

experience / and **explore** new territory. / Those are the places / where there are ❹ **opportunities** / **to improve,**
그리고 새로운 영역을 탐험해야 한다 / 그곳은 장소들이다 / 기회가 있는 / 개선하고 혁신하며

innovate, experiment, and grow. / Growth is always at the edges, / just outside the boundaries / of ❺ **where**
실험하고 성장할 수 있는 / 성장은 항상 가장자리에 있다 / 즉 경계 바로 바깥에 / 바로 지금 여러분이

you are right now. /
있는 곳의 /

❶ a time과 you felt at risk 사이에 관계부사 when이 생략되었다.

❷, ❸ have to 뒤의 동사원형 challenge와 search가 and로 연결된 병렬 구조이며, venture와 explore도 and로 연결되어 있다.

❹ opportunities to improve, innovate, experiment, and grow
  └──── to부정사의 형용사적 용법

❺ where가 이끄는 명사절이 전치사 of의 목적어 역할을 하고 있다.

문제 정답 | **1** ① **2** ③ **3** ③

문제 해설

1 지난 20년에 걸쳐 두 독재자가 이끈 베네수엘라 정부가 최저 임금을 올리고 모든 제품에 극도로 낮은 가격을 매기는 등 대중의 환심을 사기 위한 무리한 정책을 펼쳤다가 결국 베네수엘라의 경제를 망쳤다는 내용이므로, 빈칸에는 ① '공짜 점심과 같은 것은 없다'가 들어가야 적절하다.
② 모든 좋은 것들은 틀림없이 끝이 난다.
③ 크면 클수록 더 세게 떨어진다.
④ 어떤 사람에게는 유익한 것이 다른 사람에게는 독이 될 수 있다.
⑤ 부가 없는 곳에서는 가난도 없다.

2 한 때 남미에서 가장 부유한 국가였던 베네수엘라가 경제적으로 붕괴한 원인이 독재자들의 잘못된 정책임을 지적하는 내용이므로, 이 글의 주제로 가장 적절한 것은 ③ '베네수엘라의 붕괴된 경제에 대한 이유들'이다.
① 베네수엘라 포퓰리즘의 흥망성쇠
② 베네수엘라의 독재의 부작용
④ 정부 개입의 장단점
⑤ 베네수엘라의 포퓰리즘에 대한 경제적인 분석

3 최저 임금을 높이고 물가를 낮추는 정책이 가난한 사람들에게 일시적으로 도움이 되었겠지만, 그 결과 기업들이 도산하고 일용 필수품 품귀 현상이 나타나는 등 경제 위기에 처하게 되었다는 내용으로 보아, 단기간의(short-term) 안도를 주었다는 것이 문맥상 적절하다.

본문 해석

심각한 경제 위기에 직면한 베네수엘라

베네수엘라는 한 때 라틴 아메리카에서 가장 부유한 국가였다. 그 나라는 세계에서 가장 크다고 알려진 석유 매장량을 갖고 있다. 그러나 베네수엘라의 경제는 완전히 붕괴되었다. 많은 사람들이 기아와 화장지, 우유, 밀가루 등등과 같은 생필품의 부족으로 고통을 겪고 있다. 베네수엘라를 흔드는 이 위기 뒤에는 정확하게 무엇이 있는가?

경제 전문가들은 이 상황을 독재자 Hugo Chavez(휴고 차베즈)와 Nicolas Maduro(니콜라스 마두로)에 의한 경제에 대한 지나친 정부 간섭 탓으로 돌린다. 지난 20년에 걸쳐 두 독재자가 이끈 베네수엘라 정부는 국민들의 표를 얻기 위해 제멋대로 최저 임금을 올리고 모든 제품에 비현실적으로 낮은 가격을 매겼다. 대중에 영합하는 이 정책은 가난한 사람들에게 ~~장기간의~~(→ 단기간의) 안도를 주었지만 결국에는 의도치 못한 부작용을 일으켰다. 터무니없게 높은 임금과 다양한 제품에 부과된 극도로 낮은 가격 때문에 기업체들은 이윤을 낼 수 없어서 생산을 줄이거나 멈추었다. 그 결과 생필품의 품귀가 전국적인 현상이 되었고 국민들이 일용 필수품을 사기 위해 몇 시간 동안 줄을 서게 만들었다.

따라서 국민들의 마음을 얻기 위해 독재자들이 애초에 채택한 대중에 영합하는 정책은 결국 베네수엘라의 경제를 망쳤는데, (이것은) 가난한 사람들을 전보다 훨씬 더 비참하게 만들었다. 이제 그들은 대중에 영합하는 정부를 20년 이상 겪었기 때문에, 베네수엘라 사람들은 "공짜 점심과 같은 것은 없다"는 것을 깨달았다.

지문 풀이

Venezuela Facing a Deep Economic Crisis /
심각한 경제 위기에 직면한 베네수엘라 /

Venezuela was once the richest country / in Latin America. / It has the largest known oil reserves in the
베네수엘라는 한 때 가장 부유한 국가였다 / 라틴 아메리카에서 / 그 나라는 세계에서 가장 크다고 알려진 석유 매장량을 갖고 있다 /

world. / But Venezuela's economy has totally collapsed. / Many people are suffering from starvation and
그러나 베네수엘라의 경제는 완전히 붕괴되었다 /　　　　많은 사람들이 기아와 생필품의 부족으로 고통을 겪고 있다 /

shortage of basic goods / like toilet paper, milk, flour, etc. / What exactly is behind this crisis / rocking
화장지, 우유, 밀가루 등등과 같은 /　　　　　이 위기 뒤에는 정확하게 무엇이 있는가 /　　　　베네수엘라를

Venezuela? /
흔드는? /

Economic experts attribute this situation / to the excessive government intervention in the economy /
경제 전문가들은 이 상황의 탓을 돌린다 /　　　　경제에 대한 지나친 정부 간섭으로 /

by dictators Hugo Chavez and Nicolas Maduro. / Over the past 20 years, / the Venezuelan government /
독재자 Hugo Chavez와 Nicolas Maduro에 의한 /　　지난 20년에 걸쳐 /　　베네수엘라 정부는 /

❶ **led by the two dictators** / arbitrarily increased minimum wages / and set unrealistically low prices on all
두 독재자가 이끈 /　　제멋대로 최저 임금을 올렸다 /　　그리고 모든 제품에 비현실적으로 낮은 가격을 매겼다 /

products / ❷ **to win** the people's votes. / This populist policy provided short-term relief to the poor, /
국민들의 표를 얻기 위해 /　　대중에 영합하는 이 정책은 가난한 사람들에게 단기간의 안도를 주었다 /

but eventually caused an unintended side effect. / Due to the unreasonably high wages and extremely low
하지만 결국에는 의도치 못한 부작용을 일으켰다 /　　터무니없게 높은 임금과 극도로 낮은 가격 때문에 /

prices / imposed on various products, / businesses could not make a profit, / so they reduced or halted their
　　다양한 제품에 부과된 /　　기업체들은 이윤을 낼 수 없었다 /　　그래서 그들은 생산을 줄이거나 멈추었다 /

production. / As a result, / scarcity of basic goods became a nationwide phenomenon, / ❸ **forcing** people to
그 결과 /　　생필품의 품귀가 전국적인 현상이 되었다 /　　그리고 그것은 국민들이 몇

stand in line for hours / to buy daily necessities. /
시간 동안 줄을 서게 만들었다 /　　일용 필수품을 사기 위해 /

Thus, the populist policy / ❹ **that** the dictators initially adopted / in order to win the people's hearts / ended
따라서 대중에 영합하는 정책은 /　　독재자들이 애초에 채택한 /　　국민들의 마음을 얻기 위해 /　　결국

up destroying the Venezuelan economy, / making the poor even more miserable than before. / Now that they
베네수엘라의 경제를 망치게 되었다 /　　가난한 사람들을 전보다 훨씬 더 비참하게 만들면서 /　　그들은 대중에 영합하는

have experienced over 20 years of populist government, / Venezuelans have realized / that "there's no such
정부를 20년 이상 겪었기 때문에 /　　베네수엘라 사람들은 깨달았다 /　　"공짜 점심과 같은 것은 없다"는 것을 /

thing as a free lunch." /

❶ led by the two dictators는 the Venezuelan government를 수식하는 과거분사구이다.

❷ to win the people's votes는 목적을 뜻하는 부사적 용법의 to부정사이다.

❸ = which forced people to stand ~: 계속적 용법의 관계대명사로 바꿔 쓸 수 있다.

❹ 목적격 관계대명사 that이 이끄는 절이 주어 the populist policy를 수식해 주고 있다.
　the populist policy **that** the dictators initially adopted ~

09 욕구가 크면 경제도 커진다

pp. 32~33

문제 정답 | 1 ① 2 ② 3 ⑤

문제 해설

1 사람들이 원하는 것이 많을 때 다양한 경제 활동을 하게 된다는 내용의 글이므로, (A)에는 '북돋우는 것(boosting)'이, (B)에는 '욕구(desires)'가 가장 적절하다.

어떤 집단의 경제 활동을 (A) 북돋우는 것은 그 집단의 (B) 욕구에 달려 있다.

② 북돋우는 것 – 책임

③ 계획하는 것 – 욕구

④ 다양화하는 것 – 책임

⑤ 다양화하는 것 – 경험

2 국민들의 욕구에 따라 경제 활동이 달라진다는 내용이므로 ② '원하는 것: 모든 경제 활동의 기본'이 글의 제목으로 가장 적절하다.

① 전 세계 경제 활동의 지표들

③ 왜 부자들은 더 부자가 되고, 가난한 사람들은 더 가난해지는가?

④ 원하는 것과 필요로 하는 것의 차이 이해하기

⑤ 경제학의 원리들: 인간의 욕구의 충족

3 사람들이 원하는 것이 많아야 경제 활동을 더 하게 되고, 경제 활동을 더 해야 부유한 나라가 될 수 있는 반면, 인도를 비롯한 어떤 나라의 국민들은 가진 것에 만족하기 때문에 경제 발전이 어렵다는 흐름이 되어야 하므로, ⓔ unsatisfied (불만족한)는 satisfied(만족한)가 되어야 한다.

본문 해석

원하는 것이 더 적은 공동체는 경제적 유대 관계가 많이 없고, 경제 문헌에서 낙후된 것으로 여겨진다. 여러 다양한 욕구는 경제 활동의 증가로 이어져서, 더 큰 경제적인 번영을 촉진한다. 따라서 경제 활동의 주된 목적은 인간의 욕구의 충족이라고 말할 수 있다. 원시 공동체에서처럼, 욕구가 비교적 거의 없는 곳에서는 경제 활동이 식량과 의복처럼 사람의 기본적 욕구를 충족시키는 데 요구되는 것들로 제한될 것이다. 고도로 발달한 사회에서는 경제 활동이 대단히 높은 수준이어서 사람들의 그 많고 다양한 욕구를 반영할 것이다. 인도와 같은 나라들이 수 세기 동안 여전히 가난한 한 가지 근본적인 이유는 자신들이 가지고 있는 얼마 안 되는 전부에 불만족하고(→ 만족하고) 너무 많은 세속적인 것들을 얻으려고 지나치게 욕심부리지 않으려는 그 나라 사람들의 성향 때문일 수 있다.

지문 풀이

A community with fewer wants / does not have many economic ties / and is considered backward /
원하는 것이 더 적은 공동체는 /   경제적 유대 관계가 많이 없다 /   그리고 낙후된 것으로 여겨진다 /

in economic literature. / Multiple and diverse wants lead to increasing economic activities, / ❶ **promoting**
경제 문헌에서 /   여러 다양한 욕구는 경제 활동의 증가로 이어진다 /   더 큰 경제적인

greater economic prosperity. / Therefore, ❷ **it** can be said / **that** the main purpose of economic activity is the
번영을 촉진하면서 / 따라서 ~은 말해질 수 있다 / 경제 활동의 주된 목적은 인간의 욕구의 충족이라고 /

satisfaction of human wants. / Where wants are relatively few, / as in a primitive community, / economic
욕구가 비교적 거의 없는 곳에서 / 원시 공동체에서처럼 / 경제 활동들은

activities will be restricted / to those needed to fulfill man's basic needs / such as food and clothing. / In a
제한될 것이다 / 사람의 기본적 욕구를 충족시키는 데 요구되는 것들로 / 식량과 의복처럼 / 고도로

highly developed society, / economic activity will be of a very high order, / reflecting the many and varied
발달한 사회에서는 / 경제 활동이 대단히 높은 수준일 것이다 / 사람들의 그 많고 다양한 욕구를 반영하면서 /

wants of the population. / ❸ **One basic reason** / **why countries such as India have remained poor for many**
한 가지 근본적인 이유는 / 인도와 같은 나라들이 수 세기 동안 여전히 가난한 /

centuries / could be the tendencies of their people / to be satisfied with ❹ **what little they have** / and ❺ **not**
그 나라 사람들의 성향 때문일 수 있다 / 자신들이 가지고 있는 얼마 안 되는 전부에 만족하는 / 그리고 지나치게

overreach themselves / to acquire too many worldly things. /
욕심부리지 않으려는 / 너무 많은 세속적인 것들을 얻으려고 /

❶ promoting은 and promote로 바꾸어 쓸 수 있다.

❷ it can be said that the main purpose of economic activity is the satisfaction of human wants.
　가주어　　　　　　　　　　진주어 (주어가 너무 길어 뒤로 보낸 경우)

❸ One basic reason why countries such as India have remained poor for many centuries
　　　　　　　　　　　　　 관계부사 why가 이끄는 절이 One basic reason을 수식함

❹ what little they have = all the little they have: 그들이 가진 얼마 안되는 전부
　ex. She gave what money she had to the homeless man.
　　　 = She gave all the money she had to the homeless man.

❺ to부정사의 부정은 not이나 never를 to 앞이나 뒤에 넣을 수 있다. 여기서는 overreach 앞에 not을 넣어 부정형이 되었다.

10　항생제, 복용해도 될까?　　　　　　　　　　　　　　　pp. 34~35

문제 정답 | 1 ①　　2 ②　　3 ④

문제 해설

1 토양에 살충제를 뿌렸을 때 이로운 미생물들을 대량으로 살상하여 더 큰 문제를 유발하듯이, 항생제 치료 역시 우리 장 속의 이로운 미생물들에게 의도하지 않은 손상을 주어서 신체에 문제를 일으킬 수 있다는 내용이므로, 빈칸에는 ① '무질서'가 적절하다.
② 경쟁　　③ 보존, 보호　　④ 향상　　⑤ 차별, 구별

2 살충제와 항생제는 작은 문제점을 제거하는 데 쓰이지만 결국 더 큰 문제를 일으킨다는 내용이므로, 이 글의 내용을 가장 잘 반영한 속담은 ② '쥐를 죽이려고 헛간을 태우지 마라.(빈대 잡으려다 초가삼간 태운다.)'이다.
① 그것은 위장된 축복이다. (얼핏 보면 불행처럼 보이지만 실제로는 행운을 가져다주는 사건)
③ 모든 계란을 한 바구니에 담지 마라. (한 가지 사업에만 돈을 쏟아 붓지 말고, 몇 가지 사업에 분산 투자하라.)
④ 먹은 케익은 더 이상 가질 수 없다. (한번 사용하면 그것을 소유하는 행복을 더 이상 다시 누릴 수가 없다.)
⑤ 두더지가 파놓은 흙두둑을 산으로 만들지 마라. (침소봉대하지 마라, 과장하지 마라.)

3 7~10행에서 살충제는 땅속의 이로운 미생물들을 손상시킨다는 점이 언급되고, 11~16행에서 유사한 문제점으로 항생제가 장(gut) 속의 이로운 미생물들을 손상시킨다는 내용이 나오므로 ④가 적절하다.

<본문 해석> 농부들은 곤충의 공격을 예방하기 위해서 살충제를 뿌린다. 그러나 그들은 장기적인 결과에 대해서 곰곰이 생각하지는 않는다. 많은 사람들에게 알려져 있지는 않지만 땅속에는 거대한 미생물 공동체(군집)가 존재하는데, 그 안에는 수많은 박테리아, 바이러스, 곰팡이가 살고 있다. 그들은 생태계를 유지시키는 데 매우 중요한 역할을 한다. 그들은 산소를 생산하고 죽은 식물과 동물을 분해한다. 이 과정은 식물들과 동물들에게 필수적인 영양분을 공급한다. 그 살충제들은 몇 마리의 해충들을 죽일 수는 있을지 모르지만 그들은 또한 땅속에 사는 이로운 미생물들을 죽이는 결과를 낳게 되는데, 이것은 죽은 동식물들을 분해하는 흙의 능력을 크게 약화시킨다.

비슷한 문제가 거대한 미생물 공동체들이 존재하는 인간의 장에서도 발생한다. 이 미생물들은 우리가 음식을 소화하는 것을 돕고, 우리들을 위험한 외부의 미생물들로부터 보호해준다. 만약 당신이 질병을 일으키는 박테리아를 제거하기 위하여 항생제를 복용한다면 초기에는 그것이 '효과가 있는' 것처럼 보일지 모른다. 그러나 이것은 미생물 공동체에 의도하지 않은 손상을 줄 수 있다. 대부분의 항생제들은 이로운 미생물과 해로운 미생물의 차이를 구분하지 못한다. 그것은 그 약(항생제)이 유해균을 없애는 동시에 장 속의 유익균을 죽인다는 것을 의미한다. 그 결과 당신은 훨씬 더 아픈 상태가 될 것이다.

보다시피, 미생물을 죽이는 것은, 땅속에서든 장 속에서든, 일시적인 해결책을 제공할지 모르지만 결국에는 사실 문제를 더 악화시킬 것이다. 이처럼, 통제하고 질서를 세우려는 노력이 더 많은 <u>무질서</u>를 초래하는 결과를 낳는다.

<지문 풀이>

Farmers use pesticides to prevent insect attacks. / However, they don't ❶ **pause to think** about the long-term
농부들은 곤충의 공격을 예방하기 위해서 살충제를 뿌린다 / 그러나 그들은 장기적인 결과에 대해서 곰곰이 생각하지는 않는다 /

consequences. / ❷ **Unknown to many**, / there is a giant microbial community in the soil / where an endless
많은 사람들에게 알려져 있지는 않지만 / 땅속에는 거대한 미생물 공동체(군집)가 존재한다 / 그 안에는 수많은 박테리아,

number of bacteria, viruses and fungi are living. / They play vital roles in maintaining the ecosystem; / they
바이러스, 곰팡이 등이 살고 있다 / 그들은 생태계를 유지시키는 데 매우 중요한 역할을 한다 / 그들은

produce oxygen / and break down dead plants and animals. / This process provides necessary nutrients /
산소를 생산한다 / 그리고 죽은 식물과 동물을 분해한다 / 이 과정은 필수적인 영양분을 공급한다 /

for plants and animals. / The pesticides may destroy a few bugs, / but they will also end up killing beneficial
식물들과 동물들에게 / 그 살충제들은 몇 마리의 해충들을 죽일 수는 있을지 모른다 / 그러나 그들은 또한 이로운 미생물들을 죽이는 결과를 낳을 것이다 /

microbes / living in the soil, / ❸ **which** drastically compromises the soil's ability / to decompose dead animals
땅속에 사는 / 이것은 흙의 능력을 크게 약화시킨다 / 죽은 동식물들을 분해하는 /

and plants. /

A similar problem happens in the human gut, / where large communities of microbes exist. / These microbes
비슷한 문제가 인간의 장에서도 발생한다 / 그곳에서는 거대한 미생물 공동체들이 존재한다 / 이 미생물들은 우리가

❹ **help us digest** food / and **protect** us from dangerous external microbes. / If you take antibiotics / to get rid
음식을 소화하는 것을 돕는다 / 그리고 우리들을 위험한 외부의 미생물들로부터 보호해준다 / 만약 당신이 항생제를 복용한다면 / 질병을 일으키는

of disease-causing bacteria, / they seem to "work" in the beginning. / However, this can do unintentional
박테리아를 제거하기 위하여 / 그것들은 초기에는 '효과가 있는' 것처럼 보일지 모른다 / 그러나 이것은 의도하지 않은 손상을 줄 수 있다 /

damage / to the microbial community. / Most antibiotics can't tell the difference / between good and bad
미생물 공동체에 / 대부분의 항생제들은 차이를 구분하지 못한다 / 이로운 미생물과 해로운 미생물 사이의 /

microbes. / That means the medicine kills helpful bacteria in your gut / while it's destroying the harmful
그것은 그 약(항생제)이 장 속의 유익균을 죽인다는 것을 의미한다 / 그것이 유해균을 없애는 동시에 /

❺ **ones**. / As a result, / you find yourself getting even sicker. /
그 결과 / 당신은 전보다 훨씬 더 심하게 아픈 상태가 될 것이다 /

As you can see, / destroying the microbes, / whether in the soil or the gut, / may provide temporary
보다시피 / 미생물을 죽이는 것은 / 땅속에서든 장 속에서든 / 일시적인 해결책을 제공할지 모른다 /

solutions / but in the long run / it will actually make the problems worse. / Thus, the drive to control and
하지만 결국에는 / 그것은 사실 문제를 더 악화시킬 것이다 / 이처럼, 통제하고 질서를 세우려는 노력이 /

create order / ends up leading to more disorder. /
더 많은 무질서를 초래하는 결과를 낳는다 /

❶ pause to think (곰곰이 생각하다) = stop to think
cf. stop thinking은 "생각하기를 멈추다"의 뜻이므로 혼동하지 말 것.

❷ Unknown to many, there is a giant microbial community
└─────────────────────┘ 문장 전체를 수식하는 분사구문

❸ which는 앞의 절 전체(they will also end up killing beneficial microbes living in the soil)를 선행사로 하는 관계대명사
계속적 용법이 쓰여, 추가적인 정보를 제공하고 있다.

❹ 「help + 목적어 + (to) 동사원형」은 '~가 …하는 것을 돕다'의 의미를 나타내며, 목적격 보어로 동사원형과 to부정사를 모두 쓸 수 있다.
이 문장에서 동사 digest와 protect가 and로 병렬 연결되어 있다.

❺ ones = bacteria

끝이 좋으면 모든 것이 좋다

문제 정답 | **1** ① **2** ⑤ **3** as the first noise **4** peak

문제 해설

1 불쾌함이 2배나 오래 지속되었던 두 번째 소음을 대다수의 사람들이 다시 듣기로 선택했으므로 소음의 '길이'는 영향을 주지 못했다는 것을 알 수 있다. 또한 두 번째 소음의 '끝부분'이 덜 불쾌해서 첫 번째 소음보다 덜 짜증나는 것으로 기억되었다는 내용이 있으므로, 빈칸 (A)에는 length가 (B)에는 end가 들어가는 것이 적절하다.
그 실험에 따르면, 어느 소음을 다시 들을 지에 관한 피실험자들의 결정에 영향을 준 것은 소음의 (A) 길이가 아니라, 그들이 (B) 마지막에 느낀 감정이었다.
② 시끄러움 – 마지막   ③ 길이 – 최고조   ④ 시끄러움 – 시작   ⑤ 불쾌함 – 최고조

2 주어진 문장에 Nevertheless가 있으므로 이 문장 앞에는 대다수의 사람들이 그 소음을 선택하지 않을 만한 부정적인 내용이 있다는 것을 추론할 수 있으며, ⓔ 앞의 the second noise was worse가 부정적인 내용에 해당하므로 주어진 문장은 ⓔ에 들어가는 것이 가장 적절하다.

3 not as loud 다음에는 반복을 피하기 위해 as the first noise가 생략되었고, as long 다음에도 반복을 피하기 위해 as the first noise가 생략되었다. 「as ~ as …」는 '…만큼 ~한'이라는 뜻의 원급 비교이다.

4 peak: 절정, 정점; 최고[최대]인
• 교통량은 아침 8시부터 9시 사이에 그것의 절정에 이른다.
• 그 선수들은 모두 최고의 상태에 있다.

본문 해석 한 실험실 연구에서 참가자들은 헤드폰을 통해 나오는 두 가지의 아주 크고 불쾌한 소음을 듣도록 요구받았다. 한 소음은 8초간 지속되었다. 다른 소음은 16초간 지속되었다. 두 번째 소음의 첫 8초는 첫 번째 소음과 동일한 반면에 (두 번째 소음의) 나머지 8초는 여전히 크고 불쾌하지만 (첫 번째 소음만큼) 큰 소리는 아니었다. 나중에, 참가자들은 그 소음들 중 하나를 다시 들어야 하되, 어떤 것을 들을지는 선택할 수 있다는 말을 들었다. 확실히 두

번째 소음이 더 나빴는데, 불쾌함이 2배나 오래 지속되었기 때문이다. 그럼에도 불구하고, 압도적인 대다수의 사람들이 두 번째 소음을 다시 듣기로 선택하였다. 왜 그럴까? 두 가지 소음이 모두 불쾌하고 똑같이 싫어하는 피크(최고조 부분)가 있었던 반면에 두 번째 소음의 끝부분이 덜 불쾌해서 첫 번째보다 덜 짜증나는 것으로 기억되었기 때문이다.

Big Issue

12 세상을 바꾸는 전염병

pp.38~39

문제 정답 | 1 ② 2 ⑤ 3 aftermath

문제 해설

1 종교적인 신앙심의 급격한 감소와 많은 예술가들이 파리로 이사를 가서 파리가 예술의 도시가 된 것은 사회적 변화의 예시이므로 빈칸에는 ② '사회적 변화'가 가장 적절하다.
① 정치적 개혁   ③ 문화적 인식   ④ 기술적 혁신   ⑤ 경제적 변화

2 (A) 14세기에 흑사병이 발생했을 때, 교회가 사람들을 구할 수 없었던 상황으로 종교적 신앙심이 '감소(decline)'했다는 것이 적절하다.

(B) 국가들과 사람들 사이의 상호작용을 제한하는 것은 세계화와 도시화의 추세를 '뒤바꿀(reverse)' 것이라는 의미가 적절하다.

(C) 국제적이거나 도시에 관한 모든 것은 전 세계적으로 유행하는 질병의 확산을 '증가시킬(increase)' 것이라는 의미가 적절하다.

3 aftermath: (전쟁·사고 등의) 여파, 후유증
- 전쟁의 <u>여파</u>로 많은 재건축이 실시되었다.
- 당국은 최소 626명의 목숨을 앗아간 홍수와 산사태의 <u>여파</u>를 처리하고자 분투하고 있다.

전 세계적 질병들

역병이 급진적인 <u>사회적 변화</u>를 야기한다는 것을 역사는 보여준다. 14세기의 흑사병은 교회가 사람들을 구할 수 없었기 때문에 종교적인 신앙심의 급격한 감소의 원인이 되었다. 19세기 동안에 파리에서의 장티푸스 발생은 사람들이 하수도 체계를 만듦으로써 그 질병의 전파를 막게 했다. 많은 예술가들이 파리가 안전하다고 생각했기 때문에 파리로 이사를 갔고 파리는 예술의 도시가 되었다.

그렇다면 코로나바이러스의 여파로 어떤 변화가 일어날 수 있을까? 지난 40년 동안 세계화와 도시화는 세계에서 가장 강력한 추진 요인 중 두 개였다. COVID-19는 국제적인 것이나 도시에 관한 것은 모두 전 세계적으로 유행하는 질병의 확산을 <u>증가</u>시키기만 할 것이기 때문에 국가들과 사람들 사이의 상호작용을 제한하면서 이 추세 둘 다를 <u>뒤</u>바꿀 것이다.

지문 풀이

Pandemic Diseases /
전 세계적 질병들 /

History shows / that plagues bring about radical societal change. / The Black Death in the 14th century
역사는 보여준다 / 역병이 급진적인 사회적 변화를 야기한다는 것을 / 14세기의 흑사병은 원인이 되었다 /

contributed / to a drastic decline in religious faith / because the church could not save people. / The typhoid
종교적인 신앙심의 급격한 감소에 / 교회가 사람들을 구할 수 없었기 때문에 / 파리에서의 장티푸스

fever outbreak in Paris / during the 19th century / ❶ led people to prevent the spread of the disease /
발생은 / 19세기 동안에 / 사람들이 그 질병의 전파를 막게 했다 /

by building a sewer system. / Many artists moved to Paris / because they thought / it was safe there, /
하수도 체계를 만듦으로써 / 많은 예술가들이 파리로 이사를 갔다 / 왜냐하면 그들은 생각했기 때문이다 / 그곳이 안전하다고 /

and Paris became the city of arts. /
그리고 파리는 예술의 도시가 되었다 /

So what changes could happen / in the aftermath of the coronavirus? / For the past four decades, /
그렇다면 어떤 변화가 일어날 수 있을까 / 코로나바이러스의 여파로? / 지난 40년 동안 /

globalization and urbanization have been two of the world's most powerful drivers. / COVID-19 will reverse
세계화와 도시화는 세계에서 가장 강력한 추진 요인 중 두 개였다 / COVID-19는 이 추세

both of these trends, / ❷ limiting the interaction between countries and people / ❸ since all things
둘 다를 뒤바꿀 것이다 / 국가들과 사람들 사이의 상호작용을 제한하면서 / 국제적이거나 도시에 관한

international or urban will only increase the spread of the pandemic disease. /
모든 것은 전 세계적으로 유행하는 질병의 확산을 증가시키기만 할 것이기 때문에 /

---

❶ lead의 과거형 led는 '이끌었다'의 뜻이 아니라 '~하게 만들었다'의 뜻으로 쓰였다.
ex. The evidence **leads** me to believe[=makes me believe] that this disease is curable.
그 증거는 이 질병이 치료될 수 있다고 내가 믿게 만든다.

❷ limiting은 부대상황을 나타내는 분사구문으로 and will limit으로 바꾸어 쓸 수 있다.

❸ since는 이유를 나타내는 접속사로 '~때문에'의 의미이다.

Unit 04

13 말실수로 교수형을 당하다

문제 정답 | **1** ①   **2** ③   **3** Kondraty Ryleyev가 교수형에 처해졌지만 밧줄이 끊어져 죽지 않은 것   **4** sentence

문제 해설

1 the contrary(정반대)는 6~7행의 '러시아에서는 밧줄 만드는 법조차 알지 못한다'는 말의 반대를 뜻하므로, 밑줄 친 부분은 러시아가 밧줄을 만드는 법을 잘 알고 있다는 것을 증명하자는 의미이다. 따라서 ① '(밧줄을 제대로 만들어) 그를 다시 한 번 교수형에 처하라'가 가장 적절하다.
② 이번에는 그의 목숨을 살려두어라
③ 그를 외국으로 보내라
④ 그 밧줄을 만든 사람을 사형시켜라
⑤ 앞으로는 더 좋은 밧줄을 만들어라

2 교수형이 선고된 Kondraty Ryleyev가 자신의 목에 매인 밧줄이 끊어지자 감사하기는 커녕 "러시아에서는 그들은 어떤 것도 제대로 하는 법, 심지어 밧줄을 만드는 법조차 알지 못하네."라고 말했다가 다시 교수형에 처해졌으므로 빈칸에 들어갈 말로는 말실수와 연관되는 ③ '혀'가 가장 적절하다.
① 손가락   ② 코   ④ 심장   ⑤ 어깨

3 전달자가 교수형이 실패했다는 소식을 즉시 Nicholas 황제에게 전했다고 했으므로, this miracle은 Kondraty Ryleyev가 교수형에 처해졌지만 밧줄이 끊어져 죽지 않은 것을 의미한다.

4 sentence: (형을) 선고하다; 형벌, 형; 문장
누군가가 특정 형벌을 받을 것이라고 법정에서 공식적으로 말하다

본문 해석 나는 거의 우리 모두가 우리의 혀로 인해 곤란을 겪은 적이 있다고 말할 수 있다고 생각한다. 때때로 그것은 우리의 목숨도 잃게 할 수 있다. 그런 사례가 Kondraty Ryleyev(콘드라티 릴리예브)에게 일어났는데, 그는 1825년 12월에 러시아 황제 Nicholas(니콜라스) 1세에 대항하는 성공하지 못한 폭동에 관여한 것으로 교수형을 선고받았다. 그러나 Ryleyev에게 교수형이 처해지고 있을 때, 그 밧줄이 끊어졌다. 그는 땅으로 떨어졌고, 멍들고 구타를 당한 채로 일어나 말했다. "러시아에서 그들은 어떤 것도 제대로 하는 법, 심지어 밧줄을 만드는 법조차 알지 못하네." 러시아의 관습에 따르면 이런 종류의 사고는 하늘의 뜻의 징후라고 여겨졌고, 그 사람은 보통 사면되었다. 전달자는 실패한 교수형에 대한 소식을 가지고 즉시 Nicholas 1세에게 갔다. Nicholas 1세는 이 실망스러운 소식에 기분이 상했지만 사면장에 서명을 막 하려는 참이었다. 그러나 그 때 황제는 "Ryleyev가 이 기적이 일어난 후에 무엇인가 말을 했느냐?"하고 전달자에게 물었다. "폐하, 그가 러시아에서는 밧줄 만드는 법조차 알지 못한다고 말했습니다."라고 전달자가 대답했다. 황제는 "그렇다면 정반대를 증명하자(밧줄을 제대로 만들어 사형을 다시 집행하자)."고 말하고 사면장을 찢어버렸다.

지문 풀이

I think almost all of us can say / we have had trouble with our tongues. / Sometimes it could cost our
나는 거의 우리 모두가 말할 수 있다고 생각한다 / 우리의 혀로 인해 곤란을 겪은 적이 있다고 / 때때로 그것은 우리의 목숨도 잃게 할 수 있다 /

20 | **READER'S BANK**

lives. / Such a case happened to Kondraty Ryleyev, / who was sentenced ❶ **to be hanged** / for his part in an
그런 사례가 Kondraty Ryleyev에게 일어났다 / 그는 교수형을 선고받았다 / 실패한 폭동에 관여한 것으로 /

unsuccessful uprising / against the Russian Czar Nicholas I / in December 1825. / But the rope broke / as
러시아 황제 Nicholas 1세에 대항하는 / 1825년 12월에 / 그러나 그 밧줄이 끊어졌다 /

Ryleyev was being hanged. / He fell to the ground, got up, bruised and battered, and said, / "In Russia, they
Ryleyev에게 교수형이 처해지고 있을 때 / 그는 땅으로 떨어졌고, 일어나 멍들고 구타를 당한 채로 말했다 / 러시아에서는

do not know / ❷ **how to do anything properly, not even how to make a rope.**" /
그들은 알지 못하네 / 어떤 것도 제대로 하는 법, 심지어 밧줄을 만드는 법조차 /

According to the Russian custom, / an accident of this sort was considered a sign of heavenly will, / and the
러시아의 관습에 따르면 / 이런 종류의 사고는 하늘의 뜻의 징후라고 여겨졌다 / 그리고 그

man was usually pardoned. / A messenger immediately went to Nicholas I / with news of the failed
사람은 보통 사면되었다 / 전달자는 즉시 Nicholas 1세에게 갔다 / 실패한 교수형에 대한 소식을 가지고 /

hanging. / Though Nicholas I was upset / by this disappointing news, / he was about to sign the pardon. / But
Nicholas 1세는 기분이 상했지만 / 이 실망스러운 소식에 / 그는 사면장에 서명을 막 하려는 참이었다 / 그러나

then the Czar asked the messenger, / "Did Ryleyev say anything / after this miracle?" / "Sire," the messenger
그때 황제는 전달자에게 물었다 / Ryleyev가 무엇인가 말을 했느냐 / 이 기적이 일어난 후에? / "폐하", 전달자가 대답했다 /

replied, / "he said that in Russia they don't even know how to make a rope." / "In that case," said the Czar,
"그가 러시아에서는 밧줄 만드는 법조차 알지 못한다고 말했습니다" / 황제는 "그렇다면 정반대를 증명하자"라고 말했다 /

❸ **"let us prove** the contrary," / and he tore up the pardon. /
그리고 그는 사면장을 찢어버렸다 /

---

❶ Kondraty Ryleyev가 교수형을 당하는 것이므로 to부정사의 수동태 to be hanged가 쓰였다.
   ex. 40 people were reported **to have been killed.** 40명의 사람들이 살해되었다고 보도되었다.

❷ not ~ a rope 앞에 콤마가 사용되어 how to do anything properly를 부연설명하고 있다.

❸ let (사역동사) + 목적어 + 목적격 보어 (동사원형): ~가 …하게 하다

문제 정답 | **1** ①   **2** ②   **3** ⑤   **4** inspiration

문제 해설   **1** 금(gold)은 앞 문장에서 언급하는 '역사에 남는 아이디어' 즉 좋은 아이디어를 의미하며, 쓰레기(garbage)는 '연기처럼
사라지는 아이디어', 즉 실수를 비유한 것이므로 ① '좋은 아이디어를 생각해 내기 위해 실수를 하다'가 가장 적절하다.
② 성공하기 위해서 많은 인내심을 가지다
③ 실수를 줄이기 위해 과거의 실수를 이용하다
④ 역사에 남기 위해 많은 실패를 겪다
⑤ 많은 돈을 벌기 위해 새로운 사고를 하다

   2 빈칸 뒤에 이어지는 문장에서 실수는 헛되지 않고, 나쁜 아이디어를 먼저 생각해 내지 않고서는 좋은 아이디어를 생각해
내기 어렵다는 내용이 있으므로, 우리는 실수가 '나쁘다'고 배워왔지만, 항상 그렇지 않은 것임을 알 수 있다. 따라서
빈칸에는 ② '나쁜'이 가장 적절하다.
① 위험한   ③ 자연스러운   ④ 흔한   ⑤ (잘못된 정보로) 오도하는

3 주어진 문장의 That은 아이디어를 내는 데 걸림돌이 되는 요소를 지칭하므로, 주어진 문장의 앞에 부정적인 내용이 옴을 알 수 있다. ⓔ 앞에서 실수하는 것을 매우 두려워한다는 내용이 나오므로 주어진 문장인 '그것이 우리가 아이디어를 생각해 내려고 애를 쓸 때 커다란 정신적 장애물이 된다'는 ⓔ에 들어가는 것이 가장 적절하다.

4 inspiration: 영감; 영감을 주는 것[사람]
- 꿈은 예술가에게 풍부한 <u>영감</u>의 원천이 될 수 있다.
- 화가들은 종종 그들의 <u>영감</u>을 자연에서 얻는다.

본문 해석

우리는 보통 실수는 <u>나쁘</u>다고 배우며, 실수는 그렇긴 하지만 항상 그런 것은 아니다. 정말로 나쁜 여러 다른 아이디어들을 먼저 생각해 내지 않고서 좋은 아이디어를 생각해 내는 것은 어렵기 때문에 우리가 아이디어를 생각해 내야 할 때 실수들은 헛되지 않다. 그래서 실수들은 정말로 창의성을 위한 씨앗이며, 그것이 디즈니의 최고 경영자인 Michael Eisner(마이클 아이스너)가 정말로 완전히 실패하는 영화, 텔레비전 쇼 그리고 연극을 갖는 것이 괜찮다고 말하는 이유인데, 그것이 그가 대형 인기 작품을 얻을 유일한 방법이기 때문이다. 자신이 만든 영화 *M*A*S*H*로 오스카상을 받은 영화 제작자 Robert Altman(로버트 알트만)은 M*I*S*T*A*K*E*S (실수들)가 때때로 결국 우리에게 최고의 영감을 준다고 말한다. 우리들 중 많은 사람들은 우리가 실수를 하지 "않도록" 어려서부터 교육받기 때문에 실수하는 것에 큰 두려움을 가지고 있다. <u>그것은 우리가 아이디어를 생각해 내려고 애를 쓸 때 커다란 정신적인 장애물이 된다.</u> 따라서 당신이 역사에 남는 아이디어를 원한다면, 연기처럼 사라지는 훨씬 더 많은 아이디어를 만들어라. 당신은 결국 <u>금을 갖기 위해서 먼저 쓰레기를 만들</u>어내야 한다.

지문 풀이

We're usually taught that / mistakes are ❶ **bad**, / and they are, / but not all the time. / When we need to
우리는 보통 배운다 / 실수는 나쁘다고 / 그리고 그것들(실수들)은 그렇다 / 하지만 항상 그런 것은 아니다 / 우리가 아이디어를 생각해 내야

come up with ideas, / mistakes are not wasted, / because ❷ it's hard **to come up with a great idea** / without
할 때 / 실수들은 헛되지 않다 / 왜냐하면 좋은 아이디어를 생각해 내는 것은 어렵기 때문이다 / 여러 다른

first coming up with a lot of other ideas / that are really bad. / So mistakes are really the seeds for
아이디어들을 먼저 생각해 내지 않고서 / 정말로 나쁜 / 그래서 실수들은 정말로 창의성을 위한 씨앗이다 /

creativity, / and that's why Disney CEO Michael Eisner says / ❸ it's okay **to have films, TV shows, and**
그리고 그것이 디즈니의 최고 경영자인 Michael Eisner가 말하는 이유이다 / 영화, 텔레비전 쇼 그리고 연극을 갖는 것이 괜찮다고 /

plays / that really fail completely, / because it's the only ❹ **way** / he'll get big hits. / Filmmaker Robert
정말로 완전히 실패하는 / 왜냐하면 그것이 유일한 방법이기 때문이다 / 그가 대형 인기 작품을 얻을 / 영화 제작자 Robert Altman은 /

Altman, / who won an Oscar for his movie *M*A*S*H*, / says M*I*S*T*A*K*E*S sometimes end up giving us the
자신이 만든 영화 *M*A*S*H*로 오스카상을 받은 / M*I*S*T*A*K*E*S(실수들)가 때때로 결국 우리에게 최고의 영감을 준다고 말한다 /

best inspiration. / Many of us have a big fear of making mistakes / because we're taught from a young age /
우리들 중 많은 사람들은 실수하는 것에 큰 두려움을 가지고 있다 / 우리가 어려서부터 교육받기 때문에 /

NOT to make them. / That becomes a big mental barrier / when we're trying to come up with ideas. / So, if
실수를 하지 "않도록" / 그것은 커다란 정신적인 장애물이 된다 / 우리가 아이디어를 생각해 내려고 애를 쓸 때 / 따라서

you want ❺ **an idea** / **that goes down in history**, / produce ❻ **a lot more** / **that go up in smoke**. / ❼ You've got
당신이 아이디어를 원한다면 / 역사에 남는 / 훨씬 더 많은 (아이디어를) 만들어라 / 연기처럼 사라지는 / 당신은 먼저

to first produce garbage / to end up with gold. /
쓰레기를 만들어야 한다 / 결국 금을 갖기 위해서 /

---

❶ mistakes are **bad**, and they are **(bad)**, but ~ : 반복되는 보어 bad가 생략되었다.

❷, ❸ It's hard to come up with a great idea ~
　가주어　　　진주어 (주어가 너무 길어 뒤로 보낸 경우)

It's okay to have films, TV shows, and plays ~
가주어　　 진주어 (주어가 너무 길어 뒤로 보낸 경우)

❹ way 뒤에 관계부사 that이 생략되었다.

❺. ❻ 주격 관계대명사 that이 이끄는 절이 앞의 명사를 수식하고 있다.

an idea that goes down in history

a lot more (ideas) that go up in smoke

❼ have got to = have to, must (~하지 않으면 안된다, ~해야 한다)

15 진정한 고수의 필요충분조건

pp. 46~47

문제 정답 | **1** ⑤ **2** knowledge, improvise **3** (1) improvise (2) suffer

문제 해설

1 깊이 있는 지식을 습득하지 않고 즉흥적인 연주의 기교만을 보여주는 재즈 연주자의 한계를 언급하는 흐름이므로, 밑줄 친 부분이 의미하는 바로는 ⑤ '확고한 지식에 뿌리를 두지 않은 겉보기에만 창의적인 능력을 보여주고 있는'이 적절하다.

① 자신들의 창의력을 향상하기 위해 필요한 경험을 습득하고 있는

② 탄탄한 음악 지식과 결합된 예술적 재능을 드러내고 있는

③ 자신들의 심층 지식을 보여줌으로써 전문가인 체하고 있는

④ 고학력 청중을 끌어들이기 위해 음악 작품을 공연하고 있는

2 지식을 깊이 있게 축적하고 그것을 기반으로 창의력을 발휘해야 한다는 내용이다. 따라서 빈칸에는 각각 knowledge, improvise가 적절하다.

필자는 인간의 학습은 많은 지식을 저장하는 데이터베이스와 그 데이터베이스로부터 즉흥적으로 사용할 수 있는 능력을 필요로 한다고 생각한다.

3 (1) improvise: 즉흥적으로 하다

준비 없이 그 자리에서 음악, 드라마, 또는 시를 지어 공연하다

(2) suffer: 약화되다

어떤 것에 의해 안 좋은 영향을 받아 더 나빠지다

본문 해석 데이터베이스에 근거한 직감만을, 혹은 즉흥적인 직감만을 다루는 학습 환경은 어떤 것이든 우리 능력의 절반은 무시한다. 그것은 반드시 실패한다. 그것은 내게 재즈 기타리스트가 생각나게 한다. 음악 이론에 관해 많이 알지만, 라이브 콘서트에서 즉흥 연주하는 법을 모른다면, 그들은 성공하지 못할 것이다. 일부 학교와 직장에서는 안정적이고, 기계적으로 암기한 데이터베이스를 강조한다. 그들은 수백만 년 동안 우리에게 주입된 즉흥적인 직감을 무시한다. (그 결과) 창의력이 약화된다. 다른 학교와 직장에서는 애초에 많은 지식을 (머릿속에) 넣지 않고 데이터베이스의 창의적인 사용을 강조한다. 그들은 어떤 주제에 대한 깊은 이해를 얻고자 하는 우리의 필요를 무시하는데, 그것은 풍부하게 구조화된 데이터베이스를 암기하고 저장하는 것을 포함한다. 여러분은 훌륭한 즉흥 연주자이지만 깊이 있는 지식은 없는 사람들을 얻는다. 여러분은 여러분이 일하는 곳에서 이런 누군가를 알지도 모른다. 그들은 재즈 음악가처럼 보이고 즉흥 연주를 하는 것처럼 보일 수도 있지만, 결국 그들은 아무것도 모른다. 그들은 지적으로 기타 연주 흉내를 내고 있는 것이다.

❶ **Any learning environment** / that deals with only the database instincts / or only the improvisatory
어떤 학습 환경이든 / 데이터베이스에 근거한 직감만을 다루는 / 혹은 즉흥적인 직감만을 /

instincts / **ignores** one half of our ability. / It is bound to fail. / It makes me think of jazz guitarists: / They're
우리 능력의 절반은 무시한다 / 그것은 반드시 실패한다 / 그것은 내게 재즈 기타리스트가 생각나게 한다 / 그들은

not going to make it / if they know a lot about music theory / but don't know how to jam / in a live
성공하지 못할 것이다 / 그들이 음악 이론에 관해 많이 안다면 / 하지만 즉흥 연주하는 법을 모른다면 / 라이브

concert. / Some schools and workplaces emphasize / a stable, rote-learned database. / They ignore the
콘서트에서 / 일부 학교와 직장에서는 강조한다 / 안정적이고, 기계적으로 암기한 데이터베이스를 / 그들은 즉흥적인 직감을

improvisatory instincts / ❷ **drilled** into us for millions of years. / Creativity suffers. / Others emphasize creative
무시한다 / 수백만 년 동안 우리에게 주입된 / (그 결과) 창의력이 약화된다 / 다른 학교와 직장에서는 데이터베이스의

usage of a database, / without installing a fund of knowledge / in the first place. / They ignore our need /
창의적인 사용을 강조한다 / 많은 지식을 (머릿속에) 넣지 않고 / 애초에 / 그들은 우리의 필요를 무시한다 /

to obtain a deep understanding of a subject, / ❸ **which** includes memorizing and storing / a richly structured
어떤 주제에 대한 깊은 이해를 얻고자 하는 / 그리고 그것은 암기하고 저장하는 것을 포함한다 / 풍부하게 구조화된 데이터베이스를

database. / You get people / who are great improvisers / but don't have depth of knowledge. / You may know
여러분은 사람들을 얻는다 / 훌륭한 즉흥 연주인 / 하지만 깊이 있는 지식은 없는 / 여러분은 이런 누군가를

someone like this / ❹ **where** you work. / They may look like jazz musicians / and have the appearance of
알지도 모른다 / 여러분이 일하는 곳에서 / 그들은 재즈 음악가처럼 보일 수도 있다 / 그리고 즉흥 연주를 하는 것처럼 보일 (수도 있다) /

jamming, / but in the end they know nothing. / They're playing intellectual air guitar. /
하지만 결국 그들은 아무것도 모른다 / 그들은 지적으로 기타 연주 흉내를 내고 있는 것이다 /

❶ 문장의 주어인 Any learning environment를 that이 이끄는 관계사절이 수식하고 있고, 문장의 동사는 ignores이다.

❷ drilled가 이끄는 과거분사구가 앞에 있는 the improvisatory instincts를 수식하는 구조로, 과거분사는 '~된, ~한'의 수동이나 완료의 뜻을 나타낸다.

❸ which의 선행사는 앞에 있는 to obtain ~ subject이다.

❹ where는 관계부사가 아니라 '~하는(한) 곳에서'의 뜻을 갖는 접속사이다.

16 보호무역주의의 득과 실

pp. 48~49

문제 정답 | 1 ④   2 ②   3 ⑤

문제 해설   **1** 수입 철강에 세금을 부과하는 것이 미국의 철강 산업을 신장시키기도 했지만 자동차 제조사들이 최종 제품의 가격을 올리게 만들어 소비자에게 피해를 주기도 했으므로, 장점과 단점을 모두 지녔다는 의미를 갖는 ④ '양날의 검'이 빈칸에 들어갈 말로 적절하다.
　① 필요악
　② 뜻밖의 좋은 결과
　③ 찻잔 속의 폭풍(하찮은 일에 대해 지나치게 걱정하거나 화내는 것)
　⑤ 절호의 기회

2 8~10행에서 미국 대통령이 모든 수입 철강에 25퍼센트의 관세를 매긴 것이 미국 철강 산업을 신장시켰다고 했으므로 ② '수입 철강에 세금을 부과한 것이 미국의 철강 산업을 침체시켰다'는 글의 내용과 일치하지 않는다.

① 관세는 외국의 경쟁 상대로부터 국내 산업을 보호하기 위해 사용된다. (4~5행 참고)

③ 미국의 철강 산업은 국내 철강의 수요를 충족시키지 못했다. (11~14행 참고)

④ 보호무역주의는 한 국가의 소비자들을 보호하는 가장 좋은 정책은 아니다. (14~16행 참고)

⑤ 보호무역주의는 소비자들을 희생시키며 국내 생산 업체에 이익을 줄 수 있다. (14~16행 참고)

3 유아 산업체들은 외국의 경쟁 상대로부터 보호를 받아야 할 필요가 있다고 했으므로 국제적으로 경쟁을 할 정도가 되어야 한다는 흐름이 자연스럽다. 따라서 ⓔ의 domestically는 internationally로 고쳐야 한다.

본문 해석 **보호무역주의**

보호무역주의는 한 국가가 외국의 수입품에 무거운 세금을 부과하면서 국제 무역으로부터 스스로를 고립시키는 정책이다. 흔히 경제 위기 동안에 보호무역주의에 대한 요구가 있는데, 외국의 경쟁 상대로부터 국내 산업을 보호할 것으로 기대된다. 그러나 실제로 이 정책은 예기치 않은 부작용을 일으킬지도 모른다.

수입 철강에 세금을 부과하는 것을 예로 들어 보자. 2018년 5월에 미국 대통령은 모든 수입 철강에 25퍼센트의 관세를 공표했다. 이 과세 때문에 미국의 회사들은 현지(국내)의 철강을 사야 했는데, 그것은 결과적으로 미국의 철강 산업을 신장시켰다.

그러나 이것은 문제를 야기했다. 국내 산업체들이 철강을 생산했지만 생산량은 이 제품이 해외로부터 들어올 때에 비해 훨씬 더 적어서 현지(국내)의 철강에 대한 더 막대한 수요가 가격을 올렸다. 이것은 자동차 제조사들이 그들의 최종 제품의 가격을 올리게 만들었는데, 이는 결과적으로 소비자들에게 피해를 주었다. 여기서 볼 수 있듯이, 보호무역주의는 양날의 검이다.

일부 경제학자들은 일시적이고 목표가 정해진 보호는 국내적으로(→ 국제적으로) 경쟁할 정도로 자리를 잡을 때까지 외국의 경쟁 상대로부터 보호를 받아야 할 필요가 있는 국내의 '유아 산업체(미숙한 단계에 있는 산업체)'에 도움이 될 수 있다고 주장한다.

지문 풀이

Protectionism /
보호무역주의 /

Protectionism is a policy / ❶ **under which** a country closes itself off / from international trade, / while
보호무역주의는 정책이다 / 한 국가가 스스로를 고립시키는 / 국제 무역으로부터 / 무거운

imposing heavy taxes / on foreign imports. / Often there are calls for protectionism / during economic
세금을 부과하면서 / 외국의 수입품에 / 흔히 보호무역주의에 대한 요구가 있다 / 경제 위기 동안에 /

crises: / the hope is to protect domestic industries / from foreign competition. / However, / in reality, / this
바라는 것은 국내 산업을 보호하는 것이다 / 외국의 경쟁 상대로부터 / 그러나 / 실제로 / 이 정책은

policy may bring about unexpected side effects. /
예기치 않은 부작용을 일으킬지도 모른다 /

Take / imposing taxes on steel imports / as an example. / In May 2018, / the U.S. president announced / a 25%
들어 보자 / 수입 철강에 세금을 부과하는 것을 / 예로 / 2018년 5월에 / 미국 대통령은 공표했다 / 모든 수입

tariff on all steel imports. / Because of this taxation, / U.S. companies had to buy local steel, / ❷ **which**, as a
철강에 25퍼센트의 관세를 / 이 과세 때문에 / 미국의 회사들은 현지(국내)의 철강을 사야 했다 / 그리고 그것은

result, / boosted the U.S. steel industry. /
결과적으로 / 미국의 철강 산업을 신장시켰다 /

However, / this caused a problem. / Though domestic industries produced steel, / the amount of production
그러나 / 이것은 문제를 야기했다 / 국내 산업체들이 철강을 생산했지만 / 생산량은 훨씬 더 적었다 /

was ❸ **much** smaller / compared to ❹ **when** these goods were coming in from abroad / —so the greater
이 제품이 해외로부터 들어올 때에 비해 / 그래서 현지(국내)의 철강에

demand for local steel / pushed up the price. / This forced car makers / to increase the price of their final
대한 더 막대한 수요가 / 가격을 올렸다 / 이것은 자동차 제조사들이 강제로 만들었다 / 그들의 최종 제품의 가격을 올리게 /

products, / which in turn hurt consumers. / As you can see, / protectionism is a double-edged sword. /
그리고 이는 결과적으로 소비자들에게 피해를 주었다 / 여기서 볼 수 있듯이 / 보호무역주의는 양날의 검이다 /

Some economists argue / that temporary, targeted protection can be helpful / for domestic "infant
일부 경제학자들은 주장한다 / 일시적이고 목표가 정해진 보호는 도움이 될 수 있다고 / 국내의 '유아 산업체(미숙한 단계에 있는

industries" / ❺ **that** need to be protected / from foreign competition / until they are established / enough to
산업체)'에 / 보호를 받아야 할 필요가 있는 / 외국의 경쟁 상대로부터 / 그들이 자리를 잡을 때까지 / 국제적으로 경쟁할

compete internationally. /
정도로 /

---

❶ under which는 「전치사 + 관계대명사」로, 관계사절에서 under the policy를 뜻하며, 앞에 있는 a policy를 수식하는 절을 이끈다.

❷ which는 계속적 용법으로 쓰인 관계대명사로, U.S. companies had to buy local steel이 선행사이다.

❸ 비교급 강조 부사 much가 smaller를 수식한다. 비교급 강조 부사는 even, far, a lot, still 등이 있다.
   ex. The price of oil is **much** higher than last year.
   석유의 가격이 작년보다 훨씬 더 비싸다.

❹ when절은 전치사 to의 목적어 역할을 하며, 의미상 앞에 the time이 생략된 것으로 볼 수 있다.

❺ 주격 관계대명사 that이 이끄는 절이 앞에 있는 domestic "infant industries"를 수식한다.

17 언짢은 말을 요령 있게 하는 법 pp. 52~53

문제 해설

1 새 드레스가 자신에게 어울리는지 묻는 아내의 질문이 포함된 주어진 문장 다음에, 남편이 그 드레스를 보고 끔찍해 보인다고 생각하는데 사실대로 말할지 고민하는 (B)가 이어지고, 사실대로 말하지 않고 요령 있게 대답하는 사례를 보여주는 (C)가 그 다음에 와야 한다. 마지막으로 남편의 말을 듣고 행복해하는 아내의 모습을 보여주며 중요한 것은 말을 하는 방식이라는 (A)로 마무리되는 것이 자연스럽다.

2 16행에서 남편이 "Wow! I bet you really like that dress!"라고 말한 것은 거짓말이 아니라 사실이므로, 남편이 아내를 위해 거짓말을 했다는 ⑤는 글의 내용과 일치하지 않는다.

① 1행 참고   ② 2~3행 참고   ③ 4행 참고   ④ 9~10행 참고

3 ⓒ that은 was said의 주어가 없으므로 주어 역할을 할 수 있는 선행사가 포함된 관계대명사 what으로 고쳐야 한다.

ⓐ '막 ~하려는 참이다'의 뜻을 갖는 「be about to + 동사원형」의 구문이므로 어법상 적절하다.

ⓑ 아내가 드레스를 과거에 샀으므로 과거 사실에 반대되는 가정을 하는 wouldn't have bought는 어법상 적절하다.

ⓓ see의 목적어로 쓰인 관계대명사 what이 주어 역할을 하므로 동사 is는 어법상 적절하다.

ⓔ '~하다면'의 뜻을 갖는 접속사 if는 어법상 적절하다.

본문 해석

남편과 아내가 저녁식사를 하고 영화를 보기 위해 막 나가려던 참이다. 아내는, "여보, 이 새 드레스가 나한테 잘 어울린다고 생각해요?" 라고 묻는다.

(B) 남편이 몸을 돌려 자신이 즉각적으로 생각하기에 아마 지금까지 자신이 봤던 것 중에 가장 끔찍해 보이는 드레스를 본다. 그것이 그가 실제로 생각하는 것이다. 그렇다면 그는 어떻게 반응할까? 그는 진실을 고수하면서 그녀에게 정확하게 자신이 무슨 생각을 하는지 말하고 그렇게 하지 않는다면 즐거운 저녁을 혹시 망칠까?

(C) 그가 영리하다면 그렇게 하지 않을 것이다. 그는 그 드레스를 입은 모습이 좋아 보일 거라고 믿고 싶어 하는 그녀의 바람을 만족시킬 수 있고, 거짓말하는 것을 피하려는 자신의 바람도 만족시킬 수 있다. 요령 있게 그는, "우와! 당신은 정말 그 드레스가 마음에 드는 것이 분명해!"라고 말한다.

(A) 그것은 칭찬처럼 들리고, 그의 아내는 행복해한다. 물론 그녀는 그것을 마음에 들어 하고 있고, 그렇지 않았더라면 그녀는 그것을 사지 않았을 것이다. 다시 한번 말하건대, 불필요하고 상처 주는 큰 실수와 경우에 맞게 대처하는 것 사이의 차이를 만든 것은 말하는 내용이라기보다는 오히려 말을 하는 방식이었다.

지문 풀이

A husband and wife are about to go out / for dinner and a movie. / The wife asks, / "Honey, / do you think
남편과 아내가 막 나가려던 참이다 /   저녁식사를 하고 영화를 보기 위해 / 아내는 묻는다 /   여보 /   이 새 드레스가 나한테

this new dress looks good on me?" /
잘 어울린다고 생각해요? /

(B) The husband turns around to see / ❶ **what** he immediately thinks / is probably the most awful-looking
남편이 몸을 돌려 보게 된다 /   그가 즉각적으로 생각하기에 /   아마 가장 끔찍해 보이는 드레스를 /

dress / he has ever seen. / That's ❷ **what** he actually thinks. / So, / how does he respond? / Does he stick to
지금까지 그가 봤던 것 중에 / 그것이 그가 실제로 생각하는 것이다 / 그렇다면 / 그는 어떻게 반응할까? / 그는 진실을 고수할까

the truth / and tell her exactly ❸ **what** he thinks / and possibly ruin ❹ **what** would otherwise be a pleasant
그리고 그녀에게 정확하게 자신이 무슨 생각을 하는지 말할까 / 그리고 그렇게 하지 않는다면 즐거운 저녁이 될 것을 혹시 망칠까? /

evening? /

(C) Not / if he's smart. / He ❺ **can satisfy** / **her desire** to believe / she looks good in the dress / and **his**
그렇게 하지 않을 것이다 / 그가 영리하다면 / 그는 만족시킬 수 있다 / 믿고 싶어 하는 그녀의 바람을 / 그녀가 그 드레스를 입은 모습이 좋아 보일 거라고 / 그리고 거짓말

wanting to avoid telling a lie. / Tactfully, / he says, / "Wow! / I bet you really like that dress!" /
하는 것을 피하려는 그의 바람도 (만족시킬 수 있다) / 요령 있게 / 그는 말한다 / 우와! / 당신은 정말 그 드레스가 마음에 드는 것이 분명해! /

(A) It sounds like a compliment, / and his wife is happy. / Of course / she likes it / or she wouldn't have
그것은 칭찬처럼 들린다 / 그리고 그의 아내는 행복해한다 / 물론 / 그녀는 그것을 마음에 들어 하고 있다 / 그렇지 않았더라면 그녀는 그것을

bought it. / Again, / ❻ **it was** the way it was said / rather than what was said / **that** made the difference /
사지 않았을 것이다 / 다시 한번 말하건대 / 그건 바로 말하여지는 방식이었다 / 말해지는 내용이라기보다는 / 차이를 만든 것은 /

between an unnecessary and hurtful blunder and getting on with the occasion. /
불필요하고 상처 주는 큰 실수와 경우에 맞게 대처하는 것 사이의 /

---

❶, ❷, ❹ 관계대명사 what이 이끄는 명사절이 ❶ see의 목적어, ❷ 주격 보어, ❹ ruin의 목적어 역할을 한다.

❸ what이 이끄는 의문사절이 tell의 목적어 역할을 한다.

❺ satisfy의 목적어로 쓰인 명사구 her desire ~와 his wanting ~이 and로 연결되어 있다.

❻ the way it was said를 강조하는 「it was ~ that ...」 강조 구문이다. 「It is(was) ~ that ...」 강조 구문은 동사를 제외한 문장의
일부를 강조하며 '…한 것은 바로 ~이다'라는 의미이다. 강조하는 어구를 It is(was)와 that 사이에 쓴다.
ex. It is Cathy that is reading a book in the park. 공원에서 책을 읽고 있는 사람은 바로 Cathy이다.
강조 대상

---

18 나도 모르게 꾀병하는 이유가 있다? pp. 54~55

문제 정답 | **1** ③ **2** ③ **3** ⓒ **4** subconscious

문제 해설 **1** 주어진 문장의 It은 ③ 앞에 나온 불운의 예(두통, 발목 부상)를 가리키고, ③ 다음에 나온 They는 내용상 주어진 문장의
psychologists를 받는다. 따라서 주어진 문장은 ③에 들어가는 것이 적절하다.

2 자기 불구화란 실패할 것 같을 때 스스로 실패에 대한 핑계를 만드는 것이라는 내용이므로 ③ '자기 불구화: 실패에 대한
연막'이 글의 제목으로 적절하다.
① 자기 불구화 현상과 그 결과
② 자기 불구화 현상의 비용과 편익
④ 일상생활에서 핑계의 부정적인 사용
⑤ 실패에 대해 좋은 핑계를 대는 이유

3 ⓒ의 Jacques는 레슬링 시합에서 패배할 것을 걱정한 나머지 허리통증으로 연습을 할 수 없다고 했으며 이것은 자기
불구화 현상의 전형적인 예이다.

ⓐ 흡연자인 Roy는 흡연의 건강상 위험에 대해 듣는 것을 좋아하지 않는다. 따라서 그는 그런 정보를 무시하고 계속 담배를 피운다.

ⓑ Yuki는 학교 공부를 결코 그다지 많이 하지 않는다. Yuki는 아주 열심히 공부하는 어떤 사람도 알지 못하기 때문에 사실 어느 누구도 결코 열심히 공부하지 않는다고 생각한다.

ⓒ Jacques는 큰 레슬링 시합이 다가오고 있지만 패배할까 봐 걱정한다. 시합 전 주에 그는 갑자기 허리통증을 겪기 시작하여 연습을 할 수가 없다.

4 subconscious: 잠재의식의
누군가가 완전히 인식하지 못하지만 자신의 행동과 감정에 영향을 미치는 정신의 일부분과 관련된

본문 해석 불운은 항상 최악의 순간에 닥치는 것 같다. 기말 시험을 보는 학생이 심한 두통을 일으키면서 일어난다. 육상 선수가 경주 직전에 발목이 부러진다. 그것은 불운처럼 보이지만 심리학자들은 동의하지 않는다. 그들은 그런 흔한 불상사는, 많은 경우에 있어서, 잠재의식이 교묘하게 만들어낸 음모라고 말한다. 그들은 사람은 종종 일종의 자기 불구화 행위를 한다고 주장한다. 자기 불구화(self-handicapping)란 사람들이 자신들이 실패할 것 같을 때 비난할(핑계를 댈) 장애물을 잠재의식적으로 만들어내는 다양한 방법을 가리킨다. 그것은 정신 나간 짓처럼 보이지만, 교묘한 정신적인 속임수, 즉 실패를 합리화함으로써 자신의 자존감을 보호할 수 있게 해주는 정신적인 속임수인 것이다.

지문 풀이

Bad luck always seems to strike / at the worst moment. / A student ❶ **taking their final exam** / wakes up
불운은 항상 닥치는 것 같다 / 최악의 순간에 / 기말 시험을 보는 학생이 / 심한 두통을

with a serious headache. / A runner breaks their ankle / minutes before a race. / It seems like bad luck, /
일으키면서 일어난다 / 육상 선수가 발목을 다친다 / 경주 직전에 / 그것은 불운처럼 보인다

but psychologists disagree. / They say / that such common mishaps are, / in many cases, / ❷ **carefully**
하지만 심리학자들은 동의하지 않는다 / 그들은 말한다 / 그런 흔한 불상사는 / 많은 경우에 있어서 / 잠재의식이

designed plots of the subconscious mind. / They argue / that a person often engages in / a form of self-
교묘하게 만들어낸 음모라고 / 그들은 주장한다 / 사람은 종종 한다고 / 일종의 자기 불구화 행위를

handicapping behavior. / Self-handicapping refers to the various ways / ❸ **in which** people subconsciously
자기 불구화란 다양한 방법을 가리킨다 / 사람들이 장애물을 잠재의식적으로 만들어내는

create obstacles / ❹ **to put the blame on** / when they think they are going to fail. / It seems like a crazy
비난할(핑계를 댈) / 자신들이 실패할 거라고 생각할 때 / 그것은 정신 나간 짓처럼 보인다

thing to do, / but it is ❺ **a clever trick of the mind**, / one that ❻ **allows** a person **to protect** their self-esteem /
하지만 그것은 교묘한 정신적인 속임수이다 / 즉 한 사람이 자신의 자존감을 보호할 수 있게 해주는 것

by justifying their failures. /
실패를 합리화함으로써

---

❶ taking이 이끄는 현재분사구가 앞에 나온 A student를 수식한다.

❷ 부사 carefully의 수식을 받는 과거분사 designed가 뒤에 있는 plots를 수식한다.

❸ 「전치사 + 관계대명사」 in which가 이끄는 관계사절이 the various ways를 수식한다. in the ways를 대신할 수 있는 표현이 필요하므로 in which가 쓰였다.

❹ to부정사가 앞에 있는 명사를 수식할 때, 명사와의 관계에서 전치사가 필요하면 뒤에 전치사를 붙여준다. 여기서는 '장애물에 비난을 놓는(하는)' 것이므로 blame 뒤에 on이 붙었다.

❺ one 이하는 a clever trick of the mind와 동격이고 one은 a trick of the mind를 대신하는 부정대명사이다.

❻ allow는 '~할 수 있게 해주다'의 의미로, to부정사를 목적격 보어로 갖는다.

문제 정답 | 1 ③ **2** ④ **3** ②

문제 해설

1 조직의 긴장과 갈등은 건강하지 못한 팀의 표시가 아니라 오히려 팀의 건강을 위해 필요하다는 내용의 글이므로, 지도자가 자신을 관리자나 감독자가 아니라 팀의 리더로 생각해야 한다는 ③은 이러한 내용과 거리가 멀다.

2 긴장과 갈등이 있으면 건강하지 않은 팀의 징조라는 그릇된 믿음이 있지만 그것은 사실이 아니며 반대로 갈등이 있어야 효율적인 팀이라는 것이 글의 요지이므로 ④ '조직 내에서 팀의 갈등의 필요성'이 글의 주제로 적절하다.
① 건강하지 않은 팀의 조짐과 징후　　　　② 생산적이고 효율적인 팀을 만드는 방법
③ 팀 갈등을 억제하려고 시도하는 이유들　　④ (표시 없음)
⑤ 리더가 팀에 미치는 영향의 중요성

3 (A) a false belief와 tension and conflict are ~ team은 동격 관계이므로 동격을 나타내는 접속사 that이 적절하다.
(B) 주어인 they(= people)가 confront의 주체가 아니라 대상이므로 과거분사 confronted가 적절하다. when 다음에는 they are가 생략되었다. 부사절에서는 「대명사 주어 + be동사」가 흔히 생략된다.
(C) 문맥상 '이유'를 나타내는 분사구문이 되어야 하므로 knowing이 적절하다.

본문 해석

많은 조직체에 긴장과 갈등이 건강하지 못한 팀의 표시라는 잘못된 믿음이 있다. 많은 경우에, 이것은 전혀 사실이 아니다! 효과적인 팀은 기꺼이 그들의 생각을 위해 싸울 수 있고, 필요할 때는 다른 사람들에게 도전하고, 문제에 직면할 때 자신의 입장을 견지할 수 있는 사람들로 구성된다. 하지만 결국에는 이 동일한 사람들이 그들이 모든 싸움을 다 이길 수는 없다는 것을 알기에 기꺼이 타인들의 생각에 굽히고 지도자가 내린 결정에 복종해야 한다. (지도자는 스스로를 단지 관리자나 감독자가 아니라 오히려 '팀의 리더'로 여겨야 한다.) 불행히도, 관리자들은 흔히 팀의 갈등을 불편해하고 평화를 유지하기 위해 그것을 억누르려고 한다. 평온함이 건강함과 동일하다는 잘못된 믿음이 있지만, 평온한 팀은 종종 죽음이 임박한 표시인데 왜냐하면 그것은 어느 누구도 풍파를 일으킬 만큼 충분히 관심을 두지 않는다는 것을 의미할 수 있기 때문이다.

지문 풀이

There's a false belief / in many organizations / that tension and conflict are signs / of an unhealthy team. /
잘못된 믿음이 있다 /　　　　많은 조직체에 /　　　　긴장과 갈등이 표시라는 /　　　　건강하지 못한 팀의 /

In many cases, / this ❶ couldn't be further from the truth! / An effective team consists of people / ❷ who are
많은 경우에 /　　이것은 전혀 사실이 아니다! /　　　　효과적인 팀은 사람들로 구성된다 /　　　　　그들의 생각을

willing to fight for their ideas, / challenge others / ❸ when necessary, / and stand their ground / when
위해 기꺼이 싸울 수 있는 /　　다른 사람들에게 도전하는 /　필요할 때는 /　그리고 자신의 입장을 견지하는 /　　문제에

confronted. / In the end, / however, / those same people must be willing to bend / to the ideas of others / and
직면할 때 /　결국에는 /　하지만 /　이 동일한 사람들이 기꺼이 굽혀야 한다 /　　타인들의 생각에 /　그리고

submit to the decisions / ❹ made by the leader, / ❺ knowing that they can't win every battle. /
결정에 기꺼이 복종해야 한다 /　지도자가 내린 /　그들이 모든 싸움을 다 이길 수는 없다는 것을 알기에 /

Unfortunately, / managers are often uncomfortable / with team conflicts / and attempt to suppress them /
불행히도 /　관리자들은 흔히 불편해한다 /　팀의 갈등을 /　그리고 그것을 억누르려고 한다 /

❻ so as to preserve peace. / There's a false belief / that tranquility equals health, / but a tranquil team is often
평화를 유지하기 위해 /　잘못된 믿음이 있다 /　평온함이 건강함과 동일하다는 /　하지만 평온한 팀은 종종 죽음이 임박한

a sign of imminent death / because it may mean / that no one cares enough to make waves. /
표시이다 /　왜냐하면 그것은 의미할 수 있기 때문이다 /　어느 누구도 풍파를 일으킬 만큼 충분히 관심을 두지 않는다는 것을 /

❶ 가정법과 비교급이 결합되어 최상급의 의미 '더 ~할 수는 없다(가장 ~하다)'를 나타낸다.
   ex. A: How is the weather?
   　B: It **couldn't be better**[**worse**].
   　　　더할 나위 없이 좋다[나쁘다] (현재 시제임.)
   　Nothing could be further from my intention.
   　(그것은) 결코 나의 의도가 아니다.

❷ 관계대명사 who가 이끄는 절이 앞에 있는 people을 수식한다. fight, challenge, stand는 모두 are willing to로 연결되어 있다.

❸ when necessary는 when it is necessary에서 it is가 생략된 것으로, 관용 표현으로 많이 쓰인다.

❹ made가 이끄는 과거분사구가 the decisions를 수식한다.

❺ knowing은 '이유'를 나타내는 분사구문으로, that절은 knowing의 목적어 역할을 하고 있다.

❻ so as to는 '~하기 위해서'의 의미로, 목적을 나타내는 to부정사로 이해하면 된다. in order to로 바꿔 쓸 수 있다.

Big Issue

20 동서양의 서로 다른 이모티콘 　　　　　　　　　　　　　　　　pp. 58~59

문제 정답 | **1** ③　　**2** ③　　**3** ⑤

문제 해설　**1** 이모티콘에 대한 개괄적인 설명을 한 후에 이모티콘 사용의 문화 간 차이에 대해 처음 서술하는 (B)가 와야 한다. (C)의 a difference는 (B)의 Japanese tend to use ^-^, whereas Americans prefer :)을 의미하므로 (B) 다음에 (C)가 와야 한다. (C)에서 감정의 억제가 전형적인 문화에 대해 기술하고 있고 (A)에서는 이와 대조적으로 솔직한 감정 표현이 전형적인 문화에 대해 기술하고 있으므로 (C) 다음에 (A)가 와야 한다. 따라서 (B)-(C)-(A)의 순서가 적절하다.

　2 미국과 일본의 웃는 얼굴 이모티콘을 예로 들며, 이모티콘이 서로 다른 문화에서 다른 모양으로 쓰이는 것에 대해 기술하고 있으므로 ③ '이모티콘 사용에서의 문화적 차이'가 글의 주제로 적절하다.
　　① 새로운 보편적인 언어로서의 이모티콘　　　　　② 과도한 이모티콘 사용의 문제점
　　④ 디지털 시대에 새로운 의사소통 형태　　　　　⑤ 이모티콘이 언어와 세상을 어떻게 바꾸었는가

　3 눈은 다루기가 쉽지 않다고 했으므로 감정을 감출 수 없을 것이므로 ⓔ의 reveal(드러내다)은 '감추다'라는 뜻의 hide나 conceal과 같은 단어로 고쳐야 한다.

본문 해석　**이모티콘**
요즘 이모티콘은 어디에나 있다. 그것들은 메시지, 이메일 그리고 많은 온라인 의사소통 형태에 존재한다. 이모티콘은 텍스트 메시지만으로는 보내는 사람의 의도된 감정을 충분히 전달할 수 없었기 때문에 글로 쓴 텍스트에 분위기와 미묘한 차이를 추가하기 위해서 1980년대에 처음으로 발명되었다.
(B) 최근에 일본의 사회학자인 Yuki Masaki 박사는 이모티콘 스타일에 대한 흥미 있는 연구를 했다. 그는 일본과 미국에서 사용되는, 웃는 얼굴을 표현하는 두 개의 이모티콘을 더 자세히 살펴보았다. 그는 미국인들이 :)을 더 좋아하는 반면에 일본인들은 ^-^을 사용하는 경향이 있다는 것을 발견했다.

(C) 그렇다면 왜 차이가 있는가? Masaki 박사에 따르면, 그것은 다른 문화의 사람들이 어떻게 얼굴 신호를 해석하는가에 달려 있다. (일본과 같이) 감정의 억제가 전형적 행동인 문화에서는 사람들이 눈이 다루기가 쉽지 않고 따라서 감정을 드러낼(→ 감출) 수 없다고 생각하기 때문에 입보다 눈에 더 초점을 맞춘다.

(A) 이와는 대조적으로 (미국과 같이) 솔직한 감정 표현이 전형적 행동인 문화에서는 사람들이 입이 얼굴의 가장 표현적인 부분이라고 믿기 때문에 입에 초점을 맞춘다.

그러니 다음번에 다른 문화에서 온 사람들과 의사소통을 할 때 그들이 여러분이 익숙하지 않은 이모티콘을 사용한다 하더라도 놀라지 마라.

지문 풀이

Emoticon /
이모티콘 /

Nowadays / emoticons are ubiquitous: / they are / in messages, emails, and many forms of online
요즘 / 이모티콘은 어디에나 있다 / 그것들은 존재한다 / 메시지, 이메일 그리고 많은 온라인 의사소통 형태에

communication. / Emoticons were first invented / in the 1980s / in order to ❶ add tones and nuances / to
이모티콘은 처음으로 발명되었다 / 1980년대에 / 분위기와 미묘한 차이를 추가하기 위해서 / 글로

written text / ❷ since the text messages alone could not fully convey / the intended emotions of the senders. /
쓴 텍스트에 / 텍스트 메시지만으로는 충분히 전달할 수 없었기 때문에 / 보내는 사람의 의도된 감정을 /

(B) Recently, / sociologist Dr. Yuki Masaki in Japan / conducted interesting research / about emoticon
최근에 / 일본의 사회학자인 Yuki Masaki 박사는 / 흥미 있는 연구를 했다 / 이모티콘 스타일에 대한 /

styles. / He took a closer look at two emoticons / ❸ that represent the smiley face / which are used in
그는 두 개의 이모티콘을 더 자세히 살펴보았다 / 웃는 얼굴을 표현하는 / 일본과 미국에서 사용되는 /

Japan and the United States. / He discovered / that Japanese tend to use ^-^, / whereas Americans prefer :). /
그는 발견했다 / 일본인들은 ^-^을 사용하는 경향이 있다는 것을 / 미국인들이 :)을 더 좋아하는 반면에 /

(C) So why is there a difference? / According to Dr. Masaki, / it depends on / how people in different cultures
그렇다면 왜 차이가 있는가? / Masaki 박사에 따르면 / 그것은 ~에 달려 있다 / 다른 문화의 사람들이 어떻게 얼굴 신호를 해석하는가(에) /

interpret facial cues. / In cultures / where emotional restraint is the norm / (such as Japan), / people focus
문화에서는 / 감정의 억제가 전형적 행동인 / 일본과 같이 / 사람들이 눈에 더

more on the eyes / than the mouth / because they think / the eyes are not easy ❹ to manipulate, / and
초점을 맞춘다 / 입보다 / 그들은 생각하기 때문에 / 눈이 다루기가 쉽지 않다고 / 따라서 /

therefore, / cannot hide one's feelings. /
감정을 감출 수 없다고 /

(A) In contrast, / in cultures / where open emotional expression is the norm / (such as the U.S.), / people focus
이와는 대조적으로 / 문화에서는 / 솔직한 감정 표현이 전형적 행동인 / 미국과 같이 / 사람들이 입에 초점을

on the mouth, / because they believe / it is the most expressive part of the face. /
맞춘다 / 그들은 믿기 때문에 / 그것이 얼굴의 가장 표현적인 부분이라고 /

So, / the next time you communicate / with people from a different culture, / don't be surprised / ❺ even if
그러니 / 다음번에 여러분이 의사소통을 할 때 / 다른 문화에서 온 사람들과 / 놀라지 마라 / 그들이

they use emoticons / that you're not used to. /
이모티콘을 사용한다 하더라도 / 여러분이 익숙하지 않은 /

---

❶ add A to B: B에 A를 더하다, 추가하다

❷ since는 '~ 때문에'의 뜻으로 이유를 나타내는 부사절을 이끈다.

❸ two emoticons that represent the smiley face which are used in Japan and the United States
　　　　　　　└─ 관계대명사 1 ──────────────── 관계대명사 2 ─┘
　　　　　　　　　두 개의 관계대명사에 의해 이중한정됨.

❹ to manipulate는 형용사 easy를 수식하는 부사적 용법으로 쓰였다.

❺ even if는 '비록 ~더라도'의 뜻으로 양보를 나타내는 부사절을 이끈다.

Unit 06

21 새는 배우지 않고도 집을 지을 수 있을까?   pp. 62~63

문제 정답 | **1** ② **2** ④ **3** (1) generation (2) isolation

문제 해설

1 우리가 하는 행동 중 일부는 의식적으로 통제가 되지 않는 것들이 있다는 주어진 글 다음에, 이것은 인간이 아닌 다른 종들에서도 쉽게 볼 수 있다고 하면서 위버의 예를 드는 (B)가 오고, 위버 한 쌍을 다섯 세대 동안 둥지를 짓는 재료와 다른 구성원들로부터 단절시켰다는 (A)가 이어진다. 마지막으로 여섯 번째 세대에게 다시 전통적인 재료가 주어졌을 때 완벽한 둥지를 만들 수 있었다는 (C)가 이어지는 것이 자연스럽다.

2 ④의 성급한 마음에서 '문 닫힘' 단추를 누르는 것은 의식적인 행동이지 반사적인 행동이 아니다.
  ① 여러분이 만약 춥다면, 의지력으로 여러분이 몸을 떠는 것을 멈출 수 없다.
  ② 여러분은 생각하지도 않고 즉시 뜨거운 난로에서 손을 치울 것이다.
  ③ 벌레가 바로 여러분의 눈으로 날아들 때, 여러분은 즉시 눈을 깜빡이고 그것을 밖으로 내보내려고 한다.
  ④ 여러분은 엘리베이터가 움직이기를 원할 때 '문 닫힘' 단추를 성급하게 누른다.
  ⑤ 의사가 여러분의 무릎을 고무망치로 톡톡 칠 때, 여러분의 발은 본능적으로 앞으로 움직인다.

3 (1) generation: 세대
      집단적으로 간주되는, 동일한 시기에 태어나 생활하는 모든 사람들
    (2) isolation: 고립
      다른 것[사람]들로부터 분리되어 있는 상태

본문 해석

우리는 보통 우리가 우리의 행동을 책임지고 있다고 생각하고 싶어 한다. 그러나 우리가 하는 것들 중 일부는 의식적으로 통제되지 않는다는 것을 우리는 알고 있다. 이러한 것들은 반사적 또는 (의지와 관계없이) 자동적으로 일어나는 행동으로 알려져 있다.

(B) 이러한 자발적인 행동을 다른 종들에게서 보는 것은 쉽다. 이것들 중 일부는 꽤 복잡할 수도 있고 동물의 DNA의 일부이다. 예를 들어, 남아프리카의 위버는 보통 특수한 재료를 사용하여 복잡한 둥지를 짓는다.

(A) 실험자들은 이 새들 중 한 쌍이 다섯 세대 동안 집 짓는 재료와 접촉을 하지 못하게 했고 그들 종의 다른 개체들과 만나지 못하게 했다. 그 새들은 전통적인 둥지를 지을 수도, 심지어 볼 수도 없었다.

(C) 하지만 그것의 종으로부터 여전히 단절 상태에 있던 여섯 번째 세대에게 전통적인 재료에 대한 접근이 주어졌을 때, 그것은 완벽한 둥지를 지었다. 이것은 극단적인 예가 될 수도 있겠지만, 그것은 어떤 복잡한 행동조차도 반사적일 수 있고 완전히 의식적인 통제 하에 있지는 않다는 점을 입증한다.

지문 풀이

We generally like to think / we are in charge of our actions. / But we know / that some of the things ❶ we
우리는 보통 생각하고 싶어 한다 /   우리가 우리의 행동을 책임지고 있다고 /   그러나 우리는 알고 있다 / 우리가 하는 것들 중 일부는 /

do / are not controlled consciously. / These are known / as reflexive or autonomous behaviors. /
의식적으로 통제되지 않는다는 것을 /   이러한 것들은 알려져 있다 /   반사적 또는 (의지와 관계없이) 자동적으로 일어나는 행동으로 /

(B) It is easy / to see these autonomous behaviors / in other species. / Some of these can be quite
    ~하는 것은 쉽다 / 이러한 자발적인 행동을 보는 것은 /   다른 종들에게서 /   이것들 중 일부는 꽤 복잡할 수 있다 /

complex / and are part of the animal DNA. / For example, / the South African weaverbird normally builds
그리고 동물의 DNA의 일부이다 /   예를 들어 /   남아프리카의 위버는 보통 복잡한 둥지를 짓는다 /

an intricate nest / ❷ **using specialized materials.** /
    특수한 재료를 사용하여 /

(A) Experimenters removed a pair of these birds / ❸ **from contact** with building materials / **and from other**
실험자들은 이 새들 중 한 쌍을 떼어놓았다 /   집 짓는 재료와의 접촉으로부터 /   그리고 그들 종의 다른

members of their species / for five generations. / The birds were not able to ❹ **build,** / or even
개체들로부터 /   다섯 세대 동안 /   그 새들은 지을 수 없었다 /   심지어 볼 수도

see, / **traditional nests.** /
없었다 / 전통적인 둥지를 /

(C) And yet when the sixth generation / —still in isolation from its species— / was given access to the
하지만 여섯 번째 세대에게 /   그것의 종으로부터 여전히 단절 상태에 있던 /   전통적인 재료에 대한 접근이 주어졌을 때 /

traditional materials, / it built a perfect nest. / This may be an extreme example, / yet it illustrates ❺ **the**
그것은 완벽한 둥지를 지었다 /   이것은 극단적인 예가 될 수도 있다 /   하지만 그것은 ~라는 점을 입증한다 /

point / **that** even some complex behaviors may be reflexive / and not quite under conscious control.
어떤 복잡한 행동조차도 반사적일 수 있다는 /   그리고 완전히 의식적인 통제 하에 있지는 않다는 /

❶ we do가 앞에 나온 the things를 수식한다. we 앞에는 목적격 관계대명사 that[which]가 생략되었다.

❷ using이 이끄는 현재분사구가 builds an intricate nest를 수식한다.

❸ 「remove A from B」에서 from contact ~와 from other members ~가 and로 병렬 연결되어 있다.

❹ 공통으로 쓰이는 주어, 동사, 목적어 등은 생략할 수 있다.
   ex. I am going to study music in Vienna and (I am going to study) painting in Paris.

❺ **the point that** even some complex behaviors ~
   └─ 동격 ─┘ that 이하는 the point와 동격 관계

---

22   어떤 사람이 제스처를 많이 쓸까?
pp. 64~65

문제 정답 | **1** ④   **2** ②   **3** ④

문제 해설   **1** 교육 수준이 높을수록 어휘력이 풍부해 제스처를 덜 쓰게 된다는 것이 이 글의 요지이다. 따라서 고소득·고학력의 부모가
자식들에게 더 많은 제스처를 쓴다는 ④는 전체 흐름과 관련이 없다.

    2 교육 수준이 낮으면 어휘력이 빈약해 제스처를 많이 쓰지만 교육 수준이 높을수록 다양한 어휘를 사용해 제스처를 덜
쓰게 된다는 내용의 글이므로 ② '교육 받은 사람들이 제스처를 덜 사용한다'가 글의 제목으로 적절하다.
    ① 당신의 제스처 어휘를 확장시켜라
    ③ 제스처는 학생들이 새 단어를 외우는 것을 도와준다
    ④ 제스처를 듣기: 우리의 손은 어떻게 우리가 생각하는 것을 돕는가
    ⑤ 우리가 제스처를 쓰는 이유: 말할 때 손이 어떻게 기능하는가

    3 어휘력이 풍부할수록 제스처를 덜 쓸 것이므로 빈칸에는 ④ '어휘'가 적절하다.
    ① 제스처   ② 사람들   ③ 주제   ⑤ 책

당신은 말을 할 때 침착하고 차분한가, 아니면 뭔가를 말하려고 애쓰면서 팔을 허공에 흔들어대는가? 당신이 알고 있는 <u>어휘</u>가 많을수록, 말하는 동안 제스처를 더 적게 하게 될 것이다. 이것은 언어 연구자들이 그들의 연구에서 밝혀낸 것이다. 교육 수준이 높은 사람들은 그들의 생각과 감정을 그들이 알고 있는 다양한 어휘를 사용해서 표현한다. 하지만 좋은 교육의 기회가 없는 사람들은 생각한 바를 말하기 위해 제스처에 더 많이 의존한다. 그들은 어휘력이 부족하기 때문에 그들이 말을 제스처로 대체하는 것은 당연한 일이다. (가정 소득이 높고 학력이 높은 부모들이 자식들에게 더 많은 제스처를 쓴다.) 일반적으로 사람의 사회적 지위가 높을수록 제스처를 더 적게 사용하는 경향이 있다.

지문 풀이

When you talk, / are you cool and calm / or do you wave your arms in the air / as you struggle to say
당신은 말을 할 때 / 침착하고 차분한가 / 아니면 당신의 팔을 허공에 흔들어대는가 / 당신이 뭔가를 말하려고 애쓰면서?

something? / ❶**The more** vocabulary you know, / **the less** likely you are to make gestures / while
당신이 알고 있는 어휘가 많을수록 / 당신은 제스처를 더 적게 하게 될 것이다 / 말하는 동안

talking. / This is what linguistic researchers found / in their studies. / Well-educated people describe their
이것은 언어 연구자들이 밝혀낸 것이다 / 그들의 연구에서 / 교육 수준이 높은 사람들은 그들의 생각과 감정을 표현한다

thoughts and feelings / using the full range of their vocabulary. / However, / ❷those **without** the opportunity
그들이 알고 있는 다양한 어휘를 사용해서 / 하지만 / 좋은 교육의 기회가 없는 사람들은

of a good education / rely more on gestures / ❸**to explain** themselves. / They lack the words, / so it is no
제스처에 더 많이 의존한다 / 생각한 바를 말하기 위해 / 그들은 어휘력이 부족하다 / 따라서 ~은 당연한

wonder / they substitute gestures for words. / As a general rule, / ❹**the higher** a person's social status is, /
일이다 / 그들이 말을 제스처로 대체하는 것은 / 일반적으로 / 사람의 사회적 지위가 높을수록

the fewer gestures they are likely to use. /
더 적은 제스처를 사용하는 경향이 있다 /

❶, ❹ the+비교급 ~, the+비교급 ...: ~하면 할수록, 그만큼 더 …하다

❷ those **without** the opportunity of a good education rely more on gestures
　　주어 ‹————┘　　　　　　　　　　　　　　　　　　　　　　　복수형 동사

❸ to explain ~은 목적(~하기 위해서)을 나타내는 to부정사의 부사적 용법으로 쓰였다.

23　배고프지 않아도 자꾸 먹는 이유?　　　　　　pp. 66~67

문제 정답 | 1 ②　2 ②　3 ③

문제 해설　**1** 우리 대부분이 먹는 것에 관해 합리적인 감각을 갖고 있다는 주어진 글 다음에, 우리가 알고 있는 것과 실제 먹는 행위 사이의 단절을 언급하는 내용인 (B)가 대조를 나타내는 접속사 Yet(하지만)으로 이어져야 한다. 그 다음에 (B)에서 언급된 섭식 문제의 예시로 '감정적 식사'를 소개하는 (A)가 이어지고, 마지막으로 비만인 사람이 감정에 반응하여 식사하는 경향이 있지만, 감정적인 이유로 먹는 사람들이 모두 과체중은 아니라고 설명하는 (C)가 오는 것이 자연스럽다.

2 (a) 「used to + 동사원형」은 '~하기 위해 사용된'의 뜻이고 「used to + -ing」는 '~에 익숙한'의 뜻이다. 문맥상 '표현하기 위해 사용되는'의 의미가 되어야 하므로 동사원형인 describe가 적절하다.

(b) '어떤 속도로 먹는다'는 의미가 되어야 하므로 at which가 어법상 적절하다.

(c) 문맥상 by preoccupying과 병렬 구조를 이루어 '강박감을 가짐으로써'의 의미가 되어야 하므로 by obsessing이 적절하다.

3 8~9행의 Most overeating is prompted by feelings rather than physical hunger.에서 대부분의 과식은 감정에 의해 유발된다고 했으므로, ③은 글의 내용과 일치하지 않는다.

① 4~5행 참고   ② 5~6행 참고   ④ 14~15행 참고   ⑤ 15~16행 참고

본문 해석 우리들 대부분은 무엇을 먹을지, 그리고 언제 먹을지에 대한 일반적이고 합리적인 감각을 갖고 있는데, 그 주제에 관한 정보가 부족하지는 않다.

(B) 하지만 우리가 알고 있는 것과 우리가 행하는 것 사이에는 흔히 단절이 존재한다. 우리가 사실을 알고 있을 수 있지만, 결정은 또한 우리의 감정을 수반한다. 힘겨운 감정과 씨름하는 많은 사람들(자신의 감정 조절을 잘 못하는 사람들)은 또한 섭식 문제와 씨름한다.

(A) '감정적 식사'는 긍정적 감정과 부정적 감정 모두에 의해 영향을 받는 식사를 표현하는 데 사용되는 일반적인 용어이다. 감정은 여러분의 식사 동기, 음식 선택, 어디서 누구와 식사할지, 그리고 여러분이 식사하는 속도를 포함하여, 여러분의 식사의 여러 측면에 영향을 줄 수 있다. 대부분의 과식은 신체의 배고픔이 아니라 감정에 의해 유발된다.

(C) 비만과 씨름하는 사람들은 감정에 반응하여 식사하는 경향이 있다. 그러나 감정적인 이유로 먹는 사람들이 반드시 과체중인 것은 아니다. 신체 크기와 관계없이 사람들은 먹는 것에 몰두하거나 그들의 몸매와 몸무게에 대해 강박감을 가짐으로써 감정적인 경험에서 벗어나려고 할 수 있다.

지문 풀이

Most of us have a general, rational sense / of ❶ **what to eat and when** / —there is no shortage of
우리들 대부분은 일반적이고 합리적인 감각을 갖고 있다 / 무엇을 먹을지, 그리고 언제 먹을지에 대한 / 정보가 부족하지는 않다 /

information / on the subject. /
그 주제에 관한 /

(B) Yet there is often a disconnection / between what we know and what we do. / We may have the facts, / but
하지만 흔히 단절이 존재한다 / 우리가 알고 있는 것과 우리가 행하는 것 사이에는 / 우리가 사실을 알고 있을 수 있다 / 하지만

decisions also involve our feelings. / Many people ❷ **who** struggle with difficult emotions / also **struggle**
결정은 또한 우리의 감정을 수반한다 / 힘겨운 감정과 씨름하는 많은 사람들은 / 또한 섭식 문제와

with eating problems. /
씨름한다 /

(A) *Emotional eating* is a popular term / ❸ **used** to describe eating / that is influenced by emotions, / ❹ **both**
'감정적 식사'는 일반적인 용어이다 / 식사를 표현하는 데 사용되는 / 감정에 의해 영향을 받는 / 긍정적

positive **and** negative. / Feelings may affect various aspects of your eating, / including your motivation to
감정과 부정적 감정 모두 / 감정은 여러분의 식사의 여러 측면에 영향을 줄 수 있다 / 여러분의 식사 동기를 포함하여

eat, / your food choices, / where and with whom you eat, / and the speed at which you eat. / Most
여러분의 음식 선택 / 여러분이 어디서 누구와 식사할지 / 그리고 여러분이 식사하는 속도(를 포함하여) / 대부분의

overeating is prompted / by feelings / rather than physical hunger. /
과식은 유발된다 / 감정에 의해 / 신체의 배고픔이 아니라 /

(C) Individuals who struggle with obesity / tend to eat / in response to emotions. / However, / people who eat
비만과 씨름하는 사람들은 / 식사하는 경향이 있다 / 감정에 반응하여 / 그러나 / 감정적인 이유로 먹는

for emotional reasons / are ❺ **not necessarily** overweight. / People of any size / may ❻ **try to** escape an
사람들이 / 반드시 과체중인 것은 아니다 / 신체 크기와 관계없이 사람들은 / 감정적인 경험에서 벗어나려고 할 수 있다 /

emotional experience / ❼ **by preoccupying** themselves with eating / or ❽ **by obsessing** over their shape and
　　　　　　　　　　　그들이 먹는 것에 몰두함으로써 /　　　　　　　　　　혹은 그들의 몸매와 몸무게에 대해 강박감을 가짐으로써 /

weight. /

❶ **what to eat and when (to eat)**
　　　　　　　　　　　공통 부분 생략
❷ **who**가 이끄는 관계사절이 문장의 주어 **Many people**을 수식하고 있고, 전체 문장의 동사는 **struggle**이다.

❸ **used**가 이끄는 과거분사구가 앞에 있는 **a popular term**을 수식한다.

❹ **both A and B**: A와 B 둘 다

❺ **not necessarily**: 반드시 ～는 아닌 (부분 부정)
　　ex. The change is **not entirely** desirable.　그 변화가 전적으로 바람직한 것은 아니다.
　　　I **don't altogether** agree with you.　내가 너에게 전적으로 동의하는 것은 아니다.

❻ **try + to부정사**: ～하려고 노력하다

❼, ❽ **by + -ing**: ～함으로써

Big Issue

24 　인간과 박테리아의 공생　　　　　　　　　　　　　　　　　　　　　　　pp. 68~69

문제 정답 | 1 ②　　2 ⑤　　3 humans

문제 해설　**1** ⓑ 다음에 나오는 내용은 주어진 문장의 the human body did an amazing thing의 예시이므로 주어진 문장은
　　　　　ⓑ에 들어가는 것이 적절하다.

　　　　2 인간이 박테리아와 바이러스 같은 미생물들과 공생 관계를 유지하고 있다는 것이 글의 요지이므로 ⑤ '인간과
　　　　바이러스는 서로 돕는다'가 글의 제목으로 적절하다.
　　　　① 모든 바이러스가 악당은 아니다
　　　　② 인간보다 더 많은 바이러스가 있다
　　　　③ 인간은 어떻게 미생물들을 통제했는가
　　　　④ 공생이 자연에서 어떻게 작용하는가

　　　　3 7～9행에서 인간이 미생물들을 길들이고 그것들과의 공생을 형성했다고 했으므로 미생물들의 숙주는 인간이다. 따라서
　　　　the host는 humans를 가리킨다.

본문 해석　**미생물**
공생은 각각의 동물이 상대방에게 좋은 것을 제공하는 두 동물 사이의 관계이다. 세계적으로 유명한 생물학자인
Lynn Margulis에 따르면, 공생은 진화의 과정에서 모든 유기체에게 일어났다. 공생이 심지어 인간과
박테리아와 바이러스와 같은 미생물 사이에 일어났다는 것을 알면 당신은 아마 놀랄 것이다. 수조 마리의
박테리아와 바이러스는 수백만 년 동안 인간의 몸으로 들어왔다. <u>시간이 지나면서 서서히 인간의 몸은 놀라운</u>

일을 했다. 그것들을 죽이는 대신에 인간은 미생물들을 길들이고 그것들과의 공생을 형성했다. 박테리아와 바이러스는 숙주로부터 생활 공간과 먹이를 얻는다. 보답으로 이 미생물들은 다양한 방법으로 우리를 돕는다. 이것은 마치 인간이 적을 친구로 바꾼 것과 같다. 최근의 연구는 인간의 몸 안에 있는 미생물들이 우리의 신진대사에 매우 중요한 역할을 한다는 것을 밝혀냈다. 그것들은 우리의 소화를 돕고 해로운 박테리아와 바이러스로부터 우리를 보호한다. 그것들은 인간 없이 생존할 수 있지만 인간은 그것들이 없으면 생존할 수 없다.

지문 풀이

Microbes /
미생물 /

Symbiosis is a relationship / between two animals / ❶ **where** each provides something good / for the
공생은 관계이다 / 두 동물 사이의 / 각각의 동물이 좋은 것을 제공하는 / 상대방에게 /

other. / According to the world-famous biologist Lynn Margulis, / symbiosis happened to all organisms / in the
세계적으로 유명한 생물학자인 Lynn Margulis에 따르면 / 공생은 모든 유기체에게 일어났다 / 진화의

process of evolution. / You may be surprised / to find that symbiosis happened / even between humans and
과정에서 / 당신은 아마 놀랄 것이다 / 공생이 일어났다는 것을 알면 / 심지어 인간과 미생물 사이에 /

microbes / such as bacteria and viruses. / Trillions of bacteria and viruses / ❷ **have entered** the human
박테리아와 바이러스와 같은 / 수조 마리의 박테리아와 바이러스는 / 인간의 몸으로 들어왔다 /

body / **for** millions of years. / Over time, / the human body did an amazing thing. / ❸ **Instead of** killing
수백만 년 동안 / 시간이 지나면서 서서히 / 인간의 몸은 놀라운 일을 했다 / 그것들을 죽이는 대신에

them, / humans tamed the microbes / and formed symbiosis with them. / Bacteria and viruses / get a living
인간은 미생물들을 길들였다 / 그리고 그것들과의 공생을 형성했다 / 박테리아와 바이러스는 / 생활 공간과 먹이를

space and food / from the host. / In return, / these microbes help us / in various ways. / This is just like /
얻는다 / 숙주로부터 / 보답으로 / 이 미생물들은 우리를 돕는다 / 다양한 방법으로 / 이것은 마치 ~ 같다 /

humans turned enemies into friends. / Recent research revealed / ❹ **that** microbes in the human body / play
인간이 적을 친구로 바꾼 것과 (같다) / 최근의 연구는 밝혀냈다 / 인간의 몸 안에 있는 미생물들이 / 매우

an essential role / in our metabolism. / They help our digestion / and protect us / from harmful bacteria and
중요한 역할을 한다는 것을 / 우리의 신진대사에 / 그것들은 우리의 소화를 돕는다 / 그리고 우리를 보호한다 / 해로운 박테리아와 바이러스로부터 /

viruses. / They can survive / without humans, / but humans cannot survive / without them. /
그것들은 생존할 수 있다 / 인간 없이 / 하지만 인간은 생존할 수 없다 / 그것들이 없으면 /

---

❶ where는 a relationship between two animals를 선행사로 취하는 관계부사이다. 관계부사 where는 '장소, 상황, 경우' 등을 선행사로 받을 수 있다.

❷ 시간을 나타내는 전치사 for가 이끄는 부사구가 현재완료 시제(계속)와 함께 쓰였다.

❸ instead of는 '~ 대신에'라는 뜻의 전치사로 명사(구)를 목적어로 갖는다.

❹ that이 이끄는 명사절이 revealed의 목적어 역할을 한다.

25 공원 이름 짓기 대회 pp. 72~73

문제 정답 | 1 ④ **2** (1) narrative (2) submit (3) recommend

문제 해설

1 11~12행에서 제출된 이름이 선정되어야 하는 이유를 보여주는 짧은 기술(A short narrative)이 제출작에 포함되어야 한다고 했으므로, 안내문의 내용과 일치하는 것은 ④이다.

① 두 공원은 건설 중이다. (2~3행 참고)

② 9월 1일까지 응모할 수 있다. (4행 참고)

③ 이메일뿐만 아니라 시청을 방문해 작품을 제출할 수 있다. (7~8행 참고)

⑤ 특별 위원회가 각각 5개를 골라 시 의회에 추천한다고 했다. (13~15행 참고)

2 (1) narrative: 기술, 설명

　　연결된 사건에 대해 말이나 글로 쓴 설명

(2) submit: 제출하다

　　다른 사람들이 결정을 내리는 데 필요한 어떤 것을 주거나 제공하다

(3) recommend: 추천하다

　　특정한 목적이나 역할에 적합한 것으로 동의하여 어떤 사람이나 어떤 것을 추천하다

본문 해석

공원 이름 짓기 대회

미래에 지어질 두 개의 시 공원의 이름 짓기 대회에 참가해 상품을 받으세요. 그 공원들은 Broadway Avenue와 Traverse Road에 건설 중입니다.

● 대회는 8월 17일부터 9월 1일까지 열릴 예정입니다. 참가자들은 공원 이름에 대한 아이디어를 다음 방법으로 제출할 수 있을 것입니다.

　– barbaral@saintpetermn.gov로 이메일을 보내세요.

　– 시청(행정실)을 방문해 주세요.

● 제출작에는 다음이 포함되어야 합니다.

　– 이메일 주소를 포함한 여러분의 이름과 연락처

　– 제출된 이름이 왜 선택되어야 하는지 보여주는 짧은 기술 (이것이 없으면, 여러분의 이름 아이디어는 고려되지 않을 것입니다.)

● 이름 아이디어를 검토하고 각 공원에 대해 제출된 이름들 중 5개를 시 의회에 추천하기 위해 특별 위원회가 설립될 것입니다.

더 많은 정보가 필요하시면, 부담 갖지 마시고 시청 행정실 507-934-0663으로 전화 주세요.

지문 풀이

Park Naming Contest /
공원 이름 짓기 대회 /

Join the naming contest / **of two future city parks** / **and win a prize.** / **They are under construction** /
이름 짓기 대회에 참가하세요 /　　　미래에 지어질 두 개의 시 공원의 /　　　그리고 상품을 받으세요 /　　그 공원들은 건설 중입니다 /

on Broadway Avenue and on Traverse Road. /
Broadway Avenue와 Traverse Road에 /

- The contest will be open / August 17th through September 1st. / Participants will ❶ **be able to submit** their
대회는 열릴 예정입니다 /　　　8월 17일부터 9월 1일까지 /　　　　　　참가자들은 공원 이름에 대한 아이디어를 제출할 수 있을 것입니다 /

　park name ideas / through: /
　다음 방법으로 /

　– Emailing barbaral@saintpetermn.gov /
　barbaral@saintpetermn.gov로 이메일을 보내세요 /

　– Visiting City Hall / (at the City Administrator's office) /
　시청을 방문해 주세요 /　　시청 행정실로 /

- Submissions must include: /
제출작에는 다음이 포함되어야 합니다 /

　– Your name and contact information, / including an e-mail address /
　여러분의 이름과 연락처 /　　　이메일 주소를 포함한 /

　– A short narrative / ❷ **indicating why the submitted names should be chosen** / (Without this, / your name
　짧은 기술 /　　　제출된 이름이 왜 선택되어야 하는지 보여주는 /　　　　　　이것이 없으면 /　　여러분의 이름

　ideas will not be considered.) /
　아이디어는 고려되지 않을 것입니다 /

- A select committee will be established / ❸ **to review** the name ideas / **and recommend** 5 of the submitted
특별 위원회가 설립될 것입니다 /　　　　　이름 아이디어를 검토하기 위해 /　　그리고 제출된 이름들 중 5개를 추천하기 위해 /

　names / for each park / to the City Council. /
　각 공원에 대해 /　시 의회에 /

For more information, / please feel free to call the City Administrator's office / at 507-934-0663. /
더 많은 정보가 필요하시면 /　부담 갖지 마시고 시청 행정실로 전화 주세요 /　　507-934-0663으로 /

❶ be able to + 동사원형: ~할 수 있다

❷ 현재분사 indicating 이하는 A short narrative를 수식하고 있고, 의문사 why가 이끄는 명사절은 indicating의 목적어 역할을 하고 있다.
A short narrative indicating [why the submitted names should be chosen]

❸ to review는 to부정사의 부사적 용법(목적)으로 쓰였고, and로 병렬 연결된 recommend 앞에는 to가 생략된 것으로 볼 수 있다.

26　역경을 딛고 일어난 Joe
pp. 74~75

문제 정답 | 1 ④　2 ⑤　3 ①　4 ④

문제 해설　**1** 12~13행의 He was an average but hardworking student.에서 Joe는 대학에서 평범했지만 열심히
공부했다고 했으므로, 공부를 아주 잘했다는 ④는 글의 내용과 일치하지 않는다.
① 1행 참고　　② 6~7행 참고　　③ 9~10행 참고　　⑤ 18~19행 참고

2 Joe는 어렸을 때 작고 말을 더듬어서 더 큰 아이들에게 괴롭힘을 당했으며, 많은 것에서 뒤쳐진다고 생각해 아주 소심했다고 했으므로, 그가 열등감을 느꼈다는 것을 추론할 수 있다. 따라서 빈칸에는 ⑤ '열등감'이 적절하다.

① 나쁜 습관　　　② 극도의 가난　　　③ 만성적인 질병　　　④ 가족 갈등

3 문맥상 '~하곤 했다'의 뜻이 되어야 하므로 「used to + 동사원형」이 적절하다. 따라서 ⓐ의 coming은 come이 되어야 한다. crying은 동시동작을 나타내는 분사구문이다.

ⓑ 「find + 목적어 + 목적격 보어」 형태이며, 그 자신이 뒤쳐지는 능동의 관계이므로 himself 뒤에는 현재분사 falling이 적절하다.

ⓒ While working there는 While he was working there에서 he was가 생략된 형태이다. 부사절에서 「대명사 주어 + be동사」는 종종 생략된다.

ⓓ Despite는 '~에도 불구하고'의 뜻을 나타내는 전치사이며, 뒤에 명사구가 이어지므로 어법상 적절하다.

ⓔ no matter how는 '아무리 ~더라도'의 뜻으로, many와 연결되어 '아무리 많은 ~라도'의 의미로 쓰였다.

4 Joe는 어렸을 때 말을 더듬어서 아이들에게 괴롭힘을 당했으나 스스로 훈련하여 자신감을 회복했다. 또한 자동차 사고로 아내와 딸을 잃는 등 살면서 많은 어려움을 겪었지만 이를 극복하고 결국 미국의 최장기 상원 의원이 되었다. 이를 통해 Joe의 삶의 자세를 가장 잘 보여주는 속담은 ④ '역경이 오면 그것을 유리하게 이용하라.(lemon은 시큼하고 맛없는 과일, lemonade는 달콤하고 맛있는 레몬주스를 뜻함.)'임을 알 수 있다.

① 당하고 나서 현명해지는 것은 쉽다. (당하기 전에는 모른다.)
② 제비 한 마리가 왔다고 여름이 온 것은 아니다. (하나의 징조로 상황 전체를 판단하지 마라.)
③ 당신이 다다를 때까지 다리를 건너지 마라. (일이 일어나기도 전에 미리 걱정하지 마라.)
⑤ 낙타의 등을 부러뜨리는 것은 마지막 지푸라기이다. (어느 한계가 넘으면 조금만 더 가해도 치명적이다.)

본문 해석 Joe는 Pennsylvania(펜실베이니아) 주 Scranton(스크랜턴)에서 천주교를 믿는 노동자 계층의 가정에서 자랐다. 그의 아버지는 자동차 외판원이었다. 어렸을 때 그는 작았고 말을 더듬는 것 때문에 힘들어해서, 그는 체격이 더 큰 아이들에게 괴롭힘을 많이 당했다. 그는 그것 때문에 울면서 집에 오곤 했다. 그는 언제나 자신이 많은 것에서 뒤쳐진다는 것을 알았기 때문에 아주 소심했다.

그가 대학을 다닐 때 상황이 변하기 시작했다. 그는 미식축구 팀에 들어가서 열심히 훈련을 했다. 그 결과 그는 신체적으로 더 강해지고 자신감을 더 갖게 되었다. 그는 더 이상 과거의 나약한 아이가 아니었다. 그는 또한 거울 앞에서 반복해서 시를 낭송함으로써 간신히 말 더듬는 문제를 극복해냈다. 그 결과 그는 어린 시절의 열등감에서 완전히 회복했다.

Joe는 대학에서 역사, 정치학 그리고 법을 공부했다. 그는 평범했지만 열심히 공부하는 학생이었다. 대학을 졸업한 후에 그는 Delaware(델라웨어) 주의 구 의회에서 일하기 시작했다. 그곳에서 일하는 동안 그는 상원에 출마함으로써 인생을 바꿀만한 결정을 내렸다. 모든 사람들이 놀랍게도, 그는 선거에서 승리했고 29세에 역사상 다섯 번째로 나이가 어린 상원 의원이 되었다.

그러나 그의 행복은 오래 가지 못했다. 그의 아내와 딸이 교통사고로 죽었을 때 비극이 발생했다. 그의 개인적인 어려움에도 불구하고 Joe는 최장기 상원 의원으로서 굉장한 일을 해냈다. 아무리 많은 장애물에 직면해야 했더라도 Joe는 그럴 때마다 그것들을 모두 극복하고 더 강해짐으로써 진정한 인내심을 보여주었다.

지문 풀이

Joe grew up / in a Catholic working-class family / in Scranton, Pennsylvania. / His father was a car
Joe는 자랐다 /　　천주교를 믿는 노동자 계층의 가정에서 /　　Pennsylvania주 Scranton에서 /　　그의 아버지는 자동차 외판원이었다 /

salesman. / ❶ **As a child**, / he was small / and struggled with stammering, / so he was bullied a lot / by the
　　　　　　 어렸을 때 /　 그는 작았다 /　　그리고 말을 더듬는 것 때문에 힘들어했다 /　　그래서 그는 괴롭힘을 많이 당했다 /　 체격이 더

bigger kids. / He used to come home crying / because of it. / Since he always found himself falling behind / in
큰 아이들에게 /　 그는 울면서 집에 오곤 했다 /　　　　　 그것 때문에 /　　그는 언제나 자신이 뒤쳐진다는 것을 알았기 때문에 /　　많은

many things, / he was very timid. /
것에서 / 그는 아주 소심했다 /

Things started to change / when he was in college. / He joined the football team / and trained himself
상황이 변하기 시작했다 / 그가 대학을 다닐 때 / 그는 미식축구 팀에 들어갔다 / 그리고 열심히 훈련을 했다 /

hard. / As a result, / he became physically stronger / and more confident. / He was no longer the frail kid /
그 결과 / 그는 신체적으로 더 강해졌다 / 그리고 자신감을 더 갖게 되었다 / 그는 더 이상 나약한 아이가 아니었다 /

he ❷ used to be. / He also managed to get over the stuttering problem / by reciting poetry over and over /
과거에 그랬던 / 그는 또한 간신히 말 더듬는 문제를 극복해냈다 / 반복해서 시를 낭송함으로써 /

in front of the mirror. / As a result, / he completely recovered / from his childhood inferiority complex. /
거울 앞에서 / 그 결과 / 그는 완전히 회복했다 / 그의 어린 시절의 열등감에서 /

Joe studied / history, political science, and law / in college. / He was an average but hardworking
Joe는 공부했다 / 역사, 정치학 그리고 법을 / 대학에서 / 그는 평범했지만 열심히 공부하는

student. / After graduating from college, / he began to work for a county council / in Delaware. / While
학생이었다 / 대학을 졸업한 후에 / 그는 구 의회에서 일하기 시작했다 / Delaware주의 / 그곳에서

working there, / he made a life-changing decision / by running for the Senate. / To everyone's surprise, /
일하는 동안 / 그는 인생을 바꿀만한 결정을 내렸다 / 상원에 출마함으로써 / 모든 사람들이 놀랍게도 /

he won the election / and became the fifth-youngest senator / in history, / at 29. /
그는 선거에서 승리했다 / 그리고 다섯 번째로 나이 어린 상원 의원이 되었다 / 역사상 / 29세에 /

However, / his happiness was short-lived. / A tragedy struck / when his wife and daughter were killed / in a car
그러나 / 그의 행복은 오래 가지 못했다 / 비극이 발생했다 / 그의 아내와 딸이 죽었을 때 / 교통사고로

accident. / Despite his personal difficulties, / Joe did a great job / as the longest-serving senator. / ❸ No matter
그의 개인적인 어려움에도 불구하고 / Joe는 굉장한 일을 해냈다 / 최장기 상원 의원으로서 / 아무리 많은

how many obstacles / he had to face, / Joe showed true perseverance / by overcoming all of them / and
장애물에 / 그가 직면해야 했더라도 / Joe는 진정한 인내심을 보여주었다 / 그것들을 모두 극복함으로써 / 그리고

becoming stronger / each time. /
더 강해짐으로써 / 그럴 때마다 /

❶ As a child는 As he was a child에서 he was가 생략된 형태로서 When he was a child의 의미이다.

❷ 여기서 used to는 현재와 과거의 대비를 나타내어 '과거에는 ~였으나 지금은 아니다'의 뜻을 갖는다.
   ex. He is not the man (that) he **used to** be. 그는 과거의 그가 아니다.
       There **used to** be a hotel near the airport. 공항 근처에 호텔이 있었다. (그러나 지금은 없다.)

❸ No matter how + 형용사[부사]: 아무리 ~하더라도 (양보 구문)
       = However + 형용사[부사]
   ex. No matter how hard you may try, ~. 네가 아무리 열심히 노력하더라도
       = However hard
       No matter how many books you have, ~. 네가 아무리 많은 책을 가지고 있더라도
       No matter how much money you have, ~. 네가 아무리 많은 돈을 가지고 있더라도

---

27 나이와 COVID-19의 상관관계
pp. 76~77

문제 정답 | 1 ④   2 rate

문제 해설 **1** 50대와 80대 연령 집단 사이에서 사람들이 나이가 많을수록 COVID-19 환자가 더 적으므로 ④는 도표의 내용과 일치하지 않는다. the more를 the less로 바꿔야 도표의 내용과 일치한다.

2 rate: 비율; 요금
- 남아프리카는 현재 세계에서 세 번째로 범죄율이 높다.
- 우리는 광범위한 서비스를 합리적인 <u>요금</u>으로 제공할 수 있습니다.

본문 해석 위의 두 도표는 한국의 연령별 COVID-19로 인한 사망률과 COVID-19 환자의 수를 각각 보여준다. 가장 현저하게는 사망률이 80세 이상의 사람들 사이에서 가장 높다 (25%). 그러나 똑같은 연령 집단의 COVID-19 환자의 수는 두 번째로 가장 적다. 20대 환자들이 COVID-19 환자의 가장 많은 수를 차지하며, 그 다음으로 50대와 40대가 뒤를 따르고 있다. 그러나 20대나 20대 이하의 사람들의 사망률은 0이다. <u>50살이 넘어서부터는 사람들이 나이가 많을수록 감염이 될 가능성이 더 크다(→ 적다).</u> COVID-19로 인한 사망률과 COVID-19 환자의 수를 결정하는 데 나이가 중요한 역할을 하는 것처럼 보인다.

지문 풀이

The above two graphs show / the COVID-19 death rate / and the number of COVID-19 patients / by age /
위의 두 도표는 보여준다 / COVID-19로 인한 사망률을 / 그리고 COVID-19 환자의 수를 / 연령별로 /

in South Korea, / respectively. / Most notably, / the death rate is the highest / among people over
한국의 / 각각 / 가장 현저하게는 / 사망률이 가장 높다 / 80세 이상의 사람들 사이에서 /

80 / (25%); / however, / the same age group / has ❶ the second smallest number of COVID-19 patients. /
25% / 그러나 / 똑같은 연령 집단이 / COVID-19 환자의 수는 두 번째로 가장 적다 /

Patients in their 20s / account for the largest number of COVID-19 patients, / followed by those in their 50s
20대 환자들이 / COVID-19 환자의 가장 많은 수를 차지한다 / 그 다음으로 50대와 40대가 뒤를 따르고 있다 /

and 40s. / However, / the death rate / of those in their 20s or younger / is 0. / After 50, / ❷ the older people
그러나 / 사망률은 / 20대나 20대 이하의 사람들의 / 0이다 / 50살이 넘어서부터는 / 사람들이 나이가 많을수록 /

are, / the less likely they are to get infected. / ❸ It seems / that age plays an important role / in determining
감염이 될 가능성이 더 적다 / ~인 것처럼 보인다 / 나이가 중요한 역할을 하는 / COVID-19로 인한

the death rate from COVID-19 / and the number of COVID-19 patients. /
사망률을 결정하는 데 / 그리고 COVID-19 환자의 수를 (결정하는 데) /

❶ '가장 적은 숫자'는 the smallest number이고 '두 번째로 가장 적은 숫자'는 the second smallest number이다. 물론 '세 번째로 가장 적은 숫자'는 the third smallest number이다.

❷ the+비교급 ~, the+비교급 ...: ~하면 할수록, 더 …하다
  ex. **The higher** we went, **the more** snow came.

❸ It seems that ~은 「주어 + seem(s) + to부정사」로 바꿔 쓸 수 있다. (= Age seems to play an important role ~.)

Big Issue

28 우리 삶의 일부, 클라우드 컴퓨팅　　　　　pp. 78~79

문제 정답 | **1** ② 　**2** ③ 　**3** ④

문제 해설 **1** 클라우드 컴퓨팅의 개념과 작동 원리에 이어 현재 클라우드가 우리 삶에서 어떻게 이용되고 있는지 설명하고 있으므로 ② '클라우드 컴퓨팅: 어떻게 그것이 작동하며 우리 삶에 영향을 미치는가'가 글의 제목으로 적절하다.

① 클라우드 컴퓨팅의 장단점

③ 클라우드 컴퓨팅의 신세계에서 앱을 개발하기

④ 사물 인터넷에서 클라우드 컴퓨팅의 역할

⑤ 시장에서 이용할 수 있는 다양한 종류의 클라우드 서비스

2 13~14행의 The recent crisis caused by the novel coronavirus has led to the spread of cloud services.에서 신종 코로나바이러스로 인해 클라우드 서비스가 확산되었다고 했으므로, ③은 글의 내용과 일치하지 않는다.

① 4~6행 참고   ② 6~8행 참고   ④ 18~19행 참고   ⑤ 19~21행 참고

3 재택근무와 원격 수업을 포함한 사회적 거리 두기 때문에 집에서 더 많은 시간을 보내야 한다면 온라인 비디오 서비스의 인기는 추락하는 것이 아니라 급증할 것이므로 ⓓ의 crashed는 soared, increased 등과 같은 단어로 고쳐야 한다.

본문 해석   **클라우드 컴퓨팅**

오늘날 '클라우드 컴퓨팅'은 IT 산업에서 핵심어이다. 모든 사업체가 클라우드를 사용한다. 클라우드는 멀리 떨어진 거대한 서버에 엄청나게 큰 공간과 용량을 갖고 있는 인터넷 시스템이다. 엄청난 양의 물을 저장하고 이리저리 이동하는 하늘에 있는 구름과 마찬가지로 클라우드 시스템은 언제든지 편리하게 되찾아올 수 있는 막대한 양의 데이터와 프로그램들을 저장할 수 있다. 여러분은 인터넷 접속이 되는 한 자신의 컴퓨터에서 클라우드로 어떤 파일이든지 업로드할 수 있고, 자신이 원하는 장소나 시간에 그것을 이용할 수 있다. 따라서 여러분은 자신의 개인용 컴퓨터나 회사 컴퓨터에 어떤 파일도 저장할 필요가 없다.

우리들 중 일부는 깨닫지 못할 수도 있지만 클라우드 서비스는 오늘날 우리 삶의 아주 필수적인 일부가 되었다. 그것이 없으면, 구글 드라이브, 페이스북, 트위터, 유튜브 또는 심지어 넷플릭스조차 없을 것이다. 신종 코로나바이러스에 의해 야기된 최근의 위기는 클라우드 서비스의 확산을 일으켰다. 예를 들어, 재택근무와 원격 수업을 포함한 사회적 거리 두기로 인해 우리가 집에서 더 많은 시간을 보내야 하기 때문에 클라우드를 기반으로 하는 넷플릭스 같은 온라인 비디오 서비스의 인기가 폭락했다(→ 급격히 상승했다).

점점 더 많은 사업체가 영업을 하기 위해서 클라우드에 의존하기 때문에 클라우드 서비스는 계속 급격하게 성장할 것으로 기대된다. 우리가 스마트폰이 없는 세상을 상상할 수 없는 것과 마찬가지로 클라우드는 이제 우리 삶의 없어서는 안 될 일부가 되고 있다.

지문 풀이

Cloud Computing /
클라우드 컴퓨팅 /

Today, / "cloud computing" is a key word / in the IT industry. / Every business uses clouds. / A cloud is an
오늘날 / '클라우드 컴퓨팅'은 핵심어이다 / IT 산업에서 / 모든 사업체가 클라우드를 사용한다 / 클라우드는 인터넷

Internet system / ❶ **which** has a huge space and capacity / on remote gigantic servers. / Like the clouds in the
시스템이다 / 엄청나게 큰 공간과 용량을 갖고 있는 / 멀리 떨어진 거대한 서버에 / 하늘에 있는 구름과 마찬가지로 /

sky / ❷ **which** store huge amounts of water / and move around, / a cloud system can store enormous data and
엄청난 양의 물을 저장하는 / 그리고 이리저리 이동하는 / 클라우드 시스템은 막대한 양의 데이터와 프로그램들을 저장할 수 있다 /

programs / ❸ **which** can be conveniently retrieved / at any time. / You can upload any file to the cloud / from
편리하게 되찾아올 수 있는 / 언제든지 / 여러분은 클라우드로 어떤 파일이든지 업로드할 수 있다 / 자신의

your computer / and access it / at any place or time / you want / ❹ **as long as** you have Internet
컴퓨터에서 / 그리고 그것을 이용할 수 있다 / 장소나 시간에 / 자신이 원하는 / 인터넷 접속이 되는 한 /

access. / Therefore, / you don't need to store any files / on your personal or company computer. /
따라서 / 여러분은 어떤 파일도 저장할 필요가 없다 / 자신의 개인용 컴퓨터나 회사 컴퓨터에 /

While some of us may not realize ❺ **it**, / cloud services have become such an integral part / of our
우리들 중 일부는 깨닫지 못할 수도 있지만 / 클라우드 서비스는 아주 필수적인 일부가 되었다 / 우리 삶의 /

lives / today. / Without them, / there would be no Google Drive, Facebook, Twitter, YouTube or even
오늘날 / 그것이 없으면 / 구글 드라이브, 페이스북, 트위터, 유튜브 또는 심지어 넷플릭스조차 없을 것이다 /

Netflix. / The recent crisis / ❻ **caused by the novel coronavirus** / has led to the spread of cloud services. / For
최근의 위기는 / 신종 코로나바이러스에 의해 야기된 / 클라우드 서비스의 확산을 일으켰다 / 예를

example, / the popularity of online video services / such as cloud-based Netflix / soared, / as we have to spend
들어 / 온라인 비디오 서비스의 인기가 / 클라우드를 기반으로 하는 넷플릭스 같은 / 급격히 상승했다 / 우리가 집에서 더 많은 시간을

more time at home / due to social distancing, / including telecommuting and remote classes. /
보내야 하기 때문에 / 사회적 거리 두기로 인해 / 재택근무와 원격 수업을 포함한 /

Cloud services are expected / to continue to grow drastically / because more and more businesses rely on
클라우드 서비스는 기대된다 / 계속 급격하게 성장할 것으로 / 점점 더 많은 사업체가 클라우드에 의존하기 때문에

clouds / to operate. / Just as we can't imagine a world / without smartphones, / clouds are now becoming an
clouds / to operate. / Just as we can't imagine a world / without smartphones, / clouds are now becoming an
영업을 하기 위해서 / 우리가 세상을 상상할 수 없는 것과 마찬가지로 / 스마트폰이 없는 / 클라우드는 이제 없어서는 안 될 일부가 되고 있다 /

indispensable part / of our lives. /
우리 삶의 /

---

❶, ❷, ❸ 주격 관계대명사 which가 이끄는 관계사절이 앞에 있는 선행사(❶은 an Internet system, ❷는 the clouds, ❸은 enormous data and programs)를 수식한다.

❹ as long as는 '~하는 한, ~하기만 하면'의 뜻으로 부사절을 이끄는 접속사이다.
ex. We'll go camping **as long as** the weather is good.
우리는 날씨만 좋으면 캠핑을 갈 것이다.

❺ it은 앞 문장의 명사구를 지칭하는 것이 아니라 바로 뒤의 cloud services have become such an integral part of our lives today를 지칭한다.

❻ caused가 이끄는 과거분사구가 앞에 있는 The recent crisis를 수식한다. 과거분사는 '~된, ~한'의 수동이나 완료의 의미를 나타낸다.

29 손바닥을 보이면서 거짓말 못한다

pp. 82~83

문제 정답 | 1 ④ **2** ① **3** expose

문제 해설

1 13~15행에서 손바닥을 편 채로 이야기하면 상대방이 더 솔직해지도록 부추기는 데 도움을 준다고 했는데, 이것은 상대방이 진실을 말하도록 압박을 가하는 것이므로 ⓓ untruthful(거짓말을 하는)은 truthful(진실된)로 바꾸어야 한다.

2 손바닥을 편 채로 거짓말을 하는 것은 어렵다는 내용이므로, ① '편 손바닥: 정직의 증거'가 제목으로 가장 적절하다.
② 당신의 손바닥은 당신의 진짜 정체를 보여준다
③ 손바닥 제스처는 당신의 감정을 나타낸다
④ 당신의 미래를 보기 위해 당신의 손바닥을 봐라
⑤ 당신의 손바닥을 사용해서 다른 사람들과 의사소통하는 법

3 expose: 노출시키다, 드러내다
• George는 그의 손에 있는 상처를 드러내기(보여주기) 위해 장갑을 벗었다.
• 우리가 우리 자신을 다른 문화에 노출시키는 것이 중요하다.

본문 해석

타인들과 의사소통할 때 손바닥을 편 제스처를 실행함으로써 더 솔직하고 신뢰할 수 있는 것처럼 보이는 것이 가능하다. 흥미롭게도, 손바닥을 편 제스처가 습관화되어가면서, 거짓을 말하는 경향이 줄어든다. 대부분의 사람들은 손바닥을 편 채로 거짓말을 하는 것이 어렵다고 여긴다. 만약 어떤 사람이 숨김이 없다면, 그들의 손바닥을 펼 것이지만, 단지 손바닥을 펴는 것만으로도 그 사람이 설득력 있는 거짓말을 하는 것을 어렵게 만든다. 이것은 제스처와 감정이 서로 밀접하게 연관되어 있기 때문이다. 예를 들어, 당신이 방어한다고 느끼면, 당신은 가슴을 가로질러 팔짱을 낄 가능성이 있다. 그러나 단지 팔짱을 끼기만 해도, 당신은 방어적인 감정을 경험하기 시작할 것이다. 그리고 만약 당신이 손바닥을 편 채로 이야기를 하고 있다면, 그것은 상대방에게도 역시 거짓말을 하라(→ 진실되라)는 훨씬 더 많은 압박을 가하는 것이다. 다시 말해, 편 손바닥은 다른 사람들이 말할지도 모르는 거짓 정보의 일부를 억누르고 그들이 당신에게 더 솔직해지도록 부추기는 데 도움을 줄 수 있다.

지문 풀이

It's possible / to appear more open and credible / by practicing open palm gestures / when communicating
가능하다 / 더 솔직하고 신뢰할 수 있는 것처럼 보이는 것이 / 손바닥을 편 제스처를 실행함으로써 / 타인들과 의사소통할 때

with others. / Interestingly, as the open palm gestures become habitual, / the tendency to tell untruths
흥미롭게도, 손바닥을 편 제스처가 습관화되어가면서 / 거짓을 말하는 경향이 줄어든다 /

diminishes. / Most people find it difficult to lie / ❶ with their palms exposed. / If a person ❷ is being
대부분의 사람들은 거짓말을 하는 것이 어렵다고 여긴다 / 그들의 손바닥을 편(드러낸) 채로 / 만약 어떤 사람이 숨김이 없다면 /

open, / ❸ they will expose their palms, / but just having their palms exposed makes it difficult / for the
그들은 그들의 손바닥을 펼(드러낼) 것이다 / 그렇지만 단지 그들의 손바닥을 펴는 것은 어렵게 만든다 / 그 사람이

person to tell a convincing lie. / This is because / gestures and emotions are directly linked to each other. /
설득력 있는 거짓말을 하는 것을 / 이것은 ~이기 때문이다 / 제스처와 감정은 서로 밀접하게 연관되어 있다 /

If you feel defensive, / for example, / you are likely to cross your arms / across your chest. / But if you simply
당신이 방어한다고 느끼면 / 예를 들어 / 당신은 당신의 팔짱을 낄 가능성이 있다 / 당신의 가슴을 가로질러 / 그러나 단지 당신이 팔짱을

cross your arms, / you will begin to experience defensive feelings. / And if you are talking / with your palms
끼기만 해도 / 당신은 방어적인 감정을 경험하기 시작할 것이다 / 그리고 만약 당신이 이야기를 하고 있다면 / 당신의 손바닥을 편 채로 /

exposed, / it puts even more pressure / on the other person to be truthful too. / In other words, / open palms
그것은 훨씬 더 많은 압박을 가하는 것이다 / 상대방에게도 역시 진실되라는 / 다시 말해 / 편 손바닥은

can help to suppress ❹ **some of the false information** / **others may tell** / and encourage them to be more open
거짓 정보의 일부를 억누르는 데 도움을 줄 수 있다 / 다른 사람들이 말할지도 모르는 / 그리고 그들이 당신에게 더 솔직해지도록 부추기는 데 /

with you. /

❶ with their palms exposed: 부대상황을 나타내는 「with + 명사 + 과거분사」의 with 분사구문이다.

❷ be동사의 진행형인 is being을 사용하여 현재 눈앞에서 행해지고 있는 행위를 서술한다.
   ex. He is kind. 그는 (평소에) 친절하다. 〈성격 서술〉
        He is being kind. 그는 (지금) 친절하게 군다. 〈현재 행위에 대한 서술〉

❸ they와 their는 앞에 나온 a person을 받는 대명사로, 성별을 알 수 없는 a person, someone, the patient, a journalist 같은
   명사는 현대 영어에서 흔히 they로 받는데 이를 singular they(단수 대명사)라고 한다.

❹ some of the false information (that[which]) others may tell: 목적격 관계대명사 that[which]가 생략되었다.
   ex. The jacket (that[which]) I bought yesterday is too large for me. 내가 어제 구입한 재킷은 나에게 너무 크다.
   cf. 보어 역할을 하는 관계대명사는 that만 쓸 수 있는데, 이때도 생략할 수 있다.
        She is not the cheerful woman (that) she was before she married.
        　　　　　　　　　　　　주격 보어로 쓰인 관계대명사
        He is not the man (that) he was ten years ago.

30 　동물도 정의감과 자존심이 있다　　　　　　　　　　　　　　　　　　　pp. 84~85

문제 정답 | **1** ④ 　**2** ③ 　**3** ①

문제 해설　**1** (A) 다른 원숭이들이 포도를 받는 것을 보고 원숭이들의 태도에 변화가 있었다는 내용으로 보아 원숭이들은 오이 조각을
'거절할(reject)' 것임을 알 수 있다. accept는 '받아들이다'라는 뜻이다.
(B) 8~9행에서 '그들은 더 가치가 높은 음식을 받는다는 희망으로 어떤 물질적 보상을 기꺼이 포기한다'고 했으므로,
원숭이들은 불평등을 '인식한다(recognize)'는 것을 알 수 있다. ignore는 '무시하다'라는 뜻이다.
(C) 13~14행에서 '그들의 반응은 연속적인 실험에서 확연히 감소했다'는 내용으로 보아 'lessened(줄어들었다)'로
이어지는 것이 자연스럽다. strengthen은 '강화시키다'라는 뜻이다.

2 꼬리감기 원숭이들은 다른 꼬리감기 원숭이들이 더 매력적인 포도를 받는 것을 본 후에 오이 조각을 거절할 가능성이 더
커졌다고 했으므로 ③ '불공정함'을 인식한다는 것을 알 수 있다.
① 신원　　　② 공감　　　④ 위신, 명망　　　⑤ 책임

3 evidence를 부연 설명하는 주격 관계대명사절이 와야 하므로 ⓐ in which는 which나 that으로 바꾸어야 한다.
ⓑ seeing이 지각동사이므로 목적격 보어로 원형 부정사 receive가 오는 것이 맞다.
ⓒ much는 비교급 less를 수식하여 '훨씬'의 뜻을 갖는다.
ⓓ feeling irritated는 보어의 성격을 가진 분사구문으로 짜증난 상태를 의미한다.
ⓔ 주어 grapes는 동작의 주체가 아니라 행위의 대상이므로 수동을 의미하는 과거분사 given이 오는 것이 맞다.

일부 동물들은 불공정함에 대한 감각을 가지고 있다는 것을 나타내는 증거가 있다. 한 연구에서 꼬리감기 원숭이들은 다른 꼬리감기 원숭이가 더 매력적인 포도를 받는 것을 본 후에 오이 조각을 거절하는 가능성이 더 컸다. 결국 아무것도 얻지 못하고 끝날 위험에 처하더라도, 그 원숭이들은 오이 조각을 받을 가능성이 훨씬 더 적었다. 이런 관찰은 그 원숭이들이 불평등을 인식한다는 것을 보여준다.

그들은 더 가치가 높은 음식을 받는다는 희망으로 어떤 물질적 보상을 기꺼이 포기한다. 운이 좋은 원숭이들은 유쾌한 기분으로 실험을 끝낸 반면에, 그들의 상대편은 보통 짜증난 채로 구석에 앉아 있었다. 하지만 포도가 눈에 보이지만 어느 원숭이에게도 주어지지 않았을 때 원숭이들의 그 음식에 대한 반응은 줄어들었다. 그런 경우, 그들의 반응은 연속적인 실험에서 확연히 감소했다.

지문 풀이

There is evidence / that ❶ **suggests some animals have** a sense of unfairness. / In a study, / capuchin monkeys
증거가 있다 / 일부 동물들은 불공정함에 대한 감각을 가지고 있다는 것을 나타내는 / 한 연구에서 / 꼬리감기 원숭이들은 오이 조각을

were more likely to reject a cucumber slice / after seeing another capuchin monkey receive a more attractive
거절하는 가능성이 더 컸다 / 다른 꼬리감기 원숭이가 더 매력적인 포도를 받는 것을 본 후에 /

grape. / Even at the risk of ending up with nothing, / the monkeys were much less likely to take the cucumber
결국 아무것도 얻지 못하고 끝날 위험에 처하더라도 / 그 원숭이들은 오이 조각을 받을 가능성이 훨씬 더 적었다 /

slice. / These observations ❷ **suggest** / **that the monkeys recognize** inequality. /
이런 관찰은 보여준다 / 그 원숭이들이 불평등을 인식한다는 것을 /

They are willing to give up some material reward / in hopes of getting the higher-value food. / The lucky
그들은 어떤 물질적 보상을 기꺼이 포기한다 / 더 가치가 높은 음식을 받는다는 희망으로 / 운이 좋은

monkeys ended the experiments / in a cheerful mood, / while their partners typically ❸ **sat** in a
원숭이들은 실험을 끝냈다 / 유쾌한 기분으로 / 반면 그들의 상대편은 보통 구석에 앉았다 /

corner / **feeling irritated.** / When grapes were visible / but were not given to either monkey, / however, /
짜증난 채로 / 포도가 눈에 보였을 때 / 그러나 어느 원숭이에게도 주어지지 않았을 때 / 하지만 /

the monkeys' reactions to the food / were lessened. / In that case, / their reactions clearly decreased over
원숭이들의 그 음식에 대한 반응은 / 줄어들었다 / 그런 경우 / 그들의 반응은 연속적인 실험에서 확연히 감소했다 /

successive trials. /

❶, ❷ suggest가 '암시하다, 보여주다, 나타내다'의 뜻으로 쓰이면 that절의 동사는 주어의 시제와 수에 일치시키지만, suggest가 '제안하다'의 의미로 쓰이면 that절의 동사는 동사원형을 쓴다. ❶은 suggests 뒤에 접속사 that이 생략되어 있다.
ex. They **suggested** that the new mayor (should) **establish** a community center.
그들은 새로운 시장이 지역사회센터를 건립할 것을 제안했다.

❸ sat이 동사이며, feeling irritated는 보어의 성격을 지닌 분사구문으로 '짜증난 채로'라는 뜻이다.

31 애완동물 기르면 좋은 점
pp. 86~87

문제 정답 | **1** ⑤ **2** ② **3** (1) adversity[hardship] (2) retain (3) optimism

문제 해설 **1** 주어인 the aged가 'the + 형용사'의 형태로 '나이든 사람들'이라는 복수 의미이므로 동사는 ⓔ was가 아닌 were가 되어야 한다.
ⓐ '사람들'이라는 뜻인 대명사 those는 어법상 적절하다.

ⓑ depressed는 뒤에 오는 patients를 수식하는 형용사로 어법상 적절하다.

ⓒ pets는 노인들을 위해 이용되는 대상이므로 수동태로 쓰인 used는 어법상 적절하다.

ⓓ what은 뒤에 나온 동사 were의 보어이므로 어법상 적절하다.

2 애완동물이 우울증이나 만성적인 질병이 있는 환자들의 치료에 중요하고, 시설에 수용된 의기소침한 노인들에게 기쁨을 준다는 내용이므로 ② '애완동물을 기르는 것의 건강상 이점과 기분을 돕는 이점'이 글의 주제로 가장 적절하다.

① 만성적인 질병이 있는 환자들을 치료하는 법

③ 노인들을 위한 시설에서 애완동물을 기르는 이유들

④ 애완동물을 기르는 것이 아이들의 동물에 대한 태도에 미치는 영향

⑤ 동물의 보조를 받는 치료를 통해 정신 건강을 향상시키는 법

3 (1) adversity: 역경, hardship: 고난

심각한 어려움이나 불운의 상태

(2) retain: 유지하다

어떤 것을 계속 가지고 있다

(3) optimism: 낙관주의

사건의 더욱 긍정적인 면을 보려는 경향

본문 해석 사람들이 진짜 역경—질병, 실직, 혹은 나이로 인한 장애—에 직면할 때, 애완동물로부터의 애정은 새로운 의미를 띤다. 애완동물의 지속적인 애정은 고난을 견디고 있는 사람들에겐 매우 중요해진다. 왜냐하면 그것(애정)은 그들(사람들)의 핵심적인 본질이 손상되지 않았다고 안심시켜 주기 때문이다. 따라서 애완동물들은 우울한 환자나 만성적인 질병을 앓는 환자들의 치료에 중요하다. 게다가 애완동물들은 시설에 수용된 노인들에게 매우 유익하게 이용된다. 그런 시설들에서는 모든 환자들이 건강상 쇠퇴하고 있을 때 직원들이 낙관을 유지하기가 어렵다. 방문하는 자녀들은 부모님이나 조부모님이 예전에 어떠했는가를 기억하고 그들의 정상 생활 불능 상태 때문에 우울해질 수밖에 없다. 그러나 동물들은 (환자의) 정신적인 능력에 대해 어떤 기대도 갖지 않는다. 그들은 젊음을 숭배하지 않는다. 그들은 노인들이 예전에 어떠했는지에 대한 기억이 전혀 없어서 마치 그들(노인들)이 어린이인 것처럼 그들을 반긴다. 강아지를 안고 있는 노인은 완전히 정확하게 어린 시절을 다시 살(체험할) 수 있다. 그의 기쁨과 그 동물의 반응은 동일하다.

지문 풀이

When people face real adversity / —disease, unemployment, or the disabilities of age— / affection from a
사람들이 진짜 역경에 직면할 때 / 질병, 실직, 혹은 나이로 인한 장애 / 애완동물로부터의 애정은 /

pet / takes on new meaning. / A pet's continuing affection becomes crucially important / for those enduring
새로운 의미를 띤다 / 애완동물의 지속적인 애정은 매우 중요해진다 / 고난을 견디고 있는 사람들에게 /

hardship / because it reassures them / that their core essence has not been damaged. / Thus pets are
왜냐하면 그것은 그들을 안심시켜 주기 때문이다 / 그들의 핵심적인 본질이 손상되지 않았다고 / 따라서 애완동물들은

important / in the treatment of depressed or chronically ill patients. / In addition, pets are used / to great
중요하다 / 우울한 환자나 만성적인 질병을 앓는 환자들의 치료에 / 게다가 애완동물들은 이용된다 / 매우 유익하게

advantage / with the institutionalized aged. / In such institutions, / it is difficult for the staff to retain
시설에 수용된 노인들에게 / 그런 시설들에서는 / 직원들이 낙관을 유지하기가 어렵다 /

optimism / when all the patients are declining in health. / Children who visit / ❶ **cannot help but remember** /
모든 환자들이 건강상 쇠퇴하고 있을 때 / 방문하는 자녀들은 / 기억할 수밖에 없다 /

what their parents or grandparents once were / and **be depressed** by their incapacities. / Animals,
그들의 부모님이나 조부모님이 예전에 어떠했는가를 / 그리고 그들의 정상 생활 불능 상태로 인해 우울해질 (수밖에 없다) / 그러나 동물들은 /

however, / have no expectations about mental capacity. / They do not worship youth. / They have no
정신적인 능력에 대해 어떤 기대도 갖지 않는다 / 그들은 젊음을 숭배하지 않는다 / 그들은 기억이 없다 /

memories / about what the aged once were / and greet them / ❷ **as if they were** children. / ❸ **An old man**
노인들이 예전에 어떠했는지에 대한 /   그리고 그들을 반긴다 /   마치 그들이 어린이인 것처럼 /   강아지를 안고 있는 노인은 /

holding a puppy / can relive a childhood moment / with complete accuracy. / His joy and the animal's
어린 시절을 다시 살(체험할) 수 있다 /   완전히 정확하게 /   그의 기쁨과 그 동물의 반응은 동일하다 /

response are the same. /

---

❶ cannot help but + V는 '～하지 않을 수 없다, ～할 수밖에 없다'라는 뜻이다. be depressed는 앞에 나온 동사 remember와 병렬
　　구조를 이루어 cannot help but에 연결된다.

❷ as if + 주어 + 과거동사(주절과 같은 때에 대한 가정): 마치 ～인 듯이

❸ An old man holding a puppy: 현재분사구가 앞 명사(An old man)를 뒤에서 수식하고 있다.

Big Issue

32 | 세상을 감시하는 Smart Dust

문제 정답 | **1** ④　**2** ④　**3** ④

문제 해설　**1** 눈에 보이지 않을 정도로 매우 작은 크기의 Smart Dust가 다양한 분야에서 중요한 정보들을 발견한다는 내용이므로
　　　　　　　④ 'Smart Dust: 공기 중에 숨은 눈'이 제목으로 가장 적절하다. 마지막에 오용 사례가 하나 언급되었지만 이것이
　　　　　　　전체적인 흐름에 큰 영향을 줄 수 없다.
　　　　　　　① Smart Dust의 위험
　　　　　　　② Smart Dust가 어떻게 당신을 염탐할 수 있는가
　　　　　　　③ 바람 속의 먼지: 군사 기술
　　　　　　　⑤ Smart Dust가 자연 현상을 감지하는 법

　　　　　　2 14～16행 Scientists even use Smart Dust to observe occurrences in space and mines which are
　　　　　　usually out of human reach.에서 인간이 접근할 수 없는 우주에서도 Smart Dust를 사용한다고 했으므로 ④는
　　　　　　글의 내용과 일치하지 않는다.
　　　　　　① 3～4행 참고　　② 6행 참고　　③ 12～13행 참고　　⑤ 18～19행 참고

　　　　　　3 Smart Dust가 군사적인 목적을 위해 사용되는 것 이외에도 자연 현상 감지, 농업, 우주 등 다양한 분야에서 사용되고
　　　　　　있다고 했으므로 ⓓ limited는 unlimited(무한한)로 바꾸어야 한다.

본문 해석　**Smart Dust(스마트 더스트)**
　　　　　　'먼지'란 단어는 보통 더럽고 부정적인 것에 대한 이미지를 불러일으킨다. 놀랍게도 다양한 방식으로 인간을 돕는
　　　　　　일종의 유익한 먼지가 있다. Smart Dust는 데이터 감지기를 갖고 있는 단지 1에서 2밀리미터 길이의 아주 작은
　　　　　　칩이다. 어떤 장소에 나누어 퍼뜨려질 때 그것은 주변 지역에 있는 많은 정보를 감지할 수 있다. Smart Dust는
　　　　　　처음에 적과 무기의 이동을 감지하는 군사적인 목적을 위해 개발되었지만 이제는 다양한 분야에서 사용되고 있다.
　　　　　　최근에 Smart Dust는 인간이 쉽게 접근할 수 없는 장소에서 일어나는 변화를 추적 감시하기 위해 사용된다.
　　　　　　그것은 멀리 떨어진 지역의 태풍과 지진 같은 비정상적인 자연 현상들을 감지한다. 그것은 또한 인간에 의해 쉽게
　　　　　　감지될 수 없는 산불이나 홍수도 감지할 수 있다. 농업에서 그것은 토양 정보와 해충 문제를 확인하고 전송한다.

50 | READER'S BANK

과학자들은 심지어 보통 인간의 힘이 미치지 않는 곳인 우주와 광산에서 일어나는 일을 관찰하기 위해 Smart Dust를 사용하기도 한다. 따라서 Smart Dust를 이용할 가능성은 유한하다(→ 무한하다).

그러나 일부 사람들은 Smart Dust가 오용될 수 있는 것을 걱정한다. 어떤 사람이 당신의 집이나 사무실에서 당신을 염탐하기 위해 Smart Dust를 사용한다면 어떻게 될까? 따라서 우리는 Smart Dust가 많은 위대한 목적을 위해 사용될 수 있지만 그것이 또한 악의를 갖고 이용될 수 있기 때문에 조심해야 한다.

Smart Dust /
스마트 더스트 /

The word "dust" usually brings up / an image of dirty negative things. / Surprisingly, there is a kind of
'먼지'란 단어는 보통 불러일으킨다 / 더럽고 부정적인 것들에 대한 이미지를 / 놀랍게도 일종의 유익한 먼지가 있다 /

beneficial dust / that helps humans in various ways. / Smart Dust is a tiny chip / with a data sensor / that is
다양한 방식으로 인간을 돕는 / Smart Dust는 아주 작은 칩이다 / 데이터 감지기를 갖고 있는 / 단지 1에서

only 1 to 2 millimeters long. / ❶ **When distributed** to some places, / it can detect a lot of information in the
2밀리미터의 길이인 / 어떤 장소에 나누어 퍼뜨려질 때 / 그것은 주변 지역에 있는 많은 정보를 감지할 수 있다 /

surrounding areas. / Though Smart Dust was initially developed for military purposes, / which were to detect
Smart Dust는 처음에 군사적인 목적들을 위해 개발되었지만 / 그것들은 적과 무기의 이동을

the movements of the enemy and weapons, / it is now being used in various fields. /
감지하는 것이었다 / 이제 그것은 다양한 분야에서 사용되고 있다 /

Recently, Smart Dust ❷ **is used to monitor** changes / occurring in places / which are not easily accessible to
최근에 Smart Dust는 변화들을 추적 감시하기 위해 사용된다 / 장소들에서 일어나는 / 인간이 쉽게 접근할 수 없는

humans. / It detects abnormal natural phenomena / like typhoons and earthquakes / in remote areas. / It can
그것은 비정상적인 자연 현상들을 감지한다 / 태풍과 지진 같은 / 멀리 떨어진 지역의 / 그것은 또한

also sense forest fires and floods / that cannot be easily detected by humans. / In agriculture, / it identifies
산불이나 홍수도 감지할 수 있다 / 인간에 의해 쉽게 감지될 수 없는 / 농업에서 / 그것은 토양 정보와

and transmits soil information and pest problems. / Scientists even use Smart Dust / to observe occurrences in
해충 문제들을 확인하고 전송한다 / 과학자들은 심지어 Smart Dust를 사용하기도 한다 / 우주와 광산에서 일어나는 일을 관찰하기

space and mines / which are usually out of human reach. / Therefore, the possibility of using Smart Dust is
위해 / 보통 인간의 힘이 미치지 않는 곳인 / 따라서 Smart Dust를 이용할 가능성은 무한하다 /

unlimited.

However, some people are concerned / that Smart Dust can be misused. / ❸ **What if** someone uses Smart
그러나 일부 사람들은 걱정한다 / Smart Dust가 오용될 수 있는 것을 / 어떤 사람이 Smart Dust를 사용한다면 어떻게 될까 /

Dust / to spy on you in your house or office? / Therefore, we should be careful / because / ❹ **while** Smart
당신의 집이나 사무실에서 당신을 염탐하기 위해? / 따라서 우리는 조심해야 한다 / ~이기 때문에 / Smart Dust가 많은 위대한

Dust can be used for many great purposes, / it can also be used with malicious intentions. /
목적을 위해 사용될 수 있지만 / 그것은 또한 악의를 갖고 이용될 수 있다 /

---

❶ When (it is) distributed to some places, ~: 분사구문에서 「주어 + be동사」인 it(= Smart Dust) is가 생략되었다.

❷ be used to V: ~하기 위해 사용되다 *cf.* be used to -ing: ~하는 데 익숙하다, used to V: (전에) ~이었다
   Smart Dust가 추적 감시하기 위해 사용된다는 의미이므로 to monitor가 사용되었다.
   ex. Stone **was used to build** the house. 돌은 그 집을 짓기 위해 사용되었다.
   I am not **used to eating** a big breakfast. 나는 아침을 푸짐하게 먹는 것에 익숙하지 않다.
   He **used to live** in Ohio, but now he lives in Maryland. 그는 오하이오호에 살았지만, 지금은 메릴랜드에 산다.

❸ what if~?는 '~한다면 어떻게 될까?'라는 뜻으로, 가정의 의미로 쓰인다.

❹ while은 '~인 반면에'의 뜻이 아니라 '~이지만(= although)'의 뜻으로 쓰였다.

33 이웃의 소음 문제 pp. 92~93

문제 정답 | **1** ② **2** ⑤ **3** adhere to

문제 해설 **1** 소음을 유발한 이웃에게 주의를 촉구하고 있는 글이므로, 글의 목적으로는 ②가 적절하다.

2 도치 구문이 쓰인 것이므로, ⓔ의 동사 do는 주어 landlord에 맞춰 does가 되어야 한다.

ⓐ '~으로 가득 찬'의 수동의 의미가 되어야 하므로 filled가 어법상 적절하다.

ⓑ '은퇴한'이라는 의미이므로 과거분사형인 retired가 어법상 적절하다.

ⓒ 동사 kept의 목적격 보어로 형용사 awake가 쓰였으므로 어법상 적절하다.

ⓓ to adhere가 obligation을 수식하는 to부정사의 형용사적 용법으로 쓰였으므로 어법상 적절하다.

3 adhere to: (법률, 규칙 등을) 준수하다

• 모든 운전자는 속도 제한을 <u>준수해야</u> 한다.

• 네가 그것에 동의하지 않더라도 너는 규칙을 <u>준수해야</u> 한다.

본문 해석 이웃 주민께,

우리 동네에 오신 걸 환영합니다. 당신은 아침에 일하러 가는 사람들과 은퇴한 사람들로 가득 찬 주거 지역에 살기로 선택했습니다. 우리는 당신이 좋은 이웃처럼 살기를 요청하는 바입니다. 지난밤, 당신은 10명의 어린아이들과 15명의 어른들을 포함한 적어도 다섯 가구를 새벽 2시까지 깨어 있게 했습니다. 첨부된 Cape Coral 시 소음 규정에 대략 기술되어 있는 것처럼, 당신은 주거 지역에서 용인될 수 있는 소음 수준을 지켜야 할 의무가 있습니다. 첨부된 페이지들은 어떠한 소음 제한이 있는지와 그 제한들을 어길 시의 벌칙들을 기술한 규정에서 발췌한 부분들입니다. 당신의 집주인이 그러하듯이 세입자인 당신도 그 규정의 적용을 받습니다.

지문 풀이

Dear Neighbor, /
이웃 주민께 /

Welcome to our neighborhood. / **You have chosen** / **to live in a residential neighborhood** / **filled with**
우리 동네에 오신 걸 환영합니다 / 당신은 선택했습니다 / 주거 지역에서 살기로 / 사람들로 가득 찬 /

people / **who go to work in the morning** / **and retired people.** / **We request** / **that you live like a good**
아침에 일하러 가는 / 그리고 은퇴한 사람들로 / 우리는 요청합니다 / 당신이 좋은 이웃처럼 살기를 /

neighbor. / **Last night,** / **you ❶ kept at least 5 families, including 10 young children and 15 adults, awake** /
지난밤 / 당신은 10명의 어린아이들과 15명의 어른들을 포함한 적어도 다섯 가구를 깨어 있게 했습니다 /

until 2 a.m. / **As outlined** / **in the attached City of Cape Coral Noise Ordinance,** / **you have an obligation to**
새벽 2시까지 / 대략 기술되어 있는 것처럼 / 첨부된 Cape Coral 시 소음 규정에 / 당신은 소음 수준을 지켜야 할 의무가 /

adhere to noise levels / **that are acceptable in a residential neighborhood.** / **The attached pages are**
있습니다 / 주거 지역에서 용인될 수 있는 / 첨부된 페이지들은 발췌한 부분들입니다 /

excerpts / **from the ordinance** / **that describes what the noise limitations are** / **and the penalties for violating**
규정에서 / 어떠한 소음 제한인지를 기술한 / 그리고 그것들을 어길 시의 벌칙들을 /

them. / **❷ You, as a tenant,** / **come under the ordinance,** / **as does your landlord.** /
세입자인 당신도 / 그 규정의 적용을 받습니다 / 당신의 집주인이 그러하듯이 /

34 어릴 때 두 개 언어 노출하면 둘 다 정복

문제 정답 | **1** ③ **2** ① **3** ②

문제 해설

1 아이에게 두 개의 언어를 접하게 하는 것이 아이의 언어 습득에 방해가 될 것이라고 생각해 왔지만 최근의 연구에 따르면 그렇지 않다는 내용이므로, ③ '이중 언어 사용에 대한 오해와 진실'이 제목으로 가장 적절하다.
① 언어: 정체성의 원천
② 언어로 세대 차이 메우기
④ 언어 능력: 성공에 대한 좋은 예측 변수
⑤ 언어 교육을 위해 한 개의 언어를 말하는 환경

2 동시에 두 언어를 접하는 것이 아이들을 혼란스럽게 만든다는 맥락이므로 빈칸에는 ① '불리한'이 적절하다.
② 동기를 부여 받은 ③ 편견이 있는 ④ 즉각 반응하는 ⑤ 민감한

3 ⓑ 뒤의 문장에서 두 개의 언어를 접하는 아이가 한 개의 언어를 접하는 아이보다 각 언어에 할애하는 시간이 적고, 배워야 하는 말소리나 어휘나 어법 구조가 두 배여서 언어 습득에 불리하다고 했으므로 오직 하나의 언어만 접하면 그 언어를 더 빨리 통달할 것이라는 추론은 합당하다. 그러므로 ⓑ unreasonable(불합리한)은 reasonable(합리적인, 합당한)로 고쳐야 한다.

본문 해설

1세대 이민자였던 우리 조부모님은 자식들과 있을 때 나의 부모님이 영어만 확실히 배우도록 하려고 폴란드어로 함께 이야기하는 것을 애써 피했다. 그들은 아이들이 동시에 두 언어를 접하는 것이 (아이들을) 혼란스럽게 만들고 오직 하나의 언어만 접하면 그 언어를 더 빨리 통달할 것이라고 생각했다. 그 추론은 매우 불합리한(→ 합리적인) 우려인데, 두 개의 언어를 배우는 아이는 한 개의 언어를 쓰는 아이보다 두 배나 많은 말소리, 단어 그리고 문법 구조를 배워야 하고, 두 개의 언어를 쓰는 아이는 각 언어에 할애하는 시간이 절반밖에 안 되어, 두 개의 언어를 쓰는 아이가 결국 한 개의 언어를 잘 말하기보다는 두 언어 모두 잘 못하는 지경에 이를 수 있다. 사실 1960년대까지 연구들은 두 개의 언어를 쓰는 아이들이 한 개의 언어를 쓰는 아이들에 비해 언어적으로 상당히 불리했고 결국 각 언어에서 더 적은 어휘를 갖게 되었다고 정말로 보고했다. 그러나 보다 최근의 연구들은 두 개의 언어를 쓰는 아이들과 한 개의 언어를 쓰는 아이들 모두 결국 기본적으로 같은 크기의 어휘력과 어휘를 기억하는 비율을 가진 어른이 되거나, 한 개의 언어를 쓰는 아이들이 결국 자신들이 쓰는 하나의 언어에서 10퍼센트까지 더 큰 어휘력을 갖게 되는 약간의 이점이 있다는 것을 보여주었다. 그러나, 이 결과를 "한 개의 언어를 쓰는 아이들은 결국 3,000 단어에 비해 3,300 단어로 약간 더 큰 어휘력을 갖는다."라는 말로 요약하는 것은 잘못된 것일 수 있다. 그 대신, 그 결과는 "두 개의 언어를 쓰는 아이들이 훨씬 더 큰 어휘력을 갖게 되는데, 영어 단어 3,300개를 알고 중국어 단어는 하나도 모르는 대신에 영어 단어 3,000개와 중국어 단어 3,000개로 구성된 총 6,000개의 단어를 알게 된다."라는 것이다.

My grandparents, first-generation immigrants, / diligently avoided speaking together in Polish / in the presence
1세대 이민자였던 우리 조부모님은 / 폴란드어로 함께 이야기하는 것을 애써 피했다 / 그들의 자식들과 있을 때 /

of their children / in order to ❶ make sure that my parents would learn only English. / They thought that
그들의 자식들과 있을 때 / 나의 부모님이 영어만 확실히 배우게 하려고 / 그들은 혼란스럽게 만들거라

❷ it might be confusing / for children to be simultaneously exposed to two languages, / ❸ and that their
생각했다 / 아이들이 동시에 두 언어를 접하는 것이 / 그리고 그 언어의 통달이 더

mastery of language would be faster / if they were exposed to just one language. / That reasoning is a very
빨라질 거라고 / 만약 그들이 오직 하나의 언어만 접한다면 / 그 추론은 매우 합리적인 우려이다 /

reasonable concern: / a child learning two languages must learn / twice as many speech sounds, words, and
두 개의 언어를 배우는 아이는 배워야 한다 / 한 개의 언어를 쓰는 아이보다 두 배나 많은 말소리, 단어 그리고

grammatical structures as a monolingual child; / the bilingual child has only half as much time / to devote to
문법 구조를 / 두 개의 언어를 쓰는 아이는 절반의 시간만 갖는다 / 각 언어에 할애하는 /

each language; / and so the bilingual child may end up speaking two languages poorly, / instead of speaking
그래서 두 개의 언어를 쓰는 아이가 두 언어 모두 잘 못하는 지경에 이를 수도 있다 / 한 개의 언어를 잘 말하기보다는 /

one language well. / In fact, / studies until the 1960s did report / that bilingual children were significantly
사실 / 1960년대까지 연구들은 정말로 보고했다 / 두 개의 언어를 쓰는 아이들이 언어적으로 상당히 불리했다고 /

disadvantaged linguistically / compared to monolingual children, / and ended up with smaller vocabularies in
한 개의 언어를 쓰는 아이들에 비해 / 그리고 결국 각 언어에서 더 적은 어휘를 갖게 되었다고 /

each language. / But more recent studies showed / that both bilingual and monolingual children end up as
그러나 보다 최근의 연구들은 보여주었다 / 두 개의 언어를 쓰는 아이들과 한 개의 언어를 쓰는 아이 모두 결국 성인이 된다 /

adults / with essentially the same vocabulary size and word-retrieval rate, / or else the monolingual children
기본적으로 같은 크기의 어휘력과 어휘를 기억하는 비율을 갖게 되는 / 아니면 한 개의 언어를 쓰는 아이들이 결국 약간의 이점이

end up with a slight advantage / (vocabulary up to 10% larger in their sole language). / However, it would be
있게 된다 / 그들이 쓰는 하나의 언어에서 10퍼센트까지 더 큰 어휘력을 가진 / 그러나 잘못된 것일 수 있다 /

misleading / to summarize this result / by saying, "Monolingual children end up with a slightly larger
이 결과를 요약하는 것은 / 한 개의 언어를 쓰는 아이들은 결국 약간 더 큰 어휘력을 갖는다라는 말을 함으로써 /

vocabulary: / 3,300 versus only 3,000 words." / Instead, the result is, / "Bilingual children end up with a much
3,000 단어에 비해 3,300 단어로 / 그 대신, 그 결과는 ~이다 / 두 개의 언어를 쓰는 아이들이 훨씬 더 큰 어휘력을 갖게 된다 /

larger vocabulary: / a total of 6,000 words, / consisting of 3,000 English words plus 3,000 Chinese
총 6,000개 단어의 / 영어 단어 3,000개와 중국어 단어 3,000개로 구성된 /

words, / instead of 3,300 English words and no Chinese words." /
영어 단어 3,300개를 알고 중국어 단어는 하나도 모르는 대신에 /

❶ make sure that + 주어 + 동사: ~을 확실하게 하다, 틀림없이 ~하다
   ex. **Make sure that** you turn off the light when you go out. 외출 시 등을 확실히 끄도록 해라.

❷ it은 형식상 주어이고, for children to be simultaneously exposed to two languages가 내용상 주어로 for children은 to부정사의 의미상 주어이다.

❸ that은 that절이 thought의 목적어라는 것을 나타내는 명사절 접속사로, 앞의 that절과 and로 연결되어 있다.

35 호텔 투숙객 분실물 미처리 답변

pp. 96~97

문제 정답 | 1 ⑤   2 ⑤   3 Given   4 (1) retrieve (2) discard

1 객실에 두고 간 물품을 되찾으려는 이전 투숙객에게 해당 물품을 찾지 못했음을 알리고 양해를 구하고 있으므로, 글의 목적으로는 ⑤가 적절하다.

2 1~2행의 the inadvertent loss of the laptop box를 통해 ⓔ deliberate(고의적인)는 accidental(우연적인, 우발적인)이나 unintentional(의도하지 않은)로 바꾸어야 함을 알 수 있다.

3 given: ~을 고려하면, ~을 고려해 볼 때
- 그가 처했던 어려운 상황을 고려해 볼 때, 우리는 그의 좋지 못한 업무 실적에 대해 그를 비난하지 말아야 한다.
- 현재의 Covid-19 상황을 고려해 볼 때, 우리는 이달의 콘서트를 취소해야 한다.

4 (1) retrieve: 되찾다
특히 찾기 쉽지 않은 어떤 것을 다시 찾다
(2) discard: 버리다
어떤 것을 제거하거나 버리다

저희는 귀하가 일전에 체크아웃을 할 때 귀하의 방에 남겨진 노트북 컴퓨터 상자의 의도치 않은 분실에 대해 저희의 진심 어린 걱정을 표현하기 위해 이 글을 씁니다. 그 노트북 컴퓨터 상자는 저희의 객실 관리 직원에 의해 처분을 위해 모아 두었던 물품들 사이에 있었습니다. 하지만, 귀하가 이 물품을 되찾을 필요에 대해 저희에게 알리자마자 저희는 즉시 저희의 쓰레기 분리 시설로 가서 그것을 계속 찾았습니다. 불행히도, 그 노트북 컴퓨터 상자는 어디서도 찾을 수가 없었습니다. 그 버려진 물품이 귀하에게 중요한 정보를 담고 있다고 저희 직원들이 믿을 만한 이유가 전혀 없었던 상황이었음을 고려하면 그 물품의 고의적인(→ 우발적인) 처분을 귀하가 용서해 주실 거라고 저희는 믿습니다.

We write to express our heartfelt concern / over the inadvertent loss of the laptop box / which had been left
저희는 저희의 진심 어린 걱정을 표하기 위해 이 글을 씁니다 / 노트북 컴퓨터 상자의 의도치 않은 분실에 대해 / 귀하의 방에 남겨졌던 /

in your room / when you checked out the other day. / The laptop box was among those items / which had
귀하의 방에 / 귀하가 일전에 체크아웃을 할 때 / 그 노트북 컴퓨터 상자는 물품들 사이에 있었습니다 / 처분을 위해 모아

been collected for disposal / by our housekeeping staff. / ❶ As soon as you informed us of your need to
두었던 / 저희의 객실 관리 직원에 의해 / 귀하가 이 물품을 되찾을 필요에 대해 저희에게 알리자마자 /

retrieve this item, / however, / we immediately proceeded to look for it / at our waste segregation
되찾다 / 하지만 / 저희는 즉시 가서 계속 그것을 찾았습니다 / 저희의 쓰레기 분리 시설에서 /

facilities. / Unfortunately, / the laptop box could not be found anywhere. / ❷ Given the situation / that our
불행히도 / 그 노트북 컴퓨터 상자는 어디서도 찾을 수가 없었습니다 / 상황을 고려하면 / 저희 직원들이

personnel had no reason to believe / that the discarded item contained important information to you, /
믿을 만한 이유가 전혀 없었던 / 그 버려진 물품이 귀하에게 중요한 정보를 담고 있다고 /

we trust / that you will excuse the accidental disposal of the item. /
저희는 믿습니다 / 귀하가 그 물품의 우발적인 처분을 용서해 주실 거라고 /

❶ as soon as: ~하자마자 / inform A of B: A에게 B를 알리다

❷ given: ~을 고려하면, ~을 고려해 볼 때
ex. Even **given that** the house is not in perfect condition, it's still a great buy!
그 집이 완벽한 상태가 아니라는 것을 고려한다 해도, 그것은 여전히 아주 잘 산 것이다!

문제 정답 | **1** ① **2** ④ **3** (1) phenomenon (2) commitment

문제 해설

1 밀레니얼 세대가 결혼하고 싶어 하지 않는 이유에 대해 설명하는 글이므로 ① '밀레니얼 세대는 왜 결혼하기를 거부하는가'가 글의 제목으로 가장 적절하다.

② 많은 사람들에게 결혼은 미룰 수 없다

③ 젊은 성인에게 있어서 결혼의 의미

④ 결혼의 미스터리: 사랑을 찾는 법

⑤ 젊은 사람들은 부모가 되는 것을 미루는 것이 아니라 결혼을 미룬다

2 문맥상 ⓓ를 포함한 두 단어가 전통적인 결혼을 의미하는 표현이 되어야 하므로 ⓓ temporary(일시적인)는 permanent(영원한)와 같은 단어로 바꾸어야 한다.

3 (1) phenomenon: 현상
사회, 과학, 혹은 자연 속에서 발생하거나 존재하는 것

(2) commitment: 헌신
어떤 것이나 사람에게 누군가 바치는 노력과 충성

본문 해석 결혼

미국의 Pew 연구센터의 최근 보고에 의하면 1980년대 초에서 2000년 사이에 태어난 사람들인 밀레니얼 세대의 25%는 결혼하는 것을 원하지 않는다. Urban Institute(도시 연구소)의 또 다른 보고서에서는 많은 사람들이 40살까지 결혼하지 않은 채로 있을 것이라고 예측했다. 결혼에 대해 줄어드는 관심은 단지 미국에만 국한되는 것이 아니라는 것을 통계치가 보여주었다. 그것은 전 세계적인 현상이다.

이 현상 뒤에는 무엇이 있는가? 인간관계 전문가들은 그것이 일을 하는 데는 한 가지 이상의 옳은 방법이 있다는 생각인 다원주의의 증가 때문이라고 말한다. 사회가 더 다양화됨에 따라 사람들은 자신들의 개인적인 욕구를 점점 더 많이 주장하기 시작했고, 전통적인 결혼은 모든 사람의 욕구를 충족시킬 수 없다. 어떤 사람들은 사랑하는 사람들과 함께 살고 싶어 할지 모르지만 일시적인(→ 영원한) 헌신에 대한 바람은 없다. 다른 사람들은 그들이 서로에게 맞는지를 알아보기 위해 짧은 기간의 실험적인 결혼 생활을 하고 싶어 할지도 모른다.

사회가 급속히 변하고 있는 것과 마찬가지로 결혼에 대한 사람들의 태도도 급속히 변하고 있다. 이런 식으로 가다가는 다음 100년 동안에 어떤 종류의 결혼이 표준이 될지 누구도 알 수 없다.

지문 풀이

Marriage /
결혼 /

According to a recent report / by the Pew Research Center in the USA, / 25 percent of millennials, / those
최근 보고에 의하면 / 미국의 Pew 연구센터의 / 밀레니얼 세대의 25%는 /

who were born from the early 1980s to 2000, / don't want to get married. / Another report by Urban Institute
1980년대 초에서 2000년 사이에 태어난 사람들인 / 결혼하는 것을 원하지 않는다 / Urban Institute(도시 연구소)의 또 다른 보고서에서는

predicted / that many people would stay unmarried / until the age of 40. / Statistics have shown / that the
예측했다 / 많은 사람들이 결혼하지 않은 채로 있을 것이라고 / 40살까지 / 통계치가 보여주었다 / 결혼에 대해

declining interest in marriage / is not just limited to the U.S. / It is a worldwide phenomenon. /
줄어드는 관심은 / 단지 미국에만 국한되는 것이 아니라는 것을 / 그것은 전 세계적인 현상이다 /

What is behind this phenomenon? / Relationship experts say / that it is due to the rise of pluralism: / the idea
이 현상 뒤에는 무엇이 있는가? / 인간관계 전문가들은 말한다 / 그것이 다원주의의 증가 때문이라고 / 일을 하는 데는

that ❶ there is more than one right way of doing things. / As society became more diverse, / people began to
한 가지 이상의 옳은 방법이 있다는 생각 / 사회가 더 다양화됨에 따라 / 사람들은 그들의 개인적인

assert their individualistic needs / more and more, / and traditional marriage can't meet everyone's
욕구를 주장하기 시작했다 / 점점 더 많이 / 그리고 전통적인 결혼은 모든 사람들의 욕구를 충족시킬 수 없다 /

needs. / Some people might want to live with their loved ones, / but they have no desire for permanent
어떤 사람들은 그들이 사랑하는 이들과 함께 살고 싶어 할지 모른다 / 그러나 그들은 영원한 헌신에 대한 바람은 없다 /

commitment. / Others might want to have a short-term trial marriage / to see if they are right for each
다른 사람들은 짧은 기간의 실험적인 결혼 생활을 하고 싶어 할지도 모른다 / 그들이 서로에게 맞는지를 알아보기 위해 /

other. /

❷ As society is changing rapidly, / so is people's attitude toward marriage. / At this rate, / no one can
사회가 급속히 변하고 있는 것과 마찬가지로 / 결혼에 대한 사람들의 태도도 급속히 변하고 있다 / 이런 식으로 가다가는 / 아무도 알 수 없다 /

tell / what kind of marriage will become the norm / in the next 100 years. /
어떤 종류의 결혼이 흔히 있는 것이 될지 / 다음 100년 동안에 /

---

❶ '한 가지 이상'을 가리키므로 의미상으로는 복수이지만 형태상으로는 단수형이므로 동사는 are가 아닌 is를 썼다. 이처럼 의미상으로는
복수이지만 관사 a를 사용한 단수명사가 두 번 이상 있는 경우에도 대체로 단수 동사 is를 사용한다.
ex. There **is** a desk and a chair.

❷ 「As ~ so ...」는 '~와 마찬가지로 ···하다'의 뜻으로 so 뒤에서 주어와 동사가 도치되었다. (= As society is changing rapidly,
people's attitude toward marriage is changing rapidly too.)

37 자신의 공을 가로채 간 동료 pp. 102~103

문제 정답 | **1** ① **2** ⑤ **3** ⑤ **4** credit

문제 해설

1 Maria와 Charlie는 한 프로젝트에 대해 작업을 같이 했는데, 상사 앞에서 발표할 내용을 Charlie가 독차지한 행동에 대해 Maria가 참을 수 없다고 느끼는 내용이므로, Maria의 심경으로 가장 적절한 것은 ① '화가 난'이다.
  ② 지루한   ③ 자랑스러운   ④ 안도하는   ⑤ 겁먹은

2 ⓔ 이후가 완전한 문장으로 이루어져 있으므로 ⓔ what은 명사절을 이끄는 접속사 that으로 바꾸어야 한다. that절은 decided의 목적어이다.

3 9~10행의 his taking credit for her work는 '그가 그녀의 일에 대한 공을 차지하는 것'이라는 의미이지 신용을 해친다는 의미가 아니므로 ⑤는 글의 내용과 일치하지 않는다.
  ① 1~2행 참고   ② 4~5행 참고
  ③ 5~6행 참고   ④ 8~9행 참고

4 credit: (공적에 대한) 인정, 신뢰
  • 그는 자신의 공헌에 대해 충분한 <u>인정</u>을 받아야 한다.
  • 우리는 우리의 성공에 대해서 그녀에게 충분한 <u>인정</u>을 주어야 한다. (그녀의 공을 인정해야 한다.)

본문 해석 한 광고 회사의 카피라이터(광고 문안 작성자)인 Maria는 자신의 동료 중 한 사람인 Charlie와 한 프로젝트에 대해 작업을 하고 있었다. 평소처럼 Charlie와 Maria는 그들의 상사와 함께 최근에 작성된 한 제안서의 초안을 검토하고 있었다. 회의 도중에 그들은 그들의 최근 생각들을 함께 발표하기로 되어 있었다. Maria가 숨을 좀 돌리기 위해 잠시 멈추었을 때 Charlie는 그 발표를 가져가서 그들이 함께 생각해 냈던 거의 모든 아이디어를 설명했다. 상사가 조언을 듣고자 Maria에게 돌아섰을 때 그녀가 말하도록 남겨진 것은 아무것도 없었다. 그녀는 배신감을 느꼈다. 사실 이번이 처음이 아니었다. Maria는 그녀가 한 일에 대한 공을 그가 차지하는 것을 참을 수 없었고 강력한 조치를 취할 필요가 있다고 판단했다.

지문 풀이

Maria, a copywriter of an advertising company, / was working on a project with Charlie, / one of her
한 광고 회사의 카피라이터인 Maria는 /   Charlie와 한 프로젝트에 대해 작업을 하고 있었다 /   그녀의 동료 중

colleagues. / As usual, / Charlie and Maria were reviewing the latest draft of a proposal / with their
한 사람인 /   평소처럼 /   Charlie와 Maria는 최근에 작성된 한 제안서의 초안을 검토하고 있었다 /   그들의 상사와 함께 /

boss. / During the meeting, / they were supposed to be jointly presenting their latest ideas. / When Maria
회의 도중에 /   그들은 그들의 최근 생각들을 함께 발표하기로 되어 있었다 /   Maria가 숨을 좀 돌리기

paused to take a breath, / Charlie took over the presentation, / ❶ explaining ❷ almost all the ideas / they had
위해 잠시 멈추었을 때 /   Charlie는 그 발표를 가져갔다 /   그리고 거의 모든 아이디어를 설명했다 /   그들이 함께

come up with together. / When the boss turned to Maria / for input, / there was ❸ nothing left / for her to
생각해 냈던 /   상사가 Maria에게 돌아섰을 때 /   조언을 듣고자 /   남겨진 것은 아무것도 없었다 /   그녀가 말하도록 /

say. / She felt betrayed. / In fact, this was not the first time. / Maria ❹ **decided** / **she couldn't stand his taking**
그녀는 배신감을 느꼈다 /　　사실 이번이 처음이 아니었다 /　　　　　　Maria는 판단했다 /　그녀는 그녀가 한 일에 대한 공을 그가 차지하는

credit for her work / **and that** she needed to take strong measures. /
것을 참을 수 없었다 /　　그리고 그녀가 강력한 조치를 취할 필요가 있다고 /

❶ explaining 이하는 분사구문으로 and explained로 바꿔 쓸 수 있다.

❷ almost all the ideas 뒤에 목적격 관계대명사 that[which]가 생략되어 있다.

❸ nothing left for her to say: left(남겨진)와 「for + 의미상 주어 + to부정사」가 뒤에서 대명사 nothing을 이중으로 수식하고 있다.

❹ decided 뒤에 명사절 접속사 that이 생략되었으며, and 뒤의 that절 역시 병렬 구조로 연결되어 decided의 목적어 역할을 하고 있다.

---

38 | 태양에서 지구는 생존에 최적화된 거리

pp. 104~105

문제 정답 | **1** ① **2** ② **3** ④ **4** (1) preserve (2) proportionate

문제 해설

1 지구가 태양으로부터 적정 거리에 있어서 지구상의 생명체들이 살아갈 수 있는 이상적인 환경이 조성되었다는 내용이므로, 제목으로 가장 적절한 것은 ① '지구는 생명을 위한 완벽한 온기를 지닌다'이다.
② 생명체가 지구상에서 어떻게 시작되었나?
③ 우리 인간은 얼마나 무지한가!
④ 저 우주 밖에 누군가가 존재하는가?
⑤ 기후 변화: 우리는 운이 다했는가? (운명의 날이 오는가?)

2 현재 지구의 위치가 가장 완벽하게 적합하므로, 지구의 궤도가 달라져서 지구로 유입되는 열의 양이 증가되거나 감소되면 ② '재난(a disaster)'이 따를 것이라는 문맥으로 이어지는 것이 자연스럽다.
① 호기심 ③ 번영 ④ 유토피아 ⑤ 환상

3 지구가 한 치도 틀리지 않고 시속 65,000 마일의 속도로 움직이고 있다고 했으므로 반대되는 힘들이 불균형을 이루는 것이 아니라 그 힘들이 균형을 이룰 것이므로 ⓓ imbalance(불균형)는 balance(균형)로 바꾸어야 한다.

4 (1) preserve: 유지하다, 보존하다
어떤 것을 그것의 원래 상태나 좋은 상태로 유지하다
(2) proportionate: 균형 잡힌
어떤 것이 크기, 양, 중요성 면에서 정확하거나 가장 적당한 관계로 존재하는

본문 해석 지구가 태양으로부터 받아들이는 열의 양, 그리고 복사, 흡수, 대류, 반사의 법칙에 의한 그 열의 경제성은 우리 행성과 거기에서 사는 생물들의 필요에 정확하게 균형이 잡혀 있다. 다시 말하면 지구는 소위 말하는 골디락스 지대에 위치해 있는데, 그것은 너무 덥지도 않고 너무 춥지도 않은 완벽한 위치를 가리킨다. 우리 지구의 궤도에 생기는, 지구에 쏟아지는 열의 양을 증가하거나 감소시킬 어떤 변화라도 필연적으로 재난이 따르게 될 것이라고 과학자들은 주장한다.
거대한 태양열 근원으로부터 각각 3,700만 마일과 6,800만 마일 떨어져 있는 행성들인 수성과 금성은 우리의 고체 암석들을 녹일 온도를 지니고 있다. 반면에 (18억 마일 떨어진) 천왕성과 (태양으로부터의 거리가 측정되지

않은) 해왕성은 틀림없이 너무 적은 양의 열을 받아 우리의 것과 같은 물은 가장 단단한 암석처럼 굳어질 것이며 우리의 대기는 액체로 용해될 것이다!

하지만 반대되는 힘들 사이에서 신비롭게 불균형(→ 균형)을 유지하며 위치해 있기 때문에 우리의 행성은 진행 경로에서 오차 없이 시속 65,000 마일의 속도로 난다. 놀라운 비행을 하면서 그것은 태양과의 정확한 거리를 유지하는데, 이것이 생명을 불어넣어 주는 빛으로부터 정확한 정도의 열을 받아들이게 해 준다. 이 열은 물질의 모든 원자와 모든 형태의 유기체에 의해 공유된다. 그것은 지구상의 모든 생명체를 살게 하는 데 필요한 딱 그만큼의 양이다!

지문 풀이

❶ **The amount of heat** / which the Earth receives from the sun, / **and the economy of that heat** / by the laws
열의 양 / 지구가 태양으로부터 받아들이는 / 그리고 그 열의 경제성은 / 복사, 흡수, 대류,

of radiation, absorption, convection, and reflection, / **are** exactly proportionate to the necessities of our
반사의 법칙에 의한 / 우리 행성의 필요에 정확하게 균형이 잡혀 있다 /

planet, / and the living things / that inhabit it. / In other words, / the Earth lies in the so-called Goldilocks
그리고 생물들 / 거기에서 사는 / 다시 말하면 / 지구는 소위 말하는 골디락스 지대에 있다 /

Zone, / which refers to a perfect location / that is neither too hot nor too cold. / It is held by scientists /
그것은 완벽한 위치를 가리킨다 / 너무 덥지도 않고 너무 춥지도 않은 / 과학자들은 주장한다 /

that ❷ **any change in the orbit of our Earth**, / **which would either increase or decrease the amount of heat**
우리 지구의 궤도에 생기는 어떤 변화라도 / 그것(지구)에 쏟아지는 열의 양을 증가거나 감소시킬 /

falling upon it, / **would**, of necessity, **be followed** by a disaster. /
필연적으로 재난이 따르게 될 것이라고 /

The planets Mercury and Venus, / which are 37 million miles and 68 million miles away respectively, / from
행성들인 수성과 금성은 / 각각 3,700만 마일과 6,800만 마일 떨어져 있는 / 거대한

the great source of solar heat, / possess a temperature / which would melt our solid rocks; / while Uranus (1,800
태양열 근원으로부터 / 온도를 지니고 있다 / 우리의 고체 암석들을 녹일 / 반면에 천왕성(18억 마일 떨어진)

million miles away) / and Neptune (whose distance from the sun has not been determined) / must receive
그리고 해왕성(태양으로부터의 거리가 측정되지 않은)은 / 틀림없이 너무 적은

❸ **so** small an amount of heat / **that** water, such as ours, would become as solid as the hardest rock, / and our
양의 열을 받는다 / 그래서 우리의 것과 같은 물은 가장 단단한 암석처럼 굳어질 것이다 / 그리고 우리의

atmosphere would be resolved into a liquid! /
대기는 액체로 용해될 것이다! /

Yet, / ❹ **poised in the mysterious balance** / **of opposing forces**, / our planet flies unerringly on its course, /
하지만 / 신비롭게 균형을 유지하며 위치해 있기 때문에 / 반대되는 힘들 사이에서 / 우리의 행성은 그것의 진행 경로에서 오차 없이 난다 /

at a rate of 65,000 miles an hour. / In its wonderful flight, / it preserves that precise distance from the
시속 65,000 마일의 속도로 / 놀라운 비행을 하면서 / 그것은 태양으로부터의 정확한 거리를 유지한다

sun, / which causes it to receive from the life-inspiring rays / the exact degree of heat. / This heat is shared /
이것이 생명을 불어넣어 주는 빛으로부터 받아들이게 해 준다 / 정확한 정도의 열을 / 이 열은 공유된다 /

by every atom of matter and every form of organic existence. / It is just the amount / needed to support all
물질의 모든 원자와 모든 형태의 유기체에 의해 / 그것은 딱 그만큼의 양이다 / 지구상의 모든 생명체들을 살게

living things on Earth! /
하는 데 필요한!

---

❶ The amount of heat와 the economy of that heat가 and로 연결된 주어로, 동사는 are이다.

❷ any change ~ Earth가 주어이고, which절은 삽입절이며, would be followed가 동사이다.

❸ so ~ that...: 너무 ~해서 …하다

❹ being이 생략된 분사구문으로, as it is poised in the mysterious balance of opposing forces로 바꾸어 쓸 수 있다.

문제 정답 | **1** ③   **2** ⑤   **3** deposit

문제 해설

1 아이가 하계 체조 캠프의 두 번째 주 프로그램에 등록했는데, 프로그램이 시작되는 첫날에 아이의 출석이 어려워 세 번째 주 프로그램으로 바꿀 수 있는지 문의하는 내용이므로, 글의 목적으로는 ③이 가장 적절하다.

2 5행에서 참가비 전액이 아니라 예치금(deposit)만 지불한 상태라고 했으므로 ⑤는 내용과 일치하지 않는다. 예치금은 호텔, 항공, 특별 프로그램 등을 예약 시에 전체 요금의 일부를 미리 지불하는 돈을 뜻하는데, 예약을 취소한다고 해도 예치금은 돌려 받을 수 없다.

① 3~4행 참고   ② 5행 참고
③ 6~7행 참고   ④ 7~8행 참고

3 deposit: (은행에 돈을) 맡기다, 예치하다; 예치금, 보증금
- 몇몇의 사람들은 그들의 돈을 은행에 예치해 두는 것을 좋아하지 않는다.
- 너는 예치금으로 세 달 치 방세를 지불해야 한다.

본문 해석

Johnson 코치님께,

제 이름은 Christina Markle이고, Bradley Markle의 엄마입니다. Bradley와 저는 코치님이 올해 다시 하계 체조 캠프를 연다는 것을 알게 되어 매우 기뻤습니다. 그래서 저는 주저 없이 등록했고 7월 13일부터 17일까지 열리는 두 번째 주 프로그램에 환불이 안 되는 예치금을 지불했습니다. 그러나 오늘 저는 저희 가족이 7월 13일에 여행에서 돌아올 예정이라는 것을 기억해 냈고, 안타깝지만 Bradley가 프로그램의 바로 그 첫날에 참가할 수 없을 것 같습니다. 그가 그날을 거르게 하기보다는 세 번째 주 프로그램으로 바꿀 수 있는지 알아보기 위해 확인하고 싶습니다. 그게 가능한지 저희에게 알려 주시기 바랍니다. 감사합니다.

진심을 담아,

Christina Markle 드림

지문 풀이

Dear Coach Johnson, /
Johnson 코치님께 /

My name is Christina Markle, Bradley Markle's mother. / Bradley and I were thrilled / to learn that you're
제 이름은 Christina Markle이고, Bradley Markle의 엄마입니다 /   Bradley와 저는 매우 기뻤습니다 /   당신이 올해 다시 당신의 하계

holding your Gymnastics Summer Camp again this year. / So I didn't hesitate to sign up / and pay the non-
체조 캠프를 연다는 것을 알게 되어 /   그래서 저는 주저 없이 등록을 했습니다 /   그리고 환불이 안 되는 예치금을

refundable deposit / for the second week program, / ❶ which is from July 13 to 17. / But today I
지불했습니다 /   두 번째 주 프로그램에 /   7월 13일부터 17일까지 열리는 /   그러나 오늘 저는

remembered / that our family is going to get back from a trip on July 13, / and I'm afraid / Bradley won't be
기억해 냈습니다 /   저희 가족이 7월 13일에 여행에서 돌아올 예정이라는 것을 /   그리고 저는 안타깝습니다 / Bradley가 참가할 수 없을 것

able to make it / on the very first day of the program. / ❷ Rather than make him skip the day, / I'd like to
같아서 /   프로그램의 바로 그 첫날에 /   그가 그날을 거르게 하기보다는 /   저는 확인하고

check / to see if he could switch to the third week program. / Please let us know if that's possible. / Thank
싶습니다 / 그가 세 번째 주 프로그램으로 바꿀 수 있는지 알아보기 위해 /   그게 가능한지 저희에게 알려 주시기 바랍니다 /   감사합니다 /

you. /

Sincerely, /
진심을 담아 /

Christina Markle /
Christina Markle 드림 /

❶ which는 관계대명사의 계속적 용법으로, 앞에 나온 the second week program을 가리킨다.

❷ rather than + V: ~라기 보다는 (= rather than + -ing)
   ex. **Rather than** continue the argument, he walked out of the room. 논쟁을 계속하기 보다는 그는 방 밖으로 걸어 나갔다.
   Rather than using dried herbs, he picked fresh ones from the garden.
   말린 허브를 사용하기 보다 그는 정원에서 신선한 허브를 땄다.
   rather than 앞과 뒤에 형태가 동일한 동사가 대칭적으로 쓰이면 보통 원형 부정사를 쓴다.
   ex. Stay home **rather than go** out. 외출하기 보다는 차라리 집에 있어라.

Big Issue

40 요즘 대세는 구독 경제

pp. 108~109

문제 정답 | **1** ⑤   **2** ⑤   **3** ④

문제 해설

1 식사, 옷에서 영화에 이르는 다양한 상품과 서비스로 구독 경제가 확대되었으며 그로 인해 우리의 삶이 많이 바뀌었다는 내용이므로, ⑤ '구독 경제의 증가: 그것이 어떻게 우리의 삶을 바꾸는가'가 글의 제목으로 가장 적절하다.
   ① 구독 경제에서 성공하는 법
   ② 소비자들은 구독 경제에 대해 준비가 되어 있는가?
   ③ 왜 회사와 고객은 구독 경제를 사랑하는가
   ④ 구독 경제: 구독이 어떻게 사업을 향상시키는가

2 ⓔ가 속한 문장 뒤에서 구독 경제로 인해 회사들도 이득을 본다고 했으므로, 소비자들 역시 그로 인해 이득을 얻는다는 내용이 되어야 자연스럽다. 따라서 ⓔ suffer(고통 받다)는 benefit(혜택을 보다)와 같은 단어로 바꾸어야 한다.

3 17행 They can enjoy products and services at minimal cost에서 사용자들은 최소 비용으로 상품과 서비스를 즐긴다고 했으므로 ④는 글의 내용과 일치하지 않는다.
   ① 3~4행 참고   ② 5~8행 참고   ③ 8~9행 참고   ⑤ 21~22행 참고

본문 해석 **구독 경제**

경제적 사고의 틀이 변하고 있다. 과거에는 Airbnb(에어비앤비)와 Uber(우버)와 같은 공유 경제 서비스가 세계 시장을 이끌고 있었다. 그러나 이제 그것들은 소위 '구독 경제'에 의해 대체되고 있다.

구독 경제는 사용자들에게 고정된 한 달 이용료로 다양한 제품이나 서비스를 제공하는 사업 모델이다. 신문과 우유 배달은 구독 경제의 흔한 예였다. 그러나 요즘에는 그것이 식사와 옷에서 영화에 이르는 다양한 범위의 상품과 서비스로 확대되었다. 당신은 당신의 삶이 얼마나 많이 구독 경제를 중심으로 돌아가는지 알면 놀랄지도 모른다. 아침에 당신은 드라이클리닝 구독 서비스로 배달되는 갓 다려진 옷을 입는다. 직장에서 집에 오면 당신은 식사 구독 서비스에 의해 제공되는 이미 만들어진 저녁 식사를 즐긴다. 잠들기 전에 당신은 Netflix(넷플릭스) 같은 비디오 구독 서비스를 통해 영화를 본다.

구독 경제는 사용자들에게 대단한 편리함을 제공한다. 사용자들은 구매할 제품을 되풀이해서 찾거나 구매할 수고를 겪을 필요가 없기 때문에 최소의 비용으로 제품과 서비스를 즐길 수 있다. 소비자들은 구독 경제 사업 모델로부터 <u>고통 받는</u>(→ 혜택을 보는) 유일한 사람들이 아니다. 구독 경제 덕분에 회사들은 단골 고객을 확보하고 또한 고정된 수익을 얻을 수 있다.

Subscription Economy /
구독 경제 /

The economic paradigm is shifting. / In the past, / the sharing economy services such as Airbnb and
경제적 사고의 틀이 변하고 있다 / 과거에는 / Airbnb와 Uber와 같은 공유 경제 서비스가

Uber / were leading the global market. / However, now they ❶ **are being replaced** / by the so-called "subscription
세계 시장을 이끌고 있었다 / 그러나 이제 그것들은 대체되고 있다 / 소위 '구독 경제'에 의해 /

economy." /

The subscription economy is a business model / which provides users various products or services / for a fixed
구독 경제는 사업 모델이다 / 사용자들에게 다양한 제품이나 서비스를 제공하는 / 고정된 한 달

monthly fee. / Newspaper and milk delivery ❷ **used to be** common examples of the subscription economy. /
이용료로 / 신문과 우유 배달은 구독 경제의 흔한 예였다 /

But these days, / it has expanded to ❸ **various goods and services** / **ranging from meals and clothes to**
그러나 요즘에는 / 그것이 다양한 상품과 서비스로 확대되었다 / 범위가 식사와 옷에서 영화에 이르는 /

movies. / You may be surprised to find / how much your life revolves around the subscription economy. /
당신은 알게 되면 놀랄지도 모른다 / 당신의 삶이 얼마나 많이 구독 경제를 중심으로 돌아가는지 /

In the morning, / you wear freshly ironed clothes / delivered by a dry cleaning subscription service. / When
아침에 / 당신은 갓 다려진 옷을 입는다 / 드라이클리닝 구독 서비스로 배달되는 / 당신이

you come home work, / you enjoy an already-made dinner / provided by a meal subscription service. / Before
직장에서 집에 오면 / 당신은 이미 만들어진 저녁 식사를 즐긴다 / 식사 구독 서비스에 의해 제공되는 / 잠들기 전에 /

going to bed, / you watch movies / through a video subscription service like Netflix. /
당신은 영화를 본다 / Netflix 같은 비디오 구독 서비스를 통해 /

The subscription economy provides great convenience to its users. / They can enjoy products and services /
구독 경제는 그것의 사용자들에게 대단한 편리함을 제공한다 / 그들은 제품과 서비스를 즐길 수 있다 /

at minimal cost / because they don't have to go through the trouble / of repeatedly searching and making
최소의 비용으로 / 그들이 수고를 할 필요가 없기 때문에 / 구매할 제품을 되풀이해서 찾거나 구매할 /

purchases. / Consumers aren't the only ones / who benefit from the subscription economy business
소비자들은 유일한 사람들이 아니다 / 구독 경제 사업 모델로부터 혜택을 보는 /

model. / Thanks to the subscription economy, / companies can secure loyal customers / and have a steady
구독 경제 덕분에 / 회사들은 단골 고객을 확보할 수 있다 / 그리고 또한 고정된 수익을 얻을

revenue, too. /
수 있다 /

❶ 진행 수동태(be + being + 과거분사)가 쓰여 '~되고 있는 중이다'의 의미를 갖는다.

❷ used to V: 전에는 ~했다 ('지금은 그렇지 않다'는 의미)
ex. There **used to be** a large car park on this site. 이 장소에 예전에 큰 주차장이 있었다.

❸ <u>various goods and services</u> <u>ranging from meals and clothes to movies</u>: 현재분사구가 various ~ services를 뒤에서
수식하고 있다. range from A to B는 '(양, 크기 등의 범위가) A에서 B에 이르다, A에서 B까지 다양하다'라는 뜻이다.

WORKBOOK

UNIT 01

Word Practice
p.02

A | 01 정확도, 정확　　02 비판적으로, 비평적으로
03 (가로질러) 건너다, 횡단하다 04 만들어내다, 발생시키다
05 독약　　06 (도움, 기회 등을) 제공하다
07 개개인의 요구에 맞춘　　08 (연설, 강연을) 하다; 배달하다
09 개입, 관여　　10 붕괴시키다, 방해하다
11 유익한, 이로운　　12 납득시키다, 깨닫게 하다
13 (코끼리의) 코; 줄기; 트렁크
14 파악하다, 밝히다　　15 근본(본질)적인
16 서로, 상호간에　　17 기생충
18 (사건 등의) 순서; (일련의) 연속적인 숫자들
19 혼자서　　20 통과하다

B | 01 tropical　　02 fence
03 creature　　04 repel
05 frustration　　06 border
07 task　　08 mere
09 hassle　　10 habitat
11 ecosystem　　12 landscape
13 input　　14 raid
15 audience　　16 aggressive
17 virtual　　18 barrier
19 bring in　　20 originate from

01 꿀벌 보면 코끼리 '벌벌'
p.03

01 케냐에서 코끼리들이 채소밭을 공격했고 농부들은 총과 독약으로 강력히 맞서려고 노력했다.
02 코끼리들은 쉽게 울타리와 장벽을 허물었지만, 2009년에 연구자들은 코끼리를 쫓아버리는 데 97퍼센트 효과적인 방법을 발견했다.
03 17개의 농장 집단이 10미터 간격으로 놓인 170개의 벌집의 경계로 둘러싸였다.
04 코끼리들은 피부가 두꺼울지 모르지만, 정말 합당한 이유로 벌을 싫어한다.
05 벌들은 심지어 피부가 두꺼운 동물들이라도 취약한 부위를 겨냥하는 데에 매우 능숙하다.

06 코끼리의 코는 특히 민감한데, 공격적인 아프리카의 벌들은 필요하면 침을 쏘기 위해 곧장 위로 날아 그 안으로 들어갈 것이다.
07 코끼리들은 3년이라는 기간에 걸쳐 32번의 습격을 시도했다.
08 단 한 마리만 벌의 저지선을 뚫었고 나머지는 재빨리 (어려운 상황을) 깨닫고 코를 접어 올리고 떠나버렸다.

02 생각도 표현이 필요하다!
p.04

01 한 연구에서 수십 명의 네다섯 살짜리 아이들이 색깔이 있는 벌레 패턴들을 보았고, 어떤 것이 다음 순서로 나올지 예측해보라고 요청을 받았다.
02 한 집단에서는 아이들이 그저 조용히 혼자서 퍼즐을 풀었다.
03 두 번째 집단에서 그들은 녹음기에 어떻게 그들이 각각의 퍼즐을 풀고 있는지 설명하도록 요청을 받았다.
04 세 번째 집단에서는 아이들에게 청중이 있었는데, 즉 그들은 자신들의 추론을 그들 가까이 앉아서 듣고 있지만 어떤 도움도 제공하지 않는 그들의 엄마에게 설명해야 했다.
05 그런 다음 각 집단에게 더 복잡하고 예측하기가 더 어려운 패턴이 주어졌다. 그 결과는?
06 조용히 퍼즐을 푼 아이들이 전체 중에 제일 못했다.
07 녹음기에 말했던 아이들은 더 나았는데 생각의 과정을 소리 내어 표현하는 단순한 행위만으로도 그들이 더 비판적으로 생각하고 더 분명하게 패턴을 파악하는 데 도움이 되었다.
08 그러나 의미 있는 청중에게 말하고 있던 아이들이 전체 중에서 가장 잘했다.

03 내 손 안의 VR 피팅 룸
p.05

01 온라인으로 옷을 구매했을 때, 여러분은 아마도 약간의 불만을 경험해왔을 것이다.
02 옷이 배달되었을 때, 당신은 그것들이 전혀 맞지 않는다는 것을 깨닫고, 그것들을 반품하고 싶어 한다.
03 그러나 새로운 기술은 여러분이 이 문제를 해결하는 데 도움을 줄지도 모른다.
04 가상으로 옷을 입어볼 수 있는 Yashe AI 가상 피팅 룸과 같은 몇몇 스마트폰 앱들이 있다.
05 여러분이 단지 자신의 사진을 찍기만 하면 이 앱은 아바타를, 즉 여러분의 가상 이미지를 만들어 낼 것이다.
06 여러분은 치수 맞추기 정확도를 개선하기 위해 어떤 앱에서 여러분의 키, 체중, 그리고 신체 유형 또한 입력할 수 있다.
07 그러면 여러분은 개개인의 요구에 맞춘 아바타를 사용해서 다양한 스타일의 옷을 입어볼 수 있다.
08 이 새로운 기술은 회사와 소비자 둘 다에게 서로 이롭다.

04 COVID-19, 야생에서 온 불청객 p.06

01 우리 인간은 열대림과 다른 야생의 풍경을 파괴하는데 그것들은 많은 동·식물 종의 서식지이고 그 생물들 내에서 너무나 많은 알려지지 않은 바이러스가 산다.

02 그런 일이 일어날 때 집을 잃어버린 바이러스들은 새로운 숙주를 필요로 한다.

03 이러한 경우, 새로운 주인은 인간이 될 가능성이 가장 높은데, (그것은) 우리가 그것들에게 가장 가까이 있을 것이기 때문이다.

04 사실, Ebola, SARS, 그리고 현재의 COVID-19와 같은 대부분의 전 세계적으로 유행하는 질병들은 모두 야생 동물에게 있던 바이러스에서 유래했다.

05 이제 전 세계는 COVID-19에 대한 백신을 개발하기 위해 경쟁하고 있다. 그러나 그것은 근본적인 해결책이 아니다.

06 오히려 식물과 동물에게 그것들의 원래 서식지를 돌려주는 것이 전 세계적으로 유행하는 질병들을 예방하는 더 효과적인 방법이다.

07 이러한 방식으로 바이러스들은 새로운 숙주를 찾기 위해 야생 동물로부터 인간 개체군으로 건너올 필요가 없을 것이다.

UNIT 02

Word Practice p.07

A | **01** 멈추다, 중단시키다 **02** 개입, 간섭
03 장담하다, 보장하다
04 (권력·권리·역량 등을) 행사[발휘]하다
05 불합리하게, 터무니없게 **06** 평범한; 단순한; 명백한
07 흔들다, 동요시키다
08 힘든, 골치 아픈; 대략적인
09 수용적인 **10** 결의를 불태우며
11 제멋대로, 마음대로 **12** 안도, 안심
13 심하게; 철저히 **14** 이의를 제기하다, 도전하다; 도전
15 대중에 영합하는
16 (석탄·석유·천연가스 등의) 매장량
17 한계, 경계, 영역 **18** ~ 이기 때문에, ~이므로
19 A를 B안으로 들어오게 하다 **20** A를 B의 탓으로 돌리다

B | **01** dictator **02** outcome
03 summit **04** venture
05 starvation **06** edge
07 innovate **08** for decades
09 masterpiece **10** internal

11 compose **12** implement
13 conventional **14** unintended
15 compliment **16** collapse
17 unattainable **18** take note of
19 at risk **20** end up -ing

05 칭찬을 먼저, 충고는 나중에 p.08

01 당신이 다른 사람에게 무언가를 말해야 하나, 그 사람의 얼굴 표정이 당신에게 그것이 힘든 대화가 될 것임을 말해주는 상황에 처해 본 적이 있는가? 나는 그런 적이 있다.

02 나는 내 친구에게 그를 목표로 더 가까이 데려다줄 것처럼 보이지 않는 결정을 그가 내리고 있다는 것을 말해야 했다.

03 나는 그가 잘하고 있는 것들 중 많은 것들을 언급함으로써 대화를 시작했다.

04 나는 그가 얼마나 열심히 노력하고 있는지에 대해 그를 칭찬했다.

05 그에게 내가 우려하는 것에 대해 이야기했을 때, 그는 수용적이었고 나의 제안들 중 일부를 실행하기까지 했다.

06 이것은 여러분에게 칭찬은 다른 것들로는 거의 할 수 없는 방식으로 사람의 마음을 터놓게 할 수 있다는 것을 말해준다.

07 정말로 내가 결의를 불태우며 거기에 갔더라면, 그 결과는 심하게 달랐을 것이다.

06 탁월한 음악성은 다양한 경험에서 p.09

01 연습할수록 완벽해진다.

02 그것이 수십 년간 어머니들이 자녀들에게 말해온 것이다.

03 하지만 전문적인 음악가가 되고자 하는 젊은이들은 뉴욕 시에 있는 유명한 줄리아드 학교에서 일어나고 있는 변화를 주목해야 한다.

04 그곳 학장인 Joseph Polisi는 학생들에게 연습은 덜 하고 인생을 더 즐기라고 권해 왔다.

05 끊임없는 연습은 기교가 뛰어난 음악가가 되게 할 수 있을지는 모르지만 결코 위대한 음악가가 되게 하지는 못한다고 Polisi는 말한다.

06 그것이 일어나기 위해서는 여러분은 삶이 갖고 있으면서 제공할 수 있는 모든 것을 경험해야 하고, 그런 다음 그런 경험이 여러분의 음악 속으로 스며들게 해야 한다.

07 만약 여러분이 아주 다양한 경험이 없다면, 여러분은 걸작을 만들어 내는 창의성이 결여된 평범한 기교가가 될 뿐이다.

07 '안주 지대'를 떠나라! p.10

01 2015년 〈Fortune〉지 선정 가장 영향력 있는 여성 회담에서 Ginni Rometty는 다음 조언을 했다.

02 "여러분의 인생에서 여러분은 언제 가장 많은 것을 배웠습니까? 어떤 경험이었습니까? 저는 여러분이 저에게, 그것은 여러분이 위험에 처했다고 느꼈을 때였다고 말할 것이라고 장담합니다."

03 더 훌륭한 지도자가 되기 위해서 여러분은 자신의 안주 지대를 벗어나야 한다.

04 여러분은 일을 하는 기존 방식들에 이의를 제기하고 혁신할 수 있는 기회를 찾아야 한다.

05 지도력을 발휘하는 일은 여러분에게 조직의 현재 상태에 도전할 것을 요구할 뿐만 아니라, 여러분의 내적인 현재 상태에 대해서도 도전할 것을 요구한다.

06 여러분은 자신에게 도전해야 한다. 여러분은 위험을 무릅쓰고 여러분의 현재 경험의 한계를 넘어서야 하고 새로운 영역을 탐험해야 한다.

07 그곳은 개선하고 혁신하며 실험하고 성장할 수 있는 기회의 장(場)들이다.

08 성장은 항상 가장자리, 즉 바로 지금 여러분이 있는 곳의 경계 바로 바깥에 있다.

08 베네수엘라, 포퓰리즘의 비극 p.11

01 베네수엘라의 경제는 완전히 붕괴되었다.

02 경제 전문가들은 이 상황을 독재자 Hugo Chavez와 Nicolas Maduro에 의한 경제에 대한 지나친 정부 간섭 탓으로 돌린다.

03 두 독재자가 이끈 베네수엘라 정부는 제멋대로 최저 임금을 올리고 모든 제품에 비현실적으로 낮은 가격을 매겼다.

04 터무니없게 높은 임금과 다양한 제품에 부과된 극도로 낮은 가격 때문에 기업체들은 이윤을 낼 수 없어서 그들은 생산을 줄이거나 멈추었다.

05 그 결과 생필품의 품귀가 전국적인 현상이 되었고 국민들이 일용 필수품을 사기 위해 몇 시간 동안 줄을 서게 만들었다.

06 국민들의 마음을 얻기 위해 독재자들이 애초에 채택한 대중에 영합하는 정책은 결국 베네수엘라의 경제를 망쳤는데 (이것은) 가난한 사람들을 전보다 훨씬 더 비참하게 만들었다.

07 그들은 대중에 영합하는 정부를 20년 이상 겪었기 때문에 베네수엘라 사람들은 "공짜 점심과 같은 것은 없다"는 것을 깨달았다.

UNIT 03

Word Practice p.12

A | 01 곰팡이   **02** 비교적, 상대적으로
03 (특정 분야의) 문헌; 문학
04 (전쟁·사고 등의) 여파, 후유증
05 (병이) 전국적[전 세계적]으로 유행하는
06 급격한, 극단적인   **07** 약화시키다, 타협하다
08 정점, 절정; 최고[최대]인   **09** 동일한, 똑같은
10 (죽은 동·식물을) 분해하다   **11** 매우 중대한
12 생태계   **13** 역병(疫病), 전염병
14 (전쟁·사고·질병 등의) 발생, 발발
15 개혁   **16** 10년간
17 항생제   **18** ~에 대처하다
19 야기하다, 초래하다   **20** 지나치게 욕심부리다

B | 01 decline   **02** prosperity
03 faith   **04** primitive
05 drive   **06** globalization
07 innovation   **08** radical
09 promote   **10** restrict
11 overwhelming   **12** transformation
13 temporary   **14** worldly
15 reversal   **16** sewer
17 consequence   **18** of a high order
19 a pair of   **20** contribute to

09 욕구가 크면 경제도 커진다 p.13

01 원하는 것이 더 적은 공동체는 경제적 유대 관계가 많이 없고, 경제 문헌에서 낙후된 것으로 여겨진다.

02 여러 다양한 욕구는 경제 활동의 증가로 이어져서, 더 큰 경제적인 번영을 촉진한다.

03 따라서 경제 활동의 주된 목적은 인간의 욕구의 충족이라고 말할 수 있다.

04 원시 공동체에서처럼, 욕구가 비교적 거의 없는 곳에서는 경제 활동이 식량과 의복처럼 사람의 기본적 욕구를 충족시키는 데 요구되는 것으로 제한될 것이다.

05 고도로 발달한 사회에서는 경제 활동이 대단히 높은 수준이어서 사람들의 그 많고 다양한 욕구를 반영할 것이다.

06 인도와 같은 나라들이 수 세기 동안 여전히 가난한 한 가지 근본적인 이유는 자신들이 가지고 있는 얼마 안 되는 전부에 만족하고 너무 많은 세속적인 것들을 얻으려고 지나치게 욕심부리지 않으려는 그 나라 사람들의 성향 때문일 수 있다.

01 농부들은 곤충의 공격을 예방하기 위해서 살충제를 뿌린다. 그러나 그들은 장기적인 결과에 대해서 곰곰이 생각하지는 않는다.

02 많은 사람들에게 알려져 있는지는 않지만 땅속에는 거대한 미생물 공동체(군집)가 존재하는데, 그 안에는 수많은 박테리아, 바이러스, 곰팡이가 살고 있다.

03 그 살충제들은 몇 마리의 해충들을 죽일 수는 있을지 모르지만 그들은 또한 땅속에 사는 이로운 미생물들을 죽이는 결과를 낳게 되는데, 이것은 죽은 동식물들을 분해하는 흙의 능력을 크게 약화시킨다.

04 비슷한 문제가 거대한 미생물 공동체들이 존재하는 인간의 장에서도 발생한다.

05 이 미생물들은 우리가 소화하는 것을 돕고, 우리들을 위험한 외부의 미생물들로부터 보호해준다.

06 대부분의 항생제들은 이로운 미생물과 해로운 미생물 사이의 구분을 하지 못한다.

07 그것은 그 약(항생제)이 유해균을 없애는 동시에 장 속의 유익균을 죽인다는 것을 의미한다.

08 보다시피, 미생물을 죽이는 것은, 땅속에서든 장 속에서든, 일시적인 해결책을 제공할지 모르지만 결국에는 사실 문제를 더 악화시킬 것이다.

01 한 실험실 연구에서 참가자들은 헤드폰을 통해 나오는 두 가지의 아주 크고 불쾌한 소음을 듣도록 요구받았다.

02 한 소음은 8초간 지속되었다. 다른 소음은 16초간 지속되었다.

03 두 번째 소음의 첫 8초는 첫 번째 소음과 동일한 반면에 (두 번째 소음의) 나머지 8초는 여전히 크고 불쾌하지만 (첫 번째 소음만큼) 큰 소리는 아니었다.

04 나중에, 참가자들은 그 소음들 중 하나를 다시 들어야 하되, 어떤 것을 들을지는 선택할 수 있다는 말을 들었다.

05 확실히 두 번째 소음이 더 나빴는데, 불쾌함이 2배나 오래 지속되었기 때문이다.

06 그럼에도 불구하고, 압도적인 대다수의 사람들이 두 번째 소음도 다시 듣기로 선택하였다. 왜 그럴까?

07 두 가지 소음이 모두 불쾌하고 똑같이 싫어하는 피크(최고조 부분)가 있었던 반면에 두 번째 소음의 끝부분이 덜 불쾌해서 첫 번째보다 덜 짜증나는 것으로 기억되었기 때문이다.

01 역병이 급진적인 사회적 변화를 야기한다는 것을 역사는 보여준다.

02 14세기의 흑사병은 교회가 사람들을 구할 수 없었기 때문에 종교적인 신앙심의 급격한 감소의 원인이 되었다.

03 19세기 동안에 파리에서의 장티푸스의 발생은 사람들이 하수도 체계를 만듦으로써 그 질병의 전파를 막게 했다.

04 많은 예술가들이 파리가 안전하다고 생각했기 때문에 파리로 이사를 갔고 파리는 예술의 도시가 되었다.

05 코로나바이러스의 여파로 어떤 변화가 일어날 수 있을까?

06 지난 40년 동안 세계화와 도시화는 세계에서 가장 강력한 추진 요인 중 두 개였다.

07 COVID-19는 국제적인 것이나 도시에 관한 것은 모두 전 세계적으로 유행하는 질병의 확산을 증가시키기만 할 것이기 때문에 국가들과 사람들 사이의 상호작용을 제한하면서 이 추세 둘 다를 뒤바꿀 것이다.

UNIT 04

Word Practice

A | **01** 장애물, 장벽　**02** 즉흥 연주를 하다
03 지적인, 총명한　**04** 사면하다; 사면, 사면장
05 경쟁 (상대)　**06** 하늘의; 신성한; 천국의
07 즉흥의, 즉석의　**08** 징후, 징조; 서명하다
09 제대로, 적절히　**10** (목숨을) 잃게 하다
11 마음의, 정신의　**12** (머릿속에) 넣다
13 난타[연타]하다, 강타하다　**14** 부과하다, 가하다
15 안정적인　**16** 신장시키다, 북돋우다
17 폭동, 반란　**18** 막 ~하려고 하다
19 역사에 남다
20 (계획·희망 등이) 연기처럼 사라지다

B | **01** custom　**02** inspiration
03 import　**04** depress
05 sentence　**06** tariff
07 policy　**08** bruise
09 seed　**10** hang
11 instinct　**12** protectionism
13 infant　**14** temporary
15 domestic　**16** taxation
17 emphasize　**18** be bound to
19 come up with　**20** tear up

13 말실수로 교수형을 당하다
p.18

01 나는 거의 우리 모두가 우리의 혀로 인해 곤란을 겪은 적이 있다고 말할 수 있다고 생각한다. 때때로 그것은 우리의 목숨도 잃게 할 수 있다.

02 그런 사례가 Kondraty Ryleyev에게 일어났는데, 그는 1825년 12월에 러시아 황제 Nicholas 1세에 대항하는 성공하지 못한 폭동에 관여한 것으로 교수형을 선고받았다.

03 그러나 Ryleyev에게 교수형이 처해지고 있을 때 그 밧줄이 끊어졌다. 그는 땅으로 떨어졌고, 멍들고 구타를 당한 채로 일어나 말했다. "러시아에서는 어떤 것도 제대로 하는 법, 심지어 밧줄을 만드는 법조차 알지 못하네."

04 러시아의 관습에 따르면 이런 종류의 사고는 하늘의 뜻의 징후라고 여겨졌고, 그 사람은 보통 사면되었다.

05 Nicholas 1세는 이 실망스러운 소식에 기분이 상했지만 사면장에 서명을 막 하려는 참이었다.

06 그러나 그때 황제는 "Ryleyev가 이 기적이 일어난 후에 무엇인가 말을 했느냐?"하고 전달자에게 물었다.

07 "폐하, 그가 러시아에서는 밧줄 만드는 법조차 알지 못한다고 말했습니다."라고 전달자가 대답했다.

08 황제는 "그렇다면 정반대를 증명하자(밧줄을 제대로 만들어 사형을 다시 집행하자)."고 말하고 사면장을 찢어버렸다.

14 실수해도 괜찮아
p.19

01 우리는 보통 실수는 나쁘다고 배우며, 실수는 그렇긴 하지만 항상 그런 것은 아니다.

02 정말로 아주 나쁜 여러 다른 아이디어들을 먼저 생각해내지 않고서, 좋은 아이디어를 생각해내는 것은 어렵기 때문에 우리가 아이디어를 생각해 내야 할 때 실수들은 헛되지 않다.

03 실수들은 정말로 창의성을 위한 씨앗이며, 그것이 디즈니의 최고 경영자인 Michael Eisner가 정말로 완전히 실패하는 영화, 텔레비전 프로그램 그리고 연극을 갖는 것이 괜찮다고 말하는 이유인데, 그것이 그가 대형 인기 작품을 얻을 유일한 방법이기 때문이다.

04 자신이 만든 영화 M*A*S*H로 오스카상을 받은 영화 제작자 Robert Altman은 M*I*S*T*A*K*E*S(실수들)가 때때로 결국 우리에게 최고의 영감을 준다고 말한다.

05 우리들 중 많은 사람들은 우리가 실수를 하지 "않도록" 어려서부터 교육받기 때문에 실수하는 것에 큰 두려움을 가지고 있다.

06 그것은 우리가 아이디어를 생각해 내려고 애를 쓸 때 커다란 정신적인 장애물이 된다.

07 역사에 남는 아이디어를 원한다면, 연기처럼 사라지는 훨씬 더 많은 아이디어를 만들어라.

08 당신은 결국 금을 갖기 위해서 먼저 쓰레기를 만들어내야 한다.

15 진정한 고수의 필요충분조건
p.20

01 데이터베이스에 근거한 직감만을, 혹은 즉흥적인 직감만을 다루는 학습 환경은 어떤 것이든 우리 능력의 절반은 무시한다.

02 일부 학교와 직장에서는 안정적이고, 기계적으로 암기한 데이터베이스를 강조한다.

03 그들은 수백만 년 동안 우리에게 주입된 즉흥적인 직감을 무시한다. (그 결과) 창의력이 약화된다.

04 다른 학교와 직장에서는 애초에 많은 지식을 (머릿속에) 넣지 않고 데이터베이스의 창의적인 사용을 강조한다.

05 그들은 어떤 주제에 대한 깊은 이해를 얻고자 하는 우리의 필요를 무시하는데, 그것은 풍부하게 구조화된 데이터베이스를 암기하고 저장하는 것을 포함한다.

06 여러분은 훌륭한 즉흥 연주자이지만 깊이 있는 지식은 없는 사람들을 얻는다.

07 그들은 재즈 음악처럼 보이고 즉흥 연주를 하는 것처럼 보일 수도 있지만, 결국 그들은 아무것도 모른다. 그들은 지적으로 기타 연주 흉내를 내고 있는 것이다.

16 보호무역주의의 득과 실
p.21

01 보호무역주의는 한 국가가 외국의 수입품에 무거운 세금을 부과하면서 국제 무역으로부터 스스로를 고립시키는 정책이다.

02 그러나 실제로 이 정책은 예기치 않은 부작용을 일으킬지도 모른다.

03 수입 철강에 세금을 부과하는 것을 예로 들어 보자. 2018년 5월에 미국 대통령은 모든 수입 철강에 25퍼센트의 관세를 공표했다.

04 이 과세 때문에 미국의 회사들은 현지(국내)의 철강을 사야 했는데, 그것은 결과적으로 미국의 철강 산업을 신장시켰다. 그러나 이것은 문제를 야기했다.

05 국내 산업체들이 철강을 생산했지만 생산량은 이 제품이 해외로부터 들어올 때에 비해 훨씬 더 적어서 현지(국내)의 철강에 대한 더 막대한 수요가 가격을 올렸다.

06 이것은 자동차 제조사들이 그들의 최종 제품의 가격을 올리게 만들었는데, 이는 결과적으로 소비자에게 피해를 주었다.

07 여기서 볼 수 있듯이, 보호무역주의는 양날의 검이다.

UNIT 05

A | 01 덮치다, (갑자기) 일어나다 **02** 어디에나 있는, 아주 흔한
03 자존감 **04** 억누르다, 억제하다
05 신호, 암시, 단서 **06** 전달하다, 전하다
07 반응하다, 대답하다 **08** 드러내다
09 (특정한 활동을) 하다 **10** (~이) 분명하다, 틀림없다
11 전형적인 행동 **12** 합리화하다, 정당화하다
13 억제, 제지 **14** 다루다, 조작하다
15 분위기 **16** 잠재의식의
17 도전하다, 이의를 제기하다 **18** ~을 하다, 관여하다
19 장애(물) **20** ~에 복종하다[따르다]

B | 01 awful **02** interpret
03 compliment **04** trick
05 imminent **06** tactfully
07 effective **08** supervisor
09 preserve **10** mishap
11 attempt **12** satisfy
13 immediately **14** ruin
15 smoke screen **16** organization
17 confront **18** consist of
19 bend to **20** stick to

17 언짢은 말을 요령 있게 하는 법

p.23

01 아내는, "여보, 이 새 드레스가 나한테 잘 어울린다고 생각해요?"라고 묻는다.

02 남편이 몸을 돌려 자신이 즉각적으로 생각하기에 아마 지금까지 자신이 봤던 것 중에 가장 끔찍해 보이는 드레스를 본다. 그것이 그가 실제로 생각하는 것이다.

03 그렇다면 그는 어떻게 반응할까? 그는 진실을 고수하면서 그녀에게 정확하게 자신이 생각하는 것을 말하고 그렇게 하지 않는다면 즐거울 저녁을 혹시 망칠까?

04 그가 영리하다면 그렇게 하지 않을 것이다. 그는 그 드레스를 입은 모습이 좋아 보일 거라고 믿고 싶어 하는 그녀의 바람을 만족시킬 수 있고, 거짓말하는 것을 피하려는 자신의 바람도 만족시킬 수 있다.

05 요령 있게 그는, "우와! 당신은 정말 그 드레스가 마음에 드는 것이 분명해!"라고 말한다. 그것은 칭찬처럼 들리고, 그의 아내는 행복해한다.

06 물론 그녀는 그것을 마음에 들어 하고 있고, 그렇지 않았더라면 그녀는 그것을 사지 않았을 것이다.

07 다시 한번 말하건대, 불필요하고 상처 주는 큰 실수와 경우에 맞게 대처하는 것 사이의 차이를 만든 것은 말하는 내용이라기보다는 오히려 말을 하는 방식이었다.

18 나도 모르게 꾀병하는 이유가 있다?

p.24

01 불운은 항상 최악의 순간에 닥치는 것 같다.

02 기말 시험을 보는 학생이 심한 두통을 일으키면서 일어난다. 육상 선수가 경주 직전에 발목을 다친다.

03 그것은 불운처럼 보이지만 심리학자들은 동의하지 않는다.

04 그들은 그런 흔한 불상사는, 많은 경우에 있어서, 잠재의식이 교묘하게 만들어낸 음모라고 말한다.

05 그들은 사람은 종종 일종의 자기 불구화 행위를 한다고 주장한다.

06 자기 불구화(self-handicapping)란 사람들이 자신들이 실패할 것 같을 때 비난할(핑계를 댈) 장애물을 잠재의식적으로 만들어내는 다양한 방법을 가리킨다.

07 그것은 정신 나간 짓처럼 보이지만, 교묘한 정신적인 속임수, 즉 실패를 합리화함으로써 자신의 자존감을 보호할 수 있게 해주는 것이다.

19 조직 내 갈등은 반드시 없어야 할까?

p.25

01 많은 조직체에 긴장과 갈등이 건강하지 못한 팀의 표시라는 잘못된 믿음이 있다.

02 많은 경우에, 이것은 전혀 사실이 아니다!

03 효과적인 팀은 기꺼이 그들의 생각을 위해 싸울 수 있고, 필요할 때는 다른 사람들에게 도전하고, 문제에 직면할 때 자신의 입장을 견지할 수 있는 사람들로 구성된다.

04 하지만 결국에는 이 동일한 사람들이 그들이 모든 싸움에서 이길 수 없다는 것을 알기에 기꺼이 타인들의 생각에 굽히고 지도자가 내린 결정에 복종해야 한다.

05 불행히도, 관리자들은 흔히 팀의 갈등을 불편해하고 평화를 유지하기 위해 그것을 억누르려고 한다.

06 평온함이 건강함과 동일하다는 잘못된 믿음이 있지만, 평온한 팀은 종종 죽음이 임박한 표시인데 왜냐하면 그것은 어느 누구도 풍파를 일으킬 만큼 충분히 관심을 두지 않는다는 것을 의미할 수 있기 때문이다.

01 최근에 일본의 사회학자인 Yuki Masaki 박사는 이모티콘 스타일에 대한 흥미 있는 연구를 했다.

02 그는 일본과 미국에서 사용되는, 웃는 얼굴을 표현하는 두 개의 이모티콘을 더 자세히 살펴보았다.

03 그는 미국인들이 :)을 더 좋아하는 반면에 일본인들은 ^-^을 사용하는 경향이 있다는 것을 발견했다.

04 그렇다면 왜 차이가 있는가? Masaki 박사에 따르면, 그것은 다른 문화의 사람들이 어떻게 얼굴 신호를 해석하는가에 달려 있다.

05 (일본과 같이) 감정의 억제가 전형적 행동인 문화에서는 사람들이 눈이 다루기가 쉽지 않고 따라서 감정을 감출 수 없다고 생각하기 때문에 입보다 눈에 더 초점을 맞춘다.

06 이와는 대조적으로 (미국과 같이) 솔직한 감정 표현이 전형적 행동인 문화에서는 사람들이 입이 얼굴의 가장 표현적인 부분이라고 믿기 때문에 입에 초점을 맞춘다.

07 그러니 다음번에 다른 문화에서 온 사람들과 의사소통을 할 때 그들이 여러분이 익숙하지 않은 이모티콘을 사용한다 하더라도 놀라지 마라.

UNIT 06

Word Practice
p.27

A | **01** 벗어나다, 빠져 나오다 　**02** 유기체, 생물
03 언어의, 언어학의 　　　**04** 유발하다, 불러일으키다
05 말하다, 서술하다, 묘사하다 **06** 반사적인
07 동기 부여 　　　　　　　**08** 손짓, 몸짓, 제스처; 몸짓하다
09 기능하다, 작용하다 　　　**10** 미생물
11 접근, 접촉 기회 　　　　**12** 입증하다; 삽화를 넣다
13 세대 　　　　　　　　　**14** 톡톡 치다[두드리다]
15 중요한, 필수적인 　　　　**16** 보통(은)
17 보답으로 　　　　　　　**18** ~하려 애쓰다, 분투하다
19 생각하는 바를 말하다 　　**20** B를 A로 대체하다

B | **01** lack 　　　　　　　　**02** rational
03 evolution 　　　　　　**04** shiver
05 obesity 　　　　　　　**06** tame
07 digestion 　　　　　　**08** instinctively
09 involve 　　　　　　　**10** impatiently
11 consciously 　　　　　**12** educated
13 intricate 　　　　　　**14** isolation
15 expand 　　　　　　　**16** blink
17 preoccupy oneself with **18** in charge of
19 tend to 　　　　　　　**20** in response to

01 우리가 하는 것들 중 일부는 의식적으로 통제되지 않는다는 것을 우리는 알고 있다.

02 이러한 것들은 반사적 또는 (의지와 관계없이) 자동적으로 일어나는 행동으로 알려져 있다.

03 이러한 자발적인 행동을 다른 종들에게서 보는 것은 쉽다.

04 예를 들어, 남아프리카의 위버는 보통 특수한 재료를 사용하여 복잡한 둥지를 짓는다.

05 실험자들은 이 새들 중 한 쌍이 다섯 세대 동안 집 짓는 재료와 접촉을 하지 못하게 했고 그들 종의 다른 개체들과 만나지 못하게 했다.

06 그 새들은 전통적인 둥지를 지을 수도, 심지어 볼 수도 없었다.

07 하지만 그것의 종으로부터 여전히 단절 상태에 있던 여섯 번째 세대에게 전통적인 재료에 대한 접근이 주어졌을 때, 그것은 완벽한 둥지를 지었다.

08 이것은 극단적인 예가 될 수도 있겠지만, 그것은 어떤 복잡한 행동조차도 반사적일 수 있고 완전히 의식적인 통제 하에 있지는 않다는 점을 입증한다.

01 당신은 말을 할 때 침착하고 차분한가, 아니면 뭔가를 말하려고 애쓰면서 팔을 허공에 흔들어대는가?

02 당신이 알고 있는 어휘가 많을수록, 말하는 동안 제스처를 더 적게 하게 될 것이다.

03 이것은 언어 연구자들이 그들의 연구에서 밝혀낸 것이다.

04 교육 수준이 높은 사람들은 그들의 생각과 감정을 그들이 알고 있는 다양한 어휘를 사용해서 표현한다.

05 하지만 좋은 교육의 기회가 없는 사람들은 생각한 바를 말하기 위해 제스처에 더 많이 의존한다.

06 그들은 어휘력이 부족하기 때문에 그들이 말을 제스처로 대체하는 것은 당연한 일이다.

07 일반적으로 사람의 사회적 지위가 높을수록 제스처를 더 적게 사용하는 경향이 있다.

01 힘겨운 감정과 씨름하는 많은 사람들(자신의 감정 조절을 잘 못하는 사람들)은 또한 섭식 문제와 씨름한다.

02 '감정적 식사'는 긍정적 감정과 부정적 감정 모두에 의해 영향을 받는 식사를 표현하는 데 사용되는 일반적인 용어이다.

03 감정은 여러분의 식사 동기, 음식 선택, 어디서 누구와 식사할지, 그리고 여러분이 식사하는 속도를 포함하여, 여러분의 식사의 여러 측면에 영향을 줄 수 있다.

04 대부분의 과식은 신체의 배고픔이 아니라 감정에 의해 유발된다.

05 비만과 씨름하는 사람들은 감정에 반응하여 식사하는 경향이 있다.

06 그러나 감정적인 이유로 먹는 사람들이 반드시 과체중인 것은 아니다.

07 신체 크기와 관계없이 사람들은 먹는 것에 몰두하거나 그들의 몸매와 몸무게에 대해 강박감을 가짐으로써 감정적인 경험에서 벗어나려고 할 수 있다.

24 인간과 박테리아의 공생
p.31

01 공생은 각각의 동물이 상대방에게 좋은 것을 제공하는 두 동물 사이의 관계이다.

02 공생이 심지어 인간과 박테리아와 바이러스와 같은 미생물 사이에 일어났다는 것을 알면 당신은 아마 놀랄 것이다.

03 수조 마리의 박테리아와 바이러스는 수백만 년 동안 인간의 몸으로 들어왔다. 시간이 지나면서 서서히 인간의 몸은 놀라운 일을 했다.

04 그것들을 죽이는 대신에 인간은 미생물들을 길들이고 그것들과의 공생을 형성했다.

05 박테리아와 바이러스는 숙주로부터 생활 공간과 먹이를 얻는다.

06 보답으로 이 미생물들은 다양한 방법으로 우리를 돕는다. 이것은 마치 인간이 적을 친구로 바꾼 것과 같다.

07 최근의 연구는 인간의 몸 안에 있는 미생물들이 우리의 신진대사에 매우 중요한 역할을 한다는 것을 밝혀냈다.

08 그것들은 우리의 소화를 돕고 해로운 박테리아와 바이러스로부터 우리를 보호한다.

UNIT 07

Word Practice
p.32

A | 01 폭락하다; 추락하다
02 필수적인, 없어서는 안 될
03 합리적인
04 (약자를) 괴롭히다
05 설립하다, 창립하다
06 (언급된 순서대로) 각각
07 행정인, 관리자
08 암송[낭송/낭독]하다
09 인내(심)
10 만성적인
11 소심한, 용기가 없는
12 접근하다, 이용하다; 접근
13 말을 더듬다, 더듬거리다
14 보여주다, 나타내다
15 되찾아오다, 회수하다
16 없어서는 안 될, 필수적인
17 사망률
18 (~으로) 힘들어하다
19 (부분·비율을) 차지하다
20 (힘든 일을) 용케 해내다

B | 01 frail
02 approval
03 win
04 city council

---

05 novel
06 stammer
07 operate
08 inferiority complex
09 notably
10 infect
11 capacity
12 account
13 narrative
14 enormous
15 submit
16 drastically
17 contact information
18 under construction
19 run for
20 put forward

25 공원 이름 짓기 대회
p.33

01 미래에 지어질 두 개의 시 공원의 이름 짓기 대회에 참가해 상품을 받으세요.

02 그 공원들은 Broadway Avenue와 Traverse Road에 건설 중입니다.

03 대회는 8월 17일부터 9월 1일까지 열릴 예정입니다.

04 참가자들은 공원 이름에 대한 아이디어를 다음 방법으로 제출할 수 있을 것입니다.

05 제출작에는 다음이 포함되어야 합니다.
이메일 주소를 포함한 여러분의 이름과 연락처
제출된 이름이 왜 선택되어야 하는지 보여주는 짧은 기술

06 이름 아이디어를 검토하고 각 공원에 대해 제출된 이름들 중 5개를 시 의회에 추천하기 위해 특별 위원회가 설립될 것입니다.

07 더 많은 정보가 필요하시면, 부담 갖지 마시고 시청 행정실 507-934-0663으로 전화 주세요.

26 역경을 딛고 일어난 Joe
p.34

01 Joe는 Pennsylvania(펜실베이니아) 주 Scranton (스크랜턴)에서 천주교를 믿는 노동자 계층의 가정에서 자랐다.

02 어렸을 때 그는 작았고 말을 더듬는 것 때문에 힘들어해서, 그는 체격이 더 큰 아이들에게 괴롭힘을 많이 당했다. 그는 그것 때문에 울면서 집에 오곤 했다.

03 그가 대학을 다닐 때 상황이 변하기 시작했다. 그는 미식축구 팀에 들어가서 열심히 훈련을 했다.

04 그 결과 그는 신체적으로 더 강해지고 자신감을 더 갖게 되었다. 그는 더 이상 과거의 나약한 아이가 아니었다.

05 모든 사람들이 놀랍게도, 그는 선거에서 승리했고 29세에 역사상 다섯 번째로 나이가 어린 상원 의원이 되었다.

06 그러나 그의 행복은 오래 가지 못했다. 그의 아내와 딸이 교통사고로 죽었을 때 비극이 발생했다.

07 그의 개인적인 어려움에도 불구하고 Joe는 최장기 상원의원으로서 굉장한 일을 해냈다.

08 아무리 많은 장애물에 직면해야 했더라도 Joe는 그럴 때마다 그것들을 모두 극복하고 더 강해짐으로써 진정한 인내심을 보여주었다.

---

27 나이와 COVID-19의 상관관계 p.35

01 위의 두 도표는 한국의 연령별 COVID-19로 인한 사망률과 COVID-19 환자의 수를 각각 보여준다.

02 가장 현저하게는 사망률이 80세 이상의 사람들 사이에서 가장 높다 (25%). 그러나 똑같은 연령 집단의 COVID-19 환자의 수는 두 번째로 가장 적다.

03 20대 환자들이 COVID-19 환자의 가장 많은 수를 차지하며, 그 다음으로 50대와 40대가 뒤를 따르고 있다.

04 그러나 20대나 20대 이하의 사람들의 사망률은 0이다.

05 50살이 넘어서부터는 사람들이 나이가 많을수록 감염이 될 가능성이 더 적다.

06 COVID-19로 인한 사망률과 COVID-19 환자의 수를 결정하는 데 나이가 중요한 역할을 하는 것처럼 보인다.

---

28 우리 삶의 일부, 클라우드 컴퓨팅 p.36

01 오늘날 '클라우드 컴퓨팅'은 IT 산업에서 핵심어이다. 모든 사업체가 클라우드를 사용한다.

02 클라우드는 멀리 떨어진 거대한 서버에 엄청나게 큰 공간과 용량을 갖고 있는 인터넷 시스템이다.

03 엄청난 양의 물을 저장하고 이리저리 이동하는 하늘에 있는 구름과 마찬가지로 클라우드 시스템은 언제든지 편리하게 되찾아올 수 있는 막대한 양의 데이터와 프로그램들을 저장할 수 있다.

04 여러분은 인터넷 접속이 되는 한 자신의 컴퓨터에서 클라우드로 어떤 파일이든지 업로드할 수 있고, 자신이 원하는 장소나 시간에 그것을 이용할 수 있다.

05 우리들 중 일부는 깨닫지 못할 수도 있지만 클라우드 서비스는 오늘날 우리 삶의 아주 필수적인 일부가 되었다.

06 신종 코로나바이러스에 의해 야기된 최근의 위기는 클라우드 서비스의 확산을 일으켰다.

07 점점 더 많은 사업체가 영업을 하기 위해서 클라우드에 의존하기 때문에 클라우드 서비스는 계속 급격하게 성장할 것으로 기대된다.

08 우리가 스마트폰이 없는 세상을 상상할 수 없는 것과 마찬가지로 클라우드는 이제 우리 삶의 없어서는 안 될 일부가 되고 있다.

UNIT 08

Word Practice
p.37

A | 01 장애 **02** 공감
03 믿을 수 있는 **04** 줄어들다, 감소하다
05 위신, 명망 **06** 가슴
07 보상 **08** 증거
09 핵심적인 **10** 비정상적인
11 시도, 실험; 재판 **12** 솔직한, 숨김없는; 열린
13 습관적인, 습관적으로 하는 **14** 나누어 퍼뜨리다, 분포시키다
15 결정적으로, 매우 중요하게 **16** 발견하다, 감지하다
17 시사하다, 나타내다; 제안하다
18 ~의 위험을 무릅쓰고
19 힘이 미치지 않는, 손이 닿지 않는
20 ~을 염탐하다[몰래 감시하다]

B | 01 optimism **02** affection
03 beneficial **04** inequality
05 transmit **06** defensive
07 reassure **08** phenomenon
09 relive **10** adversity
11 convincing **12** successive
13 suppress **14** mine
15 retain **16** endure
17 worship **18** to advantage (with)
19 bring up **20** take on

---

29 손바닥을 보이면서 거짓말 못한다 p.38

01 타인들과 의사소통할 때 손바닥을 편 제스처를 실행함으로써 더 솔직하고 신뢰할 수 있는 것처럼 보이는 것이 가능하다.

02 흥미롭게도, 손바닥을 편 제스처가 습관화되어가면서, 거짓을 말하는 경향이 줄어든다.

03 만약 어떤 사람이 숨김이 없다면, 그들의 손바닥을 펼 것이지만, 단지 손바닥을 펴는 것만으로도 그 사람이 설득력 있는 거짓말을 하는 것을 어렵게 만든다.

04 이것은 제스처와 감정이 서로 밀접하게 연관되어 있기 때문이다.

05 예를 들어, 당신이 방어한다고 느끼면, 당신은 가슴을 가로질러 팔짱을 낄 가능성이 있다.

06 그러나 단지 팔짱을 끼기만 해도, 당신은 방어적인 감정을 경험하기 시작할 것이다.

07 만약 당신이 손바닥을 편 채로 이야기를 하고 있다면, 그것은 상대방에게도 역시 진실되라는 훨씬 더 많은 압박을 가하는 것이다.

08 다시 말해, 편 손바닥은 다른 사람들이 말할지도 모르는 거짓 정보의 일부를 억누르고 그들이 당신에게 더 솔직해지도록 부추기는 데 도움을 줄 수 있다.

30　동물도 정의감과 자존심이 있다　p.39

01 일부 동물들은 불공정함에 대한 감각을 가지고 있다는 것을 나타내는 증거가 있다.

02 한 연구에서 꼬리감기 원숭이들은 다른 꼬리감기 원숭이가 더 매력적인 포도를 받는 것을 본 후에 오이 조각을 거절하는 가능성이 더 컸다.

03 결국 아무것도 얻지 못하고 끝날 위험에 처하더라도, 그 원숭이들은 오이 조각을 받을 가능성이 훨씬 더 적었다.

04 이런 관찰은 그 원숭이들이 불평등을 인식한다는 것을 보여준다.

05 그들은 더 가치가 높은 음식을 받는다는 희망으로 어떤 물질적 보상을 기꺼이 포기한다.

06 운이 좋은 원숭이들은 유쾌한 기분으로 실험을 끝낸 반면에, 그들의 상대편은 보통 짜증난 채로 구석에 앉아 있었다.

07 하지만 포도가 눈에 보이지만 어느 원숭이에게도 주어지지 않았을 때 원숭이들의 그 음식에 대한 반응은 줄어들었다.

08 그런 경우, 그들의 반응은 연속적인 실험에서 확연히 감소했다.

31　애완동물 기르면 좋은 점　p.40

01 사람들이 진짜 역경—질병, 실직, 혹은 나이로 인한 장애—에 직면할 때, 애완동물로부터의 애정은 새로운 의미를 띤다.

02 애완동물의 지속적인 애정은 고난을 견디고 있는 사람들에겐 매우 중요해진다. 왜냐하면 그것(애정)은 그들(사람들)의 핵심적인 본질이 손상되지 않았다고 안심시켜 주기 때문이다.

03 따라서 애완동물들은 우울한 환자나 만성적인 질병을 앓는 환자들의 치료에 중요하다.

04 게다가 애완동물들은 시설에 수용된 노인들에게 매우 유익하게 이용된다.

05 방문하는 자녀들은 부모님이나 조부모님이 예전에 어떠했는가를 기억하고 그들의 정상 생활 불능 상태 때문에 우울해질 수밖에 없다.

06 그러나 동물들은 (환자의) 정신적인 능력에 대해 어떤 기대도 갖지 않는다. 그들은 젊음을 숭배하지 않는다.

07 그들은 노인들이 예전에 어떠했는지에 대한 기억이 전혀 없어서 마치 그들(노인들)이 어린이인 것처럼 그들을 반긴다.

08 강아지를 안고 있는 노인은 완전히 정확하게 어린 시절을 다시 살(체험할) 수 있다. 그의 기쁨과 그 동물의 반응은 동일하다.

32　세상을 감시하는 Smart Dust　p.41

01 Smart Dust는 데이터 감지기를 갖고 있는 단지 1에서 2밀리미터 길이의 아주 작은 칩이다.

02 어떤 장소에 나누어 퍼뜨려질 때 그것은 주변 지역에 있는 많은 정보를 감지할 수 있다.

03 Smart Dust는 처음에 적과 무기의 이동을 감지하는 군사적인 목적을 위해 개발되었지만 이제는 다양한 분야에서 사용되고 있다.

04 최근에 Smart Dust는 인간이 쉽게 접근할 수 없는 장소에서 일어나는 변화를 추적 감시하기 위해 사용된다.

05 과학자들은 심지어 보통 인간의 힘이 미치지 않는 곳인 우주와 광산에서 일어나는 일을 관찰하기 위해 Smart Dust를 사용하기도 한다.

06 그러나 일부 사람들은 Smart Dust가 오용될 수 있는 것을 걱정한다.

07 어떤 사람이 당신의 집이나 사무실에서 당신을 염탐하기 위해 Smart Dust를 사용한다면 어떻게 될까?

08 따라서 우리는 Smart Dust가 많은 위대한 목적을 위해 사용될 수 있지만 그것이 또한 악의를 갖고 이용될 수 있기 때문에 조심해야 한다.

UNIT 09

Word Practice　p.42

A | **01** 줄어들다, 감소하다　**02** 헌신, 전념
03 용인되는, 받아들여지는　**04** 예측 변수
05 즉각 반응하는　**06** 한 개의 언어를 쓰는
07 동시에　**08** 대략적으로 기술하다
09 시설　**10** 잘못된, 오해하게 하는
11 열심히, 애써　**12** 진심 어린
13 의도하지 않은　**14** 다양한
15 다원주의, 사회적 다원성　**16** 통계, 통계 자료
17 할애하다, 바치다　**18** A에게 B를 알리다
19 표준, 일반적인 것
20 이런 식으로는, 이런 식으로 가다가는

B | **01** deliberate　**02** retrieve
03 significantly　**04** disposal
05 obligation　**06** retired
07 segregation　**08** limitation
09 assert　**10** violate
11 trial　**12** reasoning
13 temporary　**14** discard
15 expert　**16** tenant
17 residential　**18** make sure
19 bilingual　**20** in the presence of

33 이웃의 소음 문제
p.43

01 우리 동네에 오신 걸 환영합니다.

02 당신은 아침에 일하러 가는 사람들과 은퇴한 사람들로 가득 찬 주거 지역에 살기로 선택했습니다.

03 우리는 당신이 좋은 이웃처럼 살기를 요청하는 바입니다.

04 지난밤, 당신은 10명의 어린아이들과 15명의 어른들을 포함한 적어도 다섯 가구를 새벽 2시까지 깨어 있게 했습니다.

05 첨부된 Cape Coral 시 소음 규정에 대략 기술되어 있는 것처럼, 당신은 주거 지역에서 용인될 수 있는 소음 수준을 지켜야 할 의무가 있습니다.

06 첨부된 페이지들은 어떠한 소음 제한이 있는지와 그 제한들을 어길 시의 벌칙들을 기술한 규정에서 발췌한 부분들입니다.

07 당신의 집주인이 그러하듯이 세입자인 당신도 그 규정의 적용을 받습니다.

34 어릴 때 두 개 언어 노출하면 둘 다 정복
p.44

01 우리 조부모님은 아이들이 동시에 두 언어를 접하는 것이 (아이들을) 혼란스럽게 만들고 오직 하나의 언어만 접하면 그 언어를 더 빨리 통달할 것이라고 생각했다.

02 그 추론은 매우 합리적인 우려인데, 두 개의 언어를 배우는 아이는 한 개의 언어를 쓰는 아이보다 두 배나 많은 말소리, 단어 그리고 문법 구조를 배워야 한다.

03 두 개의 언어를 쓰는 아이는 각 언어에 할애하는 시간이 절반밖에 안 되어, 두 개의 언어를 쓰는 아이가 결국 한 개의 언어를 잘 말하기보다는 두 언어 모두 잘 못하는 지경에 이를 수 있다.

04 그러나 보다 최근의 연구들은 두 개의 언어를 쓰는 아이들과 한 개의 언어를 쓰는 아이들 모두 결국 기본적으로 같은 크기의 어휘력과 어휘를 기억하는 비율을 가진 어른이 되거나, 한 개의 언어를 쓰는 아이들이 결국 자신들이 쓰는 하나의 언어에서 10퍼센트까지 더 큰 어휘력을 갖게 되는 약간의 이점이 있다는 것을 보여주었다.

05 그 결과는 "두 개의 언어를 쓰는 아이들이 훨씬 더 큰 어휘력을 갖게 되는데, 영어 단어 3,300개를 알고 중국어 단어는 하나도 모르는 대신에 영어 단어 3,000개와 중국어 단어 3,000개로 구성된 총 6,000개의 단어를 알게 된다."라는 것이다.

35 호텔 투숙객 분실물 미처리 답변
p.45

01 저희는 귀하가 일전에 체크아웃을 할 때 귀하의 방에 남겨진 노트북 컴퓨터 상자의 의도치 않은 분실에 대해 저희의 진심 어린 걱정을 표현하기 위해 이 글을 씁니다.

02 그 노트북 컴퓨터 상자는 저희의 객실 관리 직원에 의해 처분을 위해 모아 두었던 물품들 사이에 있었습니다.

03 하지만, 귀하가 이 물품을 되찾을 필요에 대해 저희에게 알리자마자 저희는 즉시 저희의 쓰레기 분리 시설로 가서 그것을 계속 찾았습니다.

04 불행히도, 그 노트북 컴퓨터 상자는 어디서도 찾을 수가 없었습니다.

05 그 버려진 물품이 귀하에게 중요한 정보를 담고 있다고 저희 직원들이 믿을 만한 이유가 전혀 없었던 상황이었음을 고려하면 그 물품의 우발적인 처분을 귀하가 용서해 주실 거라고 저희는 믿습니다.

36 전 세계적인 결혼 기피 현상
p.46

01 미국의 Pew 연구센터의 최근 보고에 의하면 1980년대 초에서 2000년 사이에 태어난 사람들인 밀레니얼 세대의 25%는 결혼하는 것을 원하지 않는다.

02 Urban Institute(도시 연구소)의 또 다른 보고서에서는 많은 사람들이 40살까지 결혼하지 않은 채로 있을 것이라고 예측했다.

03 결혼에 대해 줄어드는 관심은 단지 미국에만 국한되는 것이 아니라는 것을 통계치가 보여주었다. 그것은 전 세계적인 현상이다.

04 인간관계 전문가들은 그것이 일을 하는 데는 한 가지 이상의 옳은 방법이 있다는 생각인 다원주의의 증가 때문이라고 말한다.

05 사회가 더 다양화됨에 따라 사람들은 자신들의 개인적인 욕구를 점점 더 많이 주장하기 시작했고, 전통적인 결혼은 모든 사람의 욕구를 충족시킬 수 없다.

06 어떤 사람들은 사랑하는 사람들과 함께 살고 싶어 할지 모르지만 영원한 헌신에 대한 바람은 없다.

07 다른 사람들은 그들이 서로에게 맞는지를 알아보기 위해 짧은 기간의 실험적인 결혼 생활을 하고 싶어 할지도 모른다.

08 사회가 급속히 변하고 있는 것과 마찬가지로 결혼에 대한 사람들의 태도도 급속히 변하고 있다.

UNIT 10

Word Practice
p.47

A | 01 변함[변동] 없는, 고정적인　02 반대되는, 대항하는

03 유지하다, 보존하다　　　04 한 치도 틀리지 않고

05 금성

06 (균형을) 유지하다; 태세를 취하다

07 ~에 살다, 거주하다　　08 (언급된 순서대로) 각각

09 예치금, 보증금; 예금하다　10 대류

11 해왕성　　　　　　　　12 매출액, 수익, 수입

13 균형 잡힌; 비례하는   14 (열·에너지 등의) 복사, 방사
15 제시하다, 발표하다   16 ~하기로 되어 있다
17 ~을 참을 수 없다   18 탈취하다, 가져가다
19 A도 B도 아닌   20 ~의 공을 차지하다

B | 01 orbit   02 precise
03 secure   04 switch
05 input   06 atmosphere
07 absorption   08 solid
09 resolve   10 subscription
11 colleague   12 organic
13 skip   14 reflection
15 atom   16 of necessity
17 make it   18 sign up
19 hesitate to   20 work on

37   자신의 공을 가로채 간 동료   p.48

01 한 광고 회사의 카피라이터(광고 문안 작성자)인 Maria는 자신의 동료 중 한 사람인 Charlie와 한 프로젝트에 대해 작업을 하고 있었다.

02 평소처럼 Charlie와 Maria는 그들의 상사와 함께 최근에 작성된 한 제안서의 초안을 검토하고 있었다.

03 회의 도중에 그들은 그들의 최근 생각들을 함께 발표하기로 되어 있었다.

04 Maria가 숨을 좀 돌리기 위해 잠시 멈추었을 때 Charlie는 그 발표를 가져가서 그들이 함께 생각해 냈던 거의 모든 아이디어를 설명했다.

05 상사가 조언을 듣고자 Maria에게 돌아섰을 때 그녀가 말하도록 남겨진 것은 아무것도 없었다.

06 그녀는 배신감을 느꼈다. 사실 이번이 처음이 아니었다.

07 Maria는 그녀가 한 일에 대한 공을 그가 차지하는 것을 참을 수 없었고 강력한 조치를 취할 필요가 있다고 판단했다.

38   태양에서 지구는 생존에 최적화된 거리   p.49

01 지구가 태양으로부터 받아들이는 열의 양, 그리고 복사, 흡수, 대류, 반사의 법칙에 의한 그 열의 경제성은 우리 행성과 거기에서 사는 생물들의 필요에 균형이 잡혀 있다.

02 우리 지구의 궤도에 생기는, 지구에 쏟아지는 열의 양을 증가하거나 감소시킬 어떤 변화라도 필연적으로 재난이 따르게 될 것이라고 과학자들은 주장한다.

03 (태양으로부터의 거리가 측정되지 않은) 해왕성은 틀림없이 너무 적은 양의 열을 받아 물은 가장 단단한 암석처럼 굳어질 것이며 우리의 대기는 액체로 용해될 것이다!

04 하지만 반대되는 힘들 사이에서 신비롭게 균형을 유지하며 위치해 있기 때문에 우리의 행성은 진행 경로에서 오차 없이 시속 65,000 마일의 속도로 난다.

05 놀라운 비행을 하면서 그것은 태양과의 정확한 거리를 유지하는데, 이것이 생명을 불어넣어 주는 빛으로부터 정확한 정도의 열을 받아들이게 해 준다.

06 이 열은 물질의 모든 원자와 모든 형태의 유기체에 의해 공유된다.

07 그것은 지구상의 모든 생명체를 살게 하는 데 필요한 딱 그만큼의 양이다!

39   여름 캠프 참가 신청   p.50

01 Johnson 코치님께, 제 이름은 Christina Markle이고, Bradley Markle의 엄마입니다.

02 Bradley와 저는 코치님이 올해 다시 하계 체조 캠프를 연다는 것을 알게 되어 매우 기뻤습니다.

03 그래서 저는 주저 없이 등록했고 7월 13일부터 17일까지 열리는 두 번째 주 프로그램에 환불이 안 되는 예치금을 지불했습니다.

04 그러나 오늘 저는 저희 가족이 7월 13일에 여행에서 돌아올 예정이라는 것을 기억해 냈고, 안타깝지만 Bradley가 프로그램의 바로 그 첫날에 참가할 수 없을 것 같습니다.

05 그가 그날을 거르게 하기보다는 세 번째 주 프로그램으로 바꿀 수 있는지 알아보기 위해 확인하고 싶습니다.

06 그게 가능한지 저희에게 알려 주시기 바랍니다. 감사합니다.

40   요즘 대세는 구독 경제   p.51

01 경제적 사고의 틀이 변하고 있다. 과거에는 Airbnb(에어비앤비)와 Uber(우버)와 같은 공유 경제 서비스가 세계 시장을 이끌고 있었다.

02 그러나 이제 그것들은 소위 '구독 경제'에 의해 대체되고 있다.

03 구독 경제는 사용자들에게 고정된 한 달 이용료로 다양한 제품이나 서비스를 제공하는 사업 모델이다.

04 신문과 우유 배달은 구독 경제의 흔한 예였다.

05 그러나 요즘에는 그것이 식사와 옷에서 영화에 이르는 다양한 범위의 상품과 서비스로 확대되었다.

06 당신은 당신의 삶이 얼마나 많이 구독 경제를 중심으로 돌아가는지 알면 놀랄지도 모른다.

07 소비자들은 구매할 제품을 되풀이해서 찾거나 구매할 수고를 겪을 필요가 없기 때문에 최소의 비용으로 제품과 서비스를 즐길 수 있다.

08 구독 경제 덕분에 회사들은 단골 고객을 확보하고 또한 고정된 수익을 얻을 수 있다.

MEMO